吉田光爾・遠藤紫乃・岩崎 香 [編著]

福祉職のための
精神・知的・発達障害者
アウトリーチ
実践ガイド

生活訓練・自立生活アシスタントの現場から

Ψ
金剛出版

前書き

　本書は福祉職による，知的障がいや精神障がいのある人たちへのアウトリーチ支援の情報に関して整理をし，実践を紹介する本として企画されました。

　精神障がいや知的障がいのある人々に対するアウトリーチ支援については，例えば，精神科医療での訪問看護や，多職種アウトリーチ支援であるACT（Assertive Community Treatment）において，その実践や理論が日本でも少しずつ紹介されてきました。

　片方で福祉的支援の分野では，ホームヘルプサービス等の定型的なサービスに関しては書籍などで紹介されてきました。しかしホームヘルプサービスに限らない柔軟なアウトリーチ支援が展開されていることは，研修会や地域の勉強会などで散発的に情報交換されるものの，十分にまとまった形で情報共有はなされていなかったという背景があります。

　そのような折に，平成27年度厚生労働科学研究費補助金（障害者政策総合 研究事業）「訪問による自立訓練（生活訓練）を活用した地域移行及び地域生活支援の在り方に関する研究」（主任研究者：岩崎香）の研究班が発足し，各分野でアウトリーチ支援を行っている実践者の方々にお集まりいただく機会がございました。その研究成果や人のつながりをもとに，さまざまな分野で提供されている豊かなアウトリーチ実践を，広く関係者の皆様にお届けしたいという気持ちから，本書が企画されました。

　本書は上記の研究班の経緯から，生活訓練や横浜市の自立生活アシスタントに関する記述が多くなっていますが，障がいのある人々に対するアウトリーチ支援のエッセンスは制度によらず共通のものがあると考えています。

　本書が，アウトリーチ支援をこれから行っていこうと思われる方のヒントになり，一人でも多くの当事者・ご家族のもとに支援が届くことを企画者の一人として願ってやみません。

吉田光爾

※なお本書では障害・障がいの表記について，各章・節の執筆者に一任しております。また障害者／障がいのある人などの表記についても同様です。
※本書であげられた事例については，ご本人の同意を得ているか，あるいは仮想の事例として紹介されています。

目　次

Ⅲ　アウトリーチ事業運営のヒント——失敗しないための事業モデル

Ⅳ　アウトリーチ支援チームのつくりかた——チームになればいろいろできる!

I

障害者アウトリーチ支援を考えよう！
［理論篇］

本部ではまず，障害のある人々に対してアウトリーチ支援を行うときにおさえておきたい支援の原則や，制度的な枠組み，対象者の考え方について整理する。

なぜアウトリーチ支援が必要・有効なのか，誰に届けるのか，国内での各実践はどのような形で行っているのか，我が国での障害のある人々に対するアウトリーチ支援の概略を整理したい。

1 アウトリーチ支援の制度と理論を学ぶ

●吉田光爾

　まず最初に，本章ではアウトリーチ支援を考えるうえで，①アウトリーチ支援とはどのようなものなのか，②アウトリーチ支援の歴史的背景，③アウトリーチ支援の原則，④日本におけるアウトリーチ支援の展開をみていき，本書が対象とする「福祉によるアウトリーチ」とは何かを見定めていきたいと思います。

1 ―――― アウトリーチとは何か

　本書では福祉による「アウトリーチ」支援について概説していきますが，そもそもアウトリーチとはどのような意味なのでしょうか。ここではまず三品（2013）が整理した海外の文献のなかでのアウトリーチの定義をみてみましょう。Turnbull（2010）は，医療・保健・福祉などの対人サービスにおけるアウトリーチは，相談機関や病院など援助提供機関に来ることができないか，来ることを好まない人たちに対して，サービスや情報を提供したり，助言をしたりする活動のこととしています。Barker（2003）はソーシャルワークのなかのアウトリーチに関する定義について，「アウトリーチとは，特に地域に密着している機関のソーシャルワーカーの活動であり，必要としている人びとの家庭や日常生活の場に出向き，サービスや利用可能なサービスの情報を届けることである」と述べています。またSullivan（2008）は，「アウトリーチをするケースマネージャーは，利用者が生活したり，働いたり，遊んだりしている場所で臨床を行うことで，利用者が学習したり，地域生活に成功するために必要とするスキルを磨いたりすることを支援する」としています。

　これらの定義に含まれている意味や特徴を細かくみていきましょう。まず，アウトリーチ支援とは，**①本来サービスを希望しなかったり，つながらなかったりする方にサービスを届ける**，ということに特徴がある活動といえるでしょう。たとえば対人関係や通所に課題をかかえる方，症状が不安定な方など，通常のサービスにはつながりにくいような方に，こちらからサービスを届ける支援です。逆に言えば，通常のサービスにつながっている方，訪問などの受け入れの良い方に行うことを志向している支援ではないといえましょう。

　次にBarkerの「家庭や日常生活の場に出向き」という言葉に注目してみましょう。ここでは「家庭」という言葉とともに，「日常生活の場に出向き」という言葉が並列

されています。私たちが生活をするとき，その生活の場面は自宅・家庭だけでしょうか？　おそらく自宅で過ごす時間だけではなく，会社で働いたり，商店で買い物をしたり，途中で交通機関を使ったり，街中の役所や映画館などの社会資源を使いながら生活をしているでしょう。支援の利用者もまた，その生活は自宅以外でのさまざまな場面で行われているのです。アウトリーチとはその家庭にも訪問しますが，その場面は家庭に限定されるものではなく，②その人の生活するさまざまな地域の場面に出向いて支援を行うことであるといえるでしょう。

　伊藤（2012）は，「アウトリーチ支援＝訪問」ではない，と述べ，「利用者と同行して，買い物や食事，カラオケやネットカフェなどの楽しみや散歩に出かけること自体が，利用者の人となりを知る大きな機会である」と述べています。利用者の生活が，病院や施設だけに限定されず，市民としての当たり前のさまざまな生活場面へと広げようとするときに，支援も同様にそういった場面へと広がりを見せていくのです。

　第3の特徴として，③その人の生活スキルが磨かれることを支援する，という点があげられるでしょう。アウトリーチ支援では利用者にサービスを提供しますが，そのことは「すべてを代わりに行う」ことを意味しません。利用者が地域のなかで，自分の人生をより豊かに生きていくために，その自分自身の生活スキルや力をより発揮できるようなサポートを行います。例えば，自宅から外出したいという希望をもっている利用者に対して，車で移動を支援するのではなく，電車やバスの利用を一緒に練習し，自分の力を伸ばすことをサポートしていくことも，アウトリーチ支援の重要な要素です。

　伊藤（2012）は，地域精神医療の文脈のなかでのアウトリーチ支援を「患者が市民としての生活を取り戻せるように，暮らしや人生を具体的に応援するための訪問」としています。本書で扱うアウトリーチ支援とは，サービスにつながりにくい人に対して，地域での暮らしや人生を地域のなかでより豊かに生きていくための支援するためのものである，ということを確認しておきたいと思います。

2 ——— アウトリーチ支援の歴史的背景

　では，アウトリーチ支援は，なぜ障がいのある人の支援のために必要とされるのでしょうか。本節では，精神障がいのある人に対するアウトリーチ支援の歴史をひもとくことによって，その必要性を確認してみましょう。

海外におけるアウトリーチ発展の歴史

　社会福祉における，訪問活動についての歴史をひもとくと，古くはイギリスの慈善組織協会で，パーソナルな訪問活動を事前救済援助に必要なものと位置づけてい

ますし（高野, 1985），また「ケースワークの母」Richmondは，友愛訪問を事前組織協会において重要なものとして考えていました（Richmond, 1899）。ソーシャルワークのなかではその萌芽期から，アウトリーチ支援が重要なものとして位置づけられてきたわけです。そのなかでも特に障がい分野での進展については，米国での精神科病院の脱施設化の歴史をたどることが役立つでしょう。

　1950年代までの米国における精神障がいのある人のケアは大規模な精神科病院の入院治療が中心であり，収容施設としての性格が強いものでした。しかし，そうした大規模施設での入所ケアは人権上の問題とともに，施設症（Institutionalism）とよばれる機能低下を引き起こすという指摘（Barton, 1959）などを呼び水に，1950年代以降に脱施設化運動が活発になっていきます。1963年にはケネディ教書（精神病及び精神薄弱に関する大統領教書）が発表され，州立精神科病院での入院治療から，地域精神衛生センターでの支援へと転換していくことになります。

　しかし地域で暮らすことになった精神障害のある人々は，さまざまな生活上の困難に直面しました。特に十分な受け皿が準備されなかったことは，精神科病院への入退院を繰り返す回転ドア現象（revolving-door phenomena）を生み出したのです。また精神科病院によって集中的に提供されていたケアが，地域での社会資源に分散したことで，ケアの責任性が不明確になり，十分にサービスを活用できずに地域で孤立したり，ホームレスになるなどの問題も数多く見受けられました。こうした事態は，1970年代には「脱施設化と地域精神保健の失敗」として指摘されるようになります（Goldman, 1998）。

　こうした問題を受けて，勃興したのがケアマネジメントです。ケアマネジメントは地域に分散するサービスを当事者のニーズにあわせてパッケージ化して責任をもって供給するものですが，精神科病院での集約的なケア機能を代替する必要性から生まれてきました。こうした社会背景のなかでケアマネジメントは，1970年代後半から連邦政府のプロジェクトを通じてその有効性が検証され，制度化に至りました（大島, 2016）。

　ところが，このサービスの仲介を基本とする仲介型のケアマネジメントでは，とくに重い精神障害のある人々には必ずしも有効ではないことが指摘されてきたのです（Franklin et al., 1987）。重い精神障害のある当事者は，しばしば対人関係や症状・病識の不安定性などをかかえており，サービスからこぼれ落ちがちであること，また定型的なサービスをパッケージ化しても状態の不安定性から必ずしも有効に機能するとは限らないこと，生活像や病状の急変への緊急時対応が必要なことなどの課題があるからです。

　このケアマネジメントの機能を補うのが，本章で詳述するアウトリーチです。すなわち支援者が機関でサービスを提供するのではなく，アウトリーチによって，①サービス利用の途切れがちな当事者に対して支援者が積極的に関与し，サービスを不断に提供する，②通所や通院によって事業所でサービスを提供するのではなく，アウトリーチする支援者が当事者に直接的・個別的な支援を行う，③頻回に利用者

と会うことで利用者の状態に随時柔軟に対応する，④生活や症状の危機に対して救急対応する，ということになります。こうした頻回なアウトリーチ機能を含んだケアマネジメントは，集中型・包括型ケアマネジメントモデル（Intensive Case Management : ICM），Assertive Community Treatment（ACT）とよばれ，世界各地で実践されていくことになるのです。

3 ── アウトリーチ支援の原則

　こうした歴史的な経緯を踏まえると，アウトリーチ支援は，施設から地域へ，というパラダイムシフトのなかで発展してきた支援といえるでしょう。そのなかで大切にされてきたアウトリーチ支援の理念・原則とは何かということについて，先の定義とあわせて整理してみたいと思います。

① アウトリーチ支援は，サービスの届きにくい人へサービスを届ける仕組みである

　繰り返しになりますが，アウトリーチ支援はサービスがつながりにくい人に対してサービスを届けることを志向しています。そのような方たちは，①対人関係が不安定である，②社会サービスを知らない・希望しない，③社会サービスの利用について不安感がある，④障がいや病状などの状態が不安定である，などよりニーズの高い支援状況にあることが多いものです。

　「申請主義」という言葉があります。「申請主義」とは，社会サービスの利用要件を有する人が，申請手続きをしてはじめて利用することができるというものです。しかし，上記のような状態にある方たちは，しばしば最も重いニーズを抱えながらも，その重さゆえに，自らサービスの利用を申請することができなかったり，あるいは申請したとしてもサービスからすぐに脱落してしまい，再びサービスにつながらなかったりします。「申請主義」自体は，社会サービスを利用したくないという個人の自由を保障するための仕組みでありますが，他方でそれは「申請主義の壁」というものを形作り，その壁の前で，最も重篤なニーズをかかえる人たちは社会的支援の網の目からこぼれ落ちてしまうのです。

　アウトリーチ支援はこうした「申請主義の壁」を乗り超えて，より重篤なニーズを抱える人のもとへサービスを積極的に届けることを志向している，といえるでしょう。

② アウトリーチは，医療・福祉サービスにつなげることが第一目的ではなく，それ自体がサービスとなり地域の生活を支えるものである

　サービスの届きにくい利用者のもとへ赴く，というアウトリーチ支援の特性上，サービスにつながっていない人々や，ひきこもりの状態になっている人々が，通所や入所サービスなどの社会資源につながることは，多くの人がアウトリーチ支援に寄せる期待です。

　しかし，先のアウトリーチ支援の定義のなかで述べたように，その目的は「支援を届ける」ことであることを忘れないようにしたいと思います。アウトリーチ支援の目的は「地域で暮らしている当事者の生活を支える」ことであり，「リカバリー（Recovery）のプロセスを支え，それに寄り添う」（伊藤ほか，2015）ことです。このリカバリーを支えるうえで，入所や通所の支援などが重要な役割を果たす場面も多々あると思います。しかし，あくまでそれらはリカバリーのために活用される「手段」であり，「通所や社会資源につなげる」ことが目的ではありません。

　例えば，三品（2009）は精神保健福祉の分野のなかで，医療中断や未受診の状態にある人々に関わるのに際して「治療，服薬，入院の3つはほとんど禁句」と述べています。アウトリーチ支援の対象となる当事者は，決して医療や福祉など社会的なサービスについて好意的な人ばかりではありません。むしろそういった社会的なサービスにおいて過去に不当に扱われた外傷体験のある人や，不安を感じている人が対象でもあるのです。そのような当事者の前に支援者が立つ際には，「無理やり社会サービスに自分をつなげようとする人」ではなく，いかに「その人の希望する生活をサポートできる人」として立ち現れるか，が問われているといえるでしょう。

③ アウトリーチ支援は，個別性を大事にする支援である

　利用者の生活場面に赴くことにより，生活に密着・個別化された支援を展開できるのがアウトリーチ支援の強みですが，この「個別性」という観点が重要です。当事者の居室に伺うと，個々の人生を反映した生活環境の多様さに圧倒されます。それぞれの家族のこれまでの歩みや，生き方，歴史が反映された豊饒な環境がそこに広がっており，ひとつとして同じ場所は存在しません。当事者やその家族が大事にしてきたそれぞれの流儀・営み・環境があり，その具体的な情報やセッティングをヒントとして生かしながら，その人の希望する生活を送るための支援を展開できるのが，魅力なのです。

　通所や入所のサービスでは，支援やプログラムを集団の場面で行うということも多いものです。また，そこでの支援環境は実際に支援が必要とされる場面とは異なっていることがほとんどでしょう。例えば，料理を作りたいという人に対して，ある施設において集団プログラムで支援しようとする場合，集団プログラムが不安なので当人が参加できない，支援者の目がなかなか行き届かず「個別の」支援が埋没し

てしまう，あるいは家のキッチンと全く勝手が違うので施設で支援を行っても実生活のなかでの応用が十分に利かない，ということはよく経験することです。無論，集団での支援のなかで力を発揮していく方も多いですし，集団でのグループダイナミクスも魅力的ですから，集団支援がよくないというわけではありません。しかし，集団での支援を望まない方・得意としない方，実生活と同じ環境下での支援が必要な方などに，より個別的でテイラーメイドの支援を届けられるのがアウトリーチ支援の特徴なのです。

このことが逆に意味しているのは，「画一的なアウトリーチ支援」はアウトリーチ支援ではないということです。個々の利用者の生活の個別性を無視して，生活の様子を画一的なやり方で「観察」したり「点検」したりすることは，アウトリーチ支援の原則から外れるものであるといえるでしょう。無論，生活のモニタリングはアウトリーチ支援においてもとても重要なことですが，それは多様性・個別性のある生活の場を画一的に管理することではありません。アウトリーチ支援で目指すものは，個別の利用者の一人ひとりの生活の場に招き入れてもらうことで，個々の当事者や家族がどのような環境でどのような人生を送ってきたのかを教えてもらい，これからどのような生活を送ろうとするのか共に考えていくことです。

4 アウトリーチではリカバリーを支援することを目標とする

近年，障がい福祉の分野やそれらを超えて広まりつつあるのが「リカバリー」の概念です。これまで，障がい福祉の治療やリハビリテーションでは「障がい」の「治療」や「治癒」が優先されがちでした。例えば精神科の問題でいえば，「幻聴」という症状のある患者さんへの支援の目的は，その「幻聴」という症状が消え去ることや，それが少しでも抑えられることでした。

もちろん，ご本人が病気の症状に苦しめられていることについて「治療」という選択肢は必要なことです。しかし，そうした「病気」の治療や治癒が優先されるあまり，見逃されがちだったものがあります。それは利用者自身の「人生」です。

重度の障がいをもつ利用者の方の症状や障がいのなかには，それを付き合っていかなければならないものもあるのは，読者の方もご存じのことかと思います。しかし，「症状」や「障がい」があるからといって，その人が，その人の人生を送ることができないというわけでは決してありません。その人自身が未来をどのように過ごしたいのか，どんな夢をもっているのか，そのことをもう一度振り返ることが支援において大切なことであると見直されるようになってきたのです。

そういった支援のパラダイムを転換させたのが「リカバリー」という概念です。「リカバリー」概念の普及に貢献している，当事者活動家のPatricia Deeganによれば，リカバリーは以下の言葉で表されます。

リカバリーは，ひとつの過程，生活の仕方，姿勢，日々の課題への取り組み

方である。それは，完全な直線的過程ではない。時々，われわれの進路は気ま
ぐれで，われわれはたじろぎ，後ずさりし，撮り直し，そして再出発する……
求められるのは課題に立ち向かうことであり，新たな価値ある誠実さと能力障
害の範囲内かそれを越えた目的を回復させることである。願いは，意味のある
貢献ができる地域で，生活し，仕事をし，人を愛することである。

（Deegan, 1988）

　障がい分野においては，例えば，人生のある時点で障がいに見舞われるという経
験をされる方も多いわけです。そのまま障がいが軽快していく方もいらっしゃいま
すが，一部の人々は障がいと長く付き合うことになるのも事実です。それまで，送っ
てきた人生が，障がいによって大きな変更を余儀なくされる場合も少なくありませ
ん。長期の入院を経験したり，仕事や学業をあきらめざるをえなかったり，家族や
友人，大切な人々との関係に大きな影響が及ぶこともあります。あるいは，先天的
な障がいで，子どものときから長らく障がいとともに生きにくさを抱えている方も
いらっしゃいます。家族や支援者が本人を心配するあまり，本人を生活上のチャレ
ンジから遠ざけてしまっている場合もあります。障がいをもつ人は，障がいという
問題と日々戦うなかで，希望や夢，そして人間としての誇りや自信を，多かれ少な
かれ失ったり，奪われたりしがちなのです。

　これまでの医学モデルの支援では先に述べたように，「症状の回復」に着目するあ
まり，この失われた夢や，あるいは傷つけられてしまった人生をどのようにするか
ということを，置き去りにしてきてしまったところがありました。しかし，人が生
きていくうえで重要なのは，健康の管理だけではなく，どのように幸せに生きてい
くかということであり，それは障がいをもつ人にとっても同じです。こうした声が
当事者や地域の活動のなかから生まれ，失われた夢や希望，誇り，よりよい人生を
「取り戻す」という意味で，「リカバリー」という語が生まれてきたのです。

　「リカバリー」を目指すとなると，支援の目標は障がいの克服が第一義的なもので
はなくなります。障がいを抱えていたり，そのことによって制限があったとしても，
その人なりの人生を豊かに味わい，楽しむことができるようになっていく，そのプ
ロセスが大事であり，支援の目標はそれをサポートすることになります。それは人
によっては少しアルバイトをすることかもしれませんし，家族のなかで重要な役割
を果たすことかもしれません。これまで十分にすることのできなかった，趣味の活
動をより深めていくことである場合もあるでしょう。

　このような当事者の希望を支援するためには，支援者が，その人が実際に生活を
している地域の環境にアウトリーチして出て行き，そこで起きるさまざまな課題や
困難に寄り添いながら歩んでいく態度も必要となります。アウトリーチによる支援
は，一括集中管理ではなく，一人ひとりの利用者に，自宅や地域のなかで一緒に寄
り添うことによって，その人の生活の幅を個別に膨らませることができるからです。
また，訪問による支援というのは，ご本人の生活の領域に入り込むことでもありま

す。いわば「お邪魔をさせていただく」わけです。そのときに，このリカバリーの概念を忘れて，症状や生活の管理にばかりに気を取られて，「これをしなさい」「あれをしなさい」と言っても，サービスの利用者の心には届かないばかりか，いずれ訪問を拒否されてしまうことでしょう。その人自身がどんな生活を送りたいのか，これからどうなって行きたいのかに耳を澄ませることが，支援の関係を築くうえでも，訪問支援の本義のうえでも重要なことなのです。

　もちろん障がいのある人の生活上の課題はさまざまに見出されます。それは食事のことかもしれないし，身なりを整えることや，清掃の問題かもしれません。もちろん，それは重要な目標のひとつとなりえますし，食事や清掃などの身の回りのことや近所付き合いなどのスキルを高めることは，その人が地域生活をしていくうえでとても大事なことで，ないがしろにはできません。しかし，支援の長期的な目標は，その先の「リカバリー」であり，食事を作ることや，電車に乗れることの練習は，あくまで，こうした「リカバリー」を推し進めるための手段だということを，筆者は忘れないようにしたいと思っています。

⑤ ストレングスモデルの重要性

　リカバリーを支えるうえで重要なのは，ストレングスモデルの観点です。アウトリーチ支援では前述したように，関係づくりの難しい利用者と関わるなかで，リカバリーをサポートすることが求められていますが，そのような利用者との関係づくり・支援の展開においては，「利用者のストレングスとは何か」を知ることが助けになるのです。

　ストレングスモデルは，1990年代前半に米国カンザス大学のRappらによって提唱された支援モデルです。ストレングスモデルでは本人や環境のストレングス，すなわち「願望」「能力」「自信」「環境の資源」「社会関係」「機会」に着目して，利用者のリカバリーを支えていきます（Rapp & Goscha, 2006）。

　これまでの支援で中心的であった「問題解決モデル」では，本人の問題に焦点を当て，その問題をいかに解決していくかが関心の中心でしたが，しばしばこうしたアプローチは利用者のレッテル貼り・非難を通じ，当事者を抑圧してきたとRappは指摘します。こうした抑圧のなかでは，当事者と支援者の関係はネガティブな感情や，衝突や離断に見舞われるものです。

　ストレングスモデルでは，利用者の意欲やストレングスに着目することで，利用者をエンパワメントする良好な関係を築くことが重要視されています。このことは当事者との新たなパートナーシップの可能性をもたらすのです。ある支援者の言葉を借りれば，ストレングスモデルは「当事者のことを好きになる」ための枠組みであり，アウトリーチ支援を有効に進めるための大事な骨組みなのです。

6 パターナリズムが支援にとって必要になる場面もある

　これは前述の内容と相反するようですが，障がいのある人でのアウトリーチ支援ではパターナリスティックな関わりを問われる場面も生じてきます。例えば当事者が自死や自傷の危険に陥ったり，家族や近隣とのトラブルによって大切な関係から排除されかねない状況に，生活に深く入り込んでいるアウトリーチの支援者はしばしば直面します。そうした場面において支援者は，リカバリーやストレングスモデルの尊重という価値観と，パターナリスティックな関わりの必要性との間で，葛藤を抱えることになるでしょう。

　伊藤（2012）はこの点に関して，「このような葛藤を強くはらんだ状況のときに，チームとしての方針を明確にし，関与し続けるスキル」が，アウトリーチ支援に必要であると述べています。ストレングスモデルを提唱している Rapp et al.（2006）も「危機を最小にし，その状況によって失うもの（たとえばアパート，仕事など）を少なくすることによって，利用者の望む人生を援助することである。そのためには入院の説得をする必要が生じる場合もある。重要なのは，その後も関わり，より早く危機から回復できるよう援助することである」と述べており，利用者を守るために，パターナリスティックな関わりが避けられない場合もあることに触れています。そうしたパターナリスティックな関わりによって，当事者と支援者の関係が一旦は危機に陥る状況も出てくるかもしれませんが，そういった葛藤や危機を継続的な文脈のなかでとらえ，「お互いにとってのこの逆境を乗り越えて再び関係をつくっていく」ことができるかが，アウトリーチ支援に問われることではないかと西尾（2015）は指摘しています。

　アウトリーチ支援では生活の場面に深く入り込むからこそ，こうした場面に遭遇することになります。そのときにストレングスモデル／パターナリスティックな関わりの両極を見定め，そのとき利用者の生活にとってベストな選択をしていくことも必要になってくるのです。

4 ─── 日本におけるアウトリーチ支援の展開と，本書で取り扱うサービスの範囲について

　さて，上記のようなアウトリーチ支援を行うには，日本においてはどのような制度が使えるでしょうか。近年の我が国の障がい分野での制度や取り組みを俯瞰しながら，本書で取り上げる領域を絞り込んでいきたいと思います。

1 ホームヘルプサービス（居宅介護）

　よく知られている訪問支援としてホームヘルプサービスがあります。障害者総合支援法を根拠法にして，居宅において，入浴，排せつおよび食事などの介護，調理，洗濯および掃除などの家事ならびに生活などに関する相談および助言，その他の生活全般にわたる援助を行います。ホームヘルプサービスは大きな役割を果たしている制度であり，我が国の障害福祉サービスでは，平成29（2017）年度には23,074件の事業所があり（厚生労働省，2017），障がいのある人の地域生活を支えるうえで心強いサービスとなっています。

　しかし，ホームヘルプは，基本的には身体介護や家事の援助を中心とした支援であり，利用者の生活場面での困難な行動を「代替」「代行」するという枠組みに縛られる側面があります。例えば調理の「代替」を行うことは，ホームヘルプの目的ではありますが，調理の「練習」をすることは主目的ではありません。アウトリーチ支援においては本人のリカバリーを支援することが大切であると先に述べましたが，その人がその人らしく生活することのチャレンジを応援していくには，「代行」を中心としたホームヘルプの枠組みは，やや窮屈な制度であるといえるでしょう。なお，自宅外の移動に関する支援についても可能ですが，その範囲は「病院への通院等のための移動介助又は官公署での公的手続もしくは障害者総合支援法に基づくサービスを受けるための相談に係る移動介助」（「障障発0330第7号平成20年4月以降における通院等介助の取り扱いについて」（平成24年3月30日））とあり，かなり限定的です。

2 相談支援事業

　また障害者総合支援法の相談支援事業は，サービス等利用計画を作成し各種サービスの仲介と導入をしていくケアマネジメントの要素を含んでいます。相談支援事業について「訪問」の語は規定にありませんが，三菱総合研究所による比較的活発な相談支援事業所の実態調査（株式会社三菱総合研究所，2008）においては，10日間業務のうち，来所相談は6.6回に対して訪問・外出同行は7.7件となっているなど，アウトリーチ支援の要素が含まれていることがわかります。しかし，相談支援事業では集中的なケアマネジメントというよりも，ブローカリングタイプのケアマネジメントを目的に制度設計をされており，その報酬についてはサービス利用支援（プランニング）と継続サービス利用支援（モニタリング）について月単位の支払いとなっています。そのため，利用者の生活に密着したサービスを具体的かつ集中的に行うのに適したシステムとは言いがたい部分があります。

③ ガイドヘルプ

　ガイドヘルプとは，障害者の移動やそれに伴う行動を支援することを指します。それを支える制度として，障害者総合支援法では「同行援護（介護給付）」「行動援護（介護給付）」「移動支援（市町村地域生活支援事業）」などが存在します。

　それぞれの違いですが，「同行援護」は視覚障害により，移動に著しい困難を有する人に，移動に必要な情報の提供（代筆・代読を含む），移動の援護などの外出支援を行います。「行動援護」は，精神障害や知的障害などにより制限されている人が行動するときに，危険を回避するために必要な支援を行います。「移動支援」は，社会生活上，必要不可欠な外出，社会参加のための外出について，市町村の判断で行う事業です。

　それぞれ対象や範囲はやや異なるのですが，移動に関する個別的な支援として活用しうる事業であり，令和2（2020）年度において同行援護は8,413事業所，行動援護2,628事業所が国内で運営されています（厚生労働省，2021）。また移動支援事業の市町村の実施割合は全国平均で91.0％となっています（厚生労働省，2017）。

　これらは「移動」という場面に限定されており，利用者の生活を総合的に支えるという部分では制約がありますが，利用者の地域生活を支える重要な個別的アウトリーチ支援として，活用できるものといえるでしょう。

④ 生活訓練（訪問による）

　自立訓練（生活訓練）とは，障害者自立支援法に定められる訓練等給付のひとつで，知的・精神障害者が地域生活を営むうえでの生活能力の維持・向上などのため一定期間の訓練をする支援です。現在，生活訓練は「宿泊型」および「通所型」が制度化されていますが，通所訓練を原則としつつ，個別支援計画の進捗状況に応じ，訪問による訓練を組み合わせて支援をすることが可能とされています。これがいわゆる「訪問による生活訓練」です。

　この訪問による生活訓練は，旧障害者自立支援法で初めて事業として制定されたものですが，実施先例がなかったこと，報酬単価がホームヘルプと同様に低く設定されたこともあり，実際の運用は極めて少数に留まり，実際の運用像が判然としてきませんでした。しかし，厚生労働省障害者保健福祉推進事業において，平成19～20（2007～2008）年度にかけて千葉県市川市でモデル事業（実施主体：特定非営利活動法人ほっとハート）が実施され，その活動が分析されました。

　利用者の「地域生活をするための能力」といっても，その内容はさまざまな内容を含み，どのような点が課題になるかは個々の利用者の状況によって異なります。しかし，従来の福祉的制度では，これら生活能力を伸ばすような個別的な訪問支援の制度は存在せず，もし事業者が行う場合でも，しばしば非公式な持ち出し業務として行われるに留まっていました。これに対して，訪問による生活訓練は幅広いニー

ズに対して柔軟に対応できるものであり，日常生活に関する支援から，ケアマネジメント，精神症状の対処，移動支援，危機介入など多岐にわたる領域の支援が総合的に行われている様子が報告されています。

ホームヘルプと比較した場合はどうでしょうか。ホームヘルプの支援は先ほども解説したように「代行」を基本とするものです。ホームヘルプの支援者は現場のニーズのなかで家事援助以外の支援を実際には担っていることも少なくありませんが，支援者は「何をどこまでホームヘルプで行うのか」について自治体とのコンフリクトを経験したり，負担を感じがちであるという声は多く聞かれます。しかし，訪問による生活訓練は特に内容に規定がないため，「居宅介護」や「代行」といった文言に限定されず，利用者と一緒に家事の「練習」をしたり，活動範囲を広げるための「同行支援」をするなど，多様な関わり方が可能になっています。また，支援の場所も自宅に限定されていないため，自宅外の地域において支援をすることができる点も，支援の幅を広げられる要素といえます。

ただし利用期間は2年間（状況によっては1年の延長が可能）となっており，個々人の目標や，支援終了後の姿を意識的に設定した活用が必要な点が，運用上の特徴となっています。

訪問による生活訓練はその制度の概要が十分知られておらず，その運用実績は十分ではないといわれており（社会福祉法人豊芯会，2015），今後のさらなる普及と運用が望まれるところです。

5 自立生活援助

自立生活援助は，障害者総合支援法において2018年より導入された新しい制度です。障害者支援施設やグループホーム・精神科病院などを利用していた障がいをもつ方で，一人暮らしを希望する方に対して地域生活を支援するため，一定の期間（原則1年間）にわたり，定期的な巡回訪問や随時の対応により生活力などを補う観点から，適時のタイミングで適切な支援を行うものです。横浜市の「自立生活アシスタント事業」などを参考に創設されました（公益財団法人横浜市総合保健医療財団，2017）。

なお，対象者は上記のように「地域移行」をする方が基本となりますが，現に一人暮らしをしていて自立生活援助の支援を必要としている方，障がい・疾病などをもつ家族などと同居しているために一人暮らしと同様の状況にあり，自立生活援助を利用している方なども対象となります。

おおむね週に1回以上の利用者宅への訪問をしながら，食事や清掃，公共料金や家賃金の振り込み，体調変化，地域住民との関係について確認を行い，必要な状況において助言，連絡調整，支援を行うもので，今後の地域生活における訪問支援での活用が期待されるものとなっています。

ただ本事業については，現在まだ十分に全国的な展開の状況が把握できておらず，

今後の普及と活動報告が望まれるところです。

⑥ 訪問看護

　福祉サービスではありませんが，訪問看護もまた地域のなかで大きな役割を果たしているサービスです。主に看護師（場合によって作業療法士や精神保健福祉士）が，家庭や地域社会で安心して日常生活を送ることができるよう定期的に訪問し，相談や必要な支援などを行います。特に障がいのある方は，身体の面での悩みをお持ちの方も多く，合併症に関しても，専門的に相談に乗る点で心強いサービスといえます。他方で，生活を支える「福祉」ではないため，家事や生活上の困り事に関する込み入った練習などは行わない場合も多いようです。事業者の性格にもよりますが，医療的なことではない身の回りの困り事に関しては，「具体的に手を出してお手伝いする」というよりも「相談に乗る」という形での関わりが多いことが特徴です（この点については後述します）。また，支援は基本的に自宅を中心に行われることが多いので，先述した「家庭や日常生活の場に出向く」という自宅外での支援については，必ずしも得手としているわけではありません。

⑦ ACT（Assertive Community Treatment）

　集中的かつ包括的なアウトリーチ支援を行えるサービスとしては，精神科領域ではAssertive Community Treatment（ACT）が知られています。ACTは，医師・看護師・作業療法士・精神保健福祉士などによる多職種アウトリーチチームが，24時間265日体制で訪問支援を行うサービスです。ACTは2002年から国立国府台病院において厚生労働科学研究費の助成を受けて臨床試験が行われました（ACT-J）（伊藤ほか，2008）。本研究では，入院日数の低減や利用者の高いサービス満足度などの点での効果が示唆されています（Ito et al., 2011）。この実践を嚆矢として，ACTの支援は全国に広まり，全国の各地でACTの事業所が支援を展開し（三品ほか，2014），その事業者は「ACT全国ネットワーク」という組織を形成し，日本では20数カ所の事業所がサービスを行っています（2020年度にACT全国ネットワークは，コミュニティ・メンタルヘルス・アウトリーチ協会に改組）。

　ACTは生活面・医療面それぞれに集中的かつ濃密なサービスを複数職種によって行う支援であり，暮らしの夢や困り事についての福祉的な支援についても，薬や症状などの医療的な側面についても対応可能なサービスといえます。また，他の訪問サービスと比べると，週1〜2回以上と頻繁に訪問している事業所が多く，支援の内容も柔軟な場合が多いようです。また24時間体制であることも心強いところです。夜中に急に症状が悪くなったり，問題が生じることも少なくないものですが，多くのACTは緊急時に電話や訪問で応対できるような体制になっています。ただACTは他のサービスに比べて集中的で濃密な支援ができるように，一人のスタッフが受

け持つ利用者の方は，10人程度とされています。ですので1つの事業所が支援できる利用者の方を絞らざるをえず，医療と生活のサポートが必要な病状の重い方，24時間での対応を必要とする方など，比較的重めの方に限定したサービスとなっています。また，ACTを支えるための報酬制度は十分に整備されているわけではなく，各事業所は訪問看護ステーション・診療所・福祉事業所など複数の制度を組み合わせて運営を成り立たせており，普及に限界があるのが現状です。

国は2011年から未治療や治療中断している精神障がい者等に対する精神障害者アウトリーチ推進事業を実施し，これを受け2014年には精神科重症患者早期集中支援管理料が診療報酬に新設（2018年に精神科在宅支援管理料に変更）されていますが，本管理料は，患者の算定要件・施設基準の厳しさから十分な実施に至らず（萱間，2015），基準の緩和・見直しが求められている状況にあります。いずれにしてもACTは医療と福祉の混合型による支援であるため，支援を実施するためには，医療体制をどのように確保するのか，という点が課題になります。

5 ── 本書が提示する福祉によるアウトリーチ支援

このように我が国では，障がいのある人に対するアウトリーチ支援を行うための複数の制度はあるものの，それぞれに一長一短がある状況といえます。

ここで上記の内容を整理し，アウトリーチ支援に必要な要素を，「支援の包括性」＝リカバリーを志向した地域生活を送るうえでの個別的な支援に対応できるか，「活動の場」＝活動場所が限定（自宅・地域・事業所など）されずにさまざまな場所でのアウトリーチ支援に対応できるか，「支援の濃密さ」＝一定程度濃密な支援を提供できるか，「支援の期間」＝有期限／無期限という観点からまとめてみると，表1のように整理されます。

まず，訪問看護やACTなどは医療を含むサービスにも，特に医療的な対応ができるという利点はありますが，訪問看護は自宅に限定されがちであること，また生活支援の部分で限定的であるというネックがあります。またACTはメディケーションを含んだ医療をどのように提供していくかという点など，普及の課題があります。なによりこれらは「福祉的なサービス」でないがゆえに，福祉の現場に携わる者が「アウトリーチ支援を行いたい」と考えても，「手が出せない」ものとして語られがちでした。

しかし，では福祉に従事者がアウトリーチ支援をすることはできないのでしょうか。そのようなことはない，と筆者は考えます。障がいの困難に対する支援は，①疾病に対する医療的支援と，②生活のしづらさについての福祉的支援，という2側面があるからです。例えば症状などは比較的落ち着いていても，生活スキルや経験が十分に備わっていないなど，その障がいによる生活の難しさが際立って，地域生活に困難を来たしている人たちは少なくありません。そのような疾病性は高くない

表1　各種アウトリーチ支援内容の比較

	支援の包括性	支援の内容	活動の場	支援の濃密さ	支援の期間
ホームヘルプ	△	家事を中心とした代行に限定	自宅	○	無期限
相談支援	△	ブローカータイプのケアマネジメント	事業所自宅	△	無期限
ガイドヘルプ	△	移動に関連する支援に限定	地域	○	無期限
自立生活援助	○（※今後の広まりに期待）	福祉的な生活に関する多様な支援（医療支援はできない／地域移行を前提とする）	○	○	有期限（1年間）
訪問看護	○	医療的な支援（福祉的な生活支援は限定的）	自宅に限定されがち	○	無期限
ACT	◎	◎	◎	◎	無期限
生活訓練	○	福祉的な生活に関する多様な支援（医療支援はできない）	◎	○	有期限（原則2年）

ものの「生活の難しさ」をニーズとしてもつ人々に対するサポートを，福祉的なアウトリーチ支援は提供することができるのです。なにより，地域の実践のなかで，福祉の従事者はさまざまにアウトリーチをされてきました。

　では，福祉的なアウトリーチ支援を考えるときに，どのような活動が参考になるでしょうか。本書で私たちが取り上げるアウトリーチ支援のうち着目したいのは，最後の「生活訓練」です。生活訓練は先にも述べたように，3つの観点で長所があるからです。すなわち，①包括性という観点＝ホームヘルプや移動支援と比較して福祉サービスとしては柔軟な支援内容の展開が可能であること，②活動の場所という観点＝自宅や地域といった活動の場所に限定がないこと，③支援の濃密さ＝相談支援事業のように月単位での給付ではなく個別給付のため支援の内容を濃密にできること，などにおいて他の福祉サービスよりも長所があり，画期的な実践例がそこに詰まっていると考えるからです。なお，対象者が限定されているとはいえ，「自立生活援助」も本書で語る生活訓練と同様のアプローチが活用可能であると考えます。

　本書では，生活訓練をモデルにして，福祉的なアウトリーチ実践ではどのようなことができるのかを提示していきたいと思います。なお「期限がある」という点については，生活訓練はほかと異なり，これを運営上の弱点とみる向きもありますが，実践者においては必ずしもこの点を弱点とはとらえていない様子を，後続の章でご紹介いたします。

　ただし，本書は「生活訓練」のマニュアルではありません。本書の内容には生活

訓練にとどまらない自立生活援助の内容や，地域活動支援センターの支援，就労以降支援事業と連携した活動なども含まれています。本書が目指すのは，障がいのある人の生活を福祉分野の従事者がアウトリーチで支える具体例を提示することです。そのため本書は，特定の制度に関するマニュアルにとどまるものではありません。

　これまで，障がいのある人に対するアウトリーチ支援の文献は，精神科訪問看護や，ACTなどの紹介本にとどまっており，福祉関係者が実践上で役立てられる書物が十分ではありませんでした。しかし，福祉の実践者は，日頃の臨床活動のなかでさまざまなノウハウを蓄積してきました。本書は，その実践知を共有すること，そして福祉実践者にアウトリーチ支援を「やってみよう」と思っていただくこと，それにより，障がいのある人々に少しでもアウトリーチ支援を届けることを目的としたいと思います。

◉文献

Baker, R.L. (2003) The Social Work Dictionary. 5th Edition. Washington DC : NASW Press.

Barton, R. (1959) Institutional Neurosis. Bristol : John Wright & Sons. (正田亙＝監訳 (1985) 施設神経症——病院が精神病を作る．晃洋書房)

Deegan, P.E. (1988) Recovery : The lived experience of rehabilitation. Psychosocial Rehabilitation Journal 11-4 ; 11-19.

Franklin, J.L, Solovitz, B, Mason, M. et al. (1987) An evaluation of case management. American Journal of Public Health 77-6 ; 674-678.

Goldman, H.H. (1998) Deinstitutionalization and community care : Social welfare policy as mental health policy. Harvard Review of Psychiatry 6-4 ; 219-222.

伊藤順一郎 (2012) 精神科医療機関に必要なアウトリーチサービスのスキルと研修．精神神経學雑誌 114-1 ; 26-34.

伊藤順一郎＝編 (2015) 研究から見えてきた，医療機関を中心とした多職種アウトリーチチームによる支援のガイドライン．厚生労働科学研究費補助金 難病・がん等の疾患分野の医療の実用化研究事業 (精神疾患関係研究分野)——「地域生活中心」を推進する，地域精神科医療モデル作りとその効果検証に関する研究 (http://www.ncnp.go.jp/nimh/fukki/documents/guideline2.pdf. [2020年1月30日閲覧]).

伊藤順一郎ほか (2015) 厚生労働科学研究費補助金．難病・がん等の疾患分野の医療の実用化研究事業 (精神疾患関係研究分野)「地域生活中心」を推進する，地域精神科医療モデル作りとその効果検証に関する研究 (http://www.ncnp.go.jp/nimh/fukki/documents/guideline2.pdf [2020年1月30日閲覧]).

Ito J., Oshima I., Nishio M. et al. (2011) The effect of Assertive Community Treatment in Japan. Acta Psychiatrica Scandinavica 123-5 ; 398-401.

伊藤順一郎，塚田和美，大島巌ほか (2008) 重度精神障害者に対する包括型地域生活支援プログラムの開発に関する研究．平成17-19年度総合研究報告書．

株式会社三菱総合研究所 (2008) 平成19年度障害者保健福祉推進事業 サービス利用計画作成費の支給対象者を中心とした相談支援事業のあり方に関する調査研究報告書．

萱間真美 (2015) 全国の多職種アウトリーチ支援チームのモニタリング研究．厚生労働科学研究費補助金 障害者対策総合研究事業 (障碍者政策総合研究事業 (精神障害分野) 精神障害者の地域生活支援の在り方とシステム構築に関する研究．平成27年度総括・研究分担報告書 (主任研究者：伊藤順一郎).

公益財団法人横浜市総合保健医療財団 (2017) 障害者の一人暮らしを支えるための支援の実態把握に関する調査研究報告書．平成28年度厚生労働省障害者総合福祉推進事業．

厚生労働省 (2008) 障障発第0425001号 平成20年4月以降における通院等介助の取扱いについて

（平成20年4月25日）（各都道府県・各指定都市・各中核市障害保健福祉主管部（局）長あて厚生労働省社会・援護局障害保健福祉部障害福祉課長通知）.

厚生労働省（2017）地域生活支援事業の実施状況について（https://www.mhlw.go.jp/content/000330912.pdf［2022年4月1日閲覧］）.

厚生労働省（2021）令和2年社会福祉施設等調査の概況（https://www.mhlw.go.jp/toukei/saikin/hw/fukushi/20/dl/kekka-kihonhyou02.pdf［2022年4月1日閲覧］）.

三品桂子（2009）多職種による重度精神疾患者への治療介入と生活支援に関する調査研究報告書（平成21年度厚生労働省障碍者保健福祉推進事業）.

三品桂子（2013）重い精神障害のある人への包括型地域生活支援——アウトリーチ活動の理念とスキル. 学術出版会.

三品桂子，吉田光爾，久永文恵ほか（2014）重い精神障害のある人を対象とするACTの理論的背景と導入の工夫. ソーシャルワーク研究10-3；12-20.

西尾雅明（2015）コラム19 入院を判断するときの視点. In：伊藤順一郎＝編（2015）研究から見えてきた，医療機関を中心とした多職種アウトリーチチームによる支援のガイドライン. 国立行政法人国立精神・神経医療研究センター.

NPO法人ほっとハート（2009）生活訓練事業のニーズ把握とサービス内容・コスト分析に関する調査研究事業報告書. 平成20年度厚生労働省 障害者保健福祉推進事業 調査研究報告書.

大島 巌（2016）マクロ実践ソーシャルワークの新パラダイム エビデンスに基づく支援環境開発アプローチ——精神保健福祉への適用例から. 有斐閣.

Rapp, C. & Goscha, R.（2006）The Strength Model. New York：Oxford University Press.（田中英樹＝監訳（2008）ストレングスモデル——精神障害者のためのケースマネジメント. 金剛出版）

Richmond, M.E.（1899）Friendly Visiting among the Poor：A Handbook for Charity Workers. New York：The Macmillan Company.（門永朋子，鵜浦直子，高地優里＝訳（2017）貧しい人々への友愛訪問——現代ソーシャルワークの原典. 中央法規出版）

Sullivan, W.P.（2008）Psychiatric disabilities. In：T. Mizarahi & L.E. Davis.（Eds.）Encyclopedia of Social Work. 20th Edition. Vol.2. New York：Oxford University Press.

社会福祉法人豊芯会（2015）平成26年度厚生労働省障害者総合福祉推進事業「訪問による自立訓練（生活訓練）を活用した地域生活支援の在り方及び有期限の施設入所を活用した退院支援に関する研究について」研究結果報告書（主任研究者：岩崎 香）.

高野史郎（1985）イギリス近代社会事業の形成過程——ロンドン慈善組織協会の活動を中心として. 勁草書房.

Turnbull, J.（Ed.）（2010）Oxford Advanced Learner's Dictionary of Current English. New 8th Edition. Oxford：Oxford University Press.

2 アウトリーチ支援のターゲットをつかむ

●岩崎 香

1 —— 多様なアウトリーチ支援

　手を伸ばすという意味のアウトリーチ（outreach）という言葉が社会的な困難を抱えている人たちへの援助活動として位置づけられたのは，アメリカの公民権運動などが盛んであった1960年代以降だと言われている。米国ウィスコンシン州デーン郡で始められた精神保健地域ケアシステム（通称「マディソンモデル」）は日本の精神保健福祉に大きな影響を与えた。そこではアウトリーチ（訪問）が基本的なサービスとして位置づけられており，2000年代以降，日本の精神保健福祉医療などの領域においても，予防的に，あるいは介入が必要な状況のときに，対象者の自宅などへの訪問という形で支援を提供することをアウトリーチと表現することが多くなった。

　では，それ以前の日本にはそうしたサービスが存在していなかったのかというとそういうわけではない。保健所の保健師による訪問指導，医師による訪問診療や看護師による訪問看護，福祉施設職員による家庭訪問など，多様な対象に対して，多様な訪問活動が展開されてきた。当初，保健や医療の分野における位置づけが多く見られたが，介護保険法，障害者自立支援法施行以後は，福祉領域においても訪問によるサービスが積極的に実施されるようになってきている。それは，単に介護や家事援助をサービスとして受ける訪問に留まらず，その人の状況をアセスメントするための訪問や社会・生活スキルの向上を必要としている人を対象とした訪問などを含んでいる。

2 —— アウトリーチ支援のターゲット（目的）

　現在，さまざまな領域でアウトリーチ支援が行われていることは前述した通りであるが，当然，その目的も多様である。以下に主な目的を掲げてみる。

① 介護，家事に関する支援

障害者を対象とするアウトリーチで障害種別を越えて，最もニーズが多いのは，介護・家事援助である。病気やケガなどにより一時的に利用している人もいれば，生活を維持するための介護や買い物，食事作り，掃除などを恒常的にホームヘルパーに依頼している人もいる。

② スキルの向上

ずっと家事援助を依頼するということではなく，家事のやり方を教えてもらいたいというニーズもある。その場合，ターゲットとした家事のスキルを身につけることで，短期間で終了する場合もある。特に重要なのは，スキルを身につけるうえで，その人に合ったやり方を一緒に見つけることで，達成感や生活を維持できることの心地よさを知ってもらうことである。

③ 交通機関，銀行，店舗，医療機関，公的機関などの社会資源の利用

長期間精神科病院に入院していた人たちや，知的な障害があってこれから就労をするなどの理由により，交通機関や銀行などを利用する方法を獲得する必要がある。その場合のアウトリーチは，一緒に公共交通機関を利用したり，キャッシュコーナーでお金をおろす練習をしたり，買い物に行ったり，障害者福祉課の窓口に出かけて，担当者との顔合わせをしたりということである。時には仕事や通院に同行し，ひとりで通えるように練習を行う場合もある。

④ 生活状況のアセスメントと見守り

訪問では，通所サービスでかかわっているときとは比較にならないほど，短時間で生活状況の詳細をつかむことができる。つまり，利用者の自宅を訪問することで正確な生活アセスメントが可能となり，真のニーズに近づくことが可能となる。その人が安定した生活を送っていくためには，本人への心理的な支援だけでなく，住環境や食生活，経済面，日中活動（就労や福祉サービス利用等）などトータルな環境アセスメントが有効な場合がある。

また，積極的なかかわりが終了した後，生活が維持できているかどうかをモニタリングする意味での見守りが継続的に必要な場合もある。

⑤ **家族・近隣，関係機関との関係調整**

　ひきこもりがちの人やセルフネグレクトに陥っている人への訪問は，家族や近隣の人，あるいは，関係機関の人たちのニーズが大きく，本人のニーズと食い違っていたり，ニーズが顕在化していないこともある。その場合，ご本人に訪問への了解をもらうことや信頼関係の構築に時間がかかるが，周囲の人たちと連携しながら粘り強くかかわっていく必要がある。

3 ── 障害者アウトリーチ支援のターゲット（対象者）

　前節では，アウトリーチ支援の目的について述べたが，本節では，サービスの対象者という視点で整理してみる。

① 課題が明らかな人への支援

　生活上の課題を達成するための訪問や同行が必要な人たちがいる。

（1）身体介護が必要な人へのアウトリーチ支援

　病気や障害のために身体介護が必要な方に関しては，居宅介護（ホームヘルプ）として，入浴，排せつおよび食事などの介護や通院介助などが行われている。かつては家庭奉仕員制度と言われ，昭和40年代から障害児者へのサービスも展開されるようになった。福祉領域では最も古い訪問サービスだと言える。

（2）家事援助が必要な人へのアウトリーチ支援

　一人暮らしであったり，同居家族の障害，疾病などの理由により，家事などを行うことが難しい場合に，調理，洗濯および掃除などの家事ならびに生活などに関する相談および助言，その他の生活全般にわたる援助を行うということで，居宅介護（ホームヘルプ）を利用することができる。もちろん，その人の状況に応じてであるが，このサービスも障害者にも適用されている。

（3）外出に関して支援が必要な人へのアウトリーチ支援

　視覚障害のある方，知的障害者などのある方の外出，移動時に危険を回避すること，移動中の介護，排せつおよび食事などの介護などが必要な方への援助を行うサービスが実施されている（同行援護・行動援護）。施設・自宅などの建物外で実施されるサービスであり，このようなサポートもアウトリーチ支援として位置づけられる。

　障害のある人が何らかのスキルを獲得するために短期間同行するといった支援も実施されている。例えば，長期入院していた精神障害者が地域生活をするうえで，

退院先から医療機関に通院するときの交通機関の利用方法を覚える場合や，知的障害者などが就労するにあたり，自宅から勤務先までの交通機関の利用方法を覚えるといった移動にかかわるスキルの獲得を目指すというような場合である。また，外食経験がない障害者に同行して，注文の方法から会計までの流れを覚えることを支援したり，銀行に同行し，入出金の方法を覚えることを支援するといった例もある。

（4）集団での支援ではなく，個別支援を必要とする人へのアウトリーチ支援

抱えている生活課題が明確で，集団でのプログラムではなかなか解消できないような人にも，訪問による支援は有効である。例えば，交通事故後の高次脳機能障害がある主婦の人などでは，通所による支援へのニーズはないが，自宅での家事をどうすれば無理なく実施できるのかという一連の手順を一緒に考えてほしいというようなニーズがある。

実際に家事を行う自宅で，具体的に課題をアセスメントし，実施できるかどうかを見極めながら，より丁寧な支援をすることができる。障害を抱えた主婦層などでは，掃除などの特定の生活課題に関して，短期間その方法を教えてほしいといったニーズをもつ人もいる。

② 生活状況のアセスメントを必要とする人への支援

孤立しがちな人たちにおいてそういう状況に陥っている理由が明らかでない場合やニーズが表明されない場合，生活状況やその人のニーズをアセスメントするための訪問が有効な場合がある。

（1）通所サービスの利用が難しい人へのアウトリーチ支援

通所サービスを拒否しているというわけではないが，集団の場面で対人関係を築くのが非常に難しい人がいる。そういう人に対して，最初は見学から導入し，徐々に参加できる時間を延ばしていく支援もよく行われている。だが，見学という参加自体に困惑してしまう人もおり，導入の失敗で逆に通所サービスから足が遠のいてしまう場合もある。職員が多忙で，きめ細やかな対応が難しい通所施設では，通所施設への導入に訪問を活用する場合がある。

こうした方の場合，通所したい気持ちがないわけではないが実現するのが難しい理由について，これまで十分に検討されていない場合もある。一対一で向き合うなかで，集団が苦手な理由や，どういう条件があれば参加への抵抗が少なくなるのかなどをアセスメントするという意味でも，訪問が有効な手段となりうる。実は，福祉サービスを利用することに抵抗を感じていたり，不安が高かったりすることもある。そのなかには通所サービスの情報が正確に伝わっておらず，通所する動機が醸成されていない人もいる。個別のかかわりのなかで，サービス利用への抵抗や不安を軽減し，目的を明らかにすることにより，通所サービスにつながる人もいる。

（2）長期の入院・入所から地域生活に移行した人の地域定着における支援

　精神障害や知的障害の人で，長期入院，入所していた場合の地域移行支援では，まず，地域で生活するスキルの獲得が求められる。長期入院・入所は社会から隔絶されるという意味では，人権を侵害する側面をもつが，入院生活自体は，住む場所も食事も提供された護られた生活である。その場合，ホスピタリズムやインスティチューショナリズムといわれるような二次的な障害を生むことが指摘されており，入院患者は受け身での生活により，社会的なスキルが低下してしまうのである。病気や障害によって環境の変化に影響を受けやすい人もいるが，現実として生活が一変するわけで，退院した後に生活を継続するための訪問支援が求められる。

　もちろん，訪問看護が並行して提供されることもあるが，生活リズムや服薬習慣を身につけることが中心である。その人が自分の日常生活をマネジメントしていくことを支える福祉領域の訪問は，お金の出し入れ，家賃や公共料金の支払い，日用品の購入，家事など多岐にわたる生活課題のなかで，本人の得意なことと不得意なことをアセスメントし，本人が実施する際にストレスの少ない方法を提案し，その行動が生活のなかで定着するよう支援する。

（3）ひきこもり状態にある人へのアウトリーチ支援

　ひきこもり状態になっている方のなかには，精神障害などの何らかの障害を抱えている方も少なくない。外出しない理由も判然とせず，家族や周囲の人々が心配して，訪問を依頼されることがある。しかし，本人にはニーズがない場合が多く，関係性を構築するところからかかわりが始まる。孤立してしまっている理由や，そのことに対してどう思っているのか，本人の気持ちを聞き取るまでにも長期間を要する場合があり，根気強いかかわりが求められる。何度も足を運ぶことによって，自分のことを真剣に考えてくれていると感じてもらえたり，たまたま訪問したときに生活上の困りごとが起こり，それを解決したことによってきっかけがつかめたり，人によってさまざまだが，短時間でも一緒にいることを許容してくれるようになれば，かかわりの門戸が少しずつ開かれていく。

　もちろん，一人暮らしの人などで，まったくかかわりの糸口が見出せない人もいるし，周囲は心配しているが，本人は特に不自由や疑問を感じていない人もいる。しかし，なかには少しずつこころを開いてくれ，今の生活をどう思っているか，今後の自分の人生をどう生きていきたいと考えているかなど，問いかけに反応を示してくれることもある。訪問が生活のあり方を一緒に考え，再検討していくきっかけとなるのである。なかには精神科医療の既往がある人で，治療を再開することで，社会での生活を取り戻していける方もいるし，新たに治療につながることで心身の安定がはかれる人もいる。精神科病院や相談支援事業，行政・家族などと連携しながら，社会との結びつきを再構築していくところにも訪問サービスは有効である。

（4）セルフネグレクト傾向のある人へのアウトリーチ支援

　ひきこもっているというわけではないが，福祉サービスは利用しておらず，親族や近隣からの要請で訪問支援が始まることがある。セルフネグレクトという言葉の直接の意味は自分自身への怠慢ということになるが，現象としては，自分自身に関心を払わなくなる。その結果として食事生活が乱れたり，必要な手続きを行わず，支援を受けない状態が続くことになる。不衛生な生活にも頓着しなくなり，なかには住居がごみ屋敷のような状態になってしまう人もいる。ごみの異臭などによって近隣からの相談で顕在化することが多く，それまでに保健福祉医療に結びついていない人も多い。結果として，高齢や障害，疾患による貧困などの複数の生活上の困難を抱えている場合が多いが，自主的にサービスを求めないために，かかわりが困難な状況が生まれる。解消に向けては，セルフネグレクトに陥っている原因が何かを明らかにすることが求められ，訪問が有効な方法として活用される。その人たちの背景，生活状況について訪問を積み重ねることでアセスメントし，ニーズを顕在化させるような働きかけを行うわけであるが，まず，受け入れてもらうために，かかわろうとしている側がどういう立場で訪問しているのかを理解してもらうことが大切である。サービスをわかっていて拒否している人もいるが，サービスを受けられることを知らない人，十分に理解できない人もいる。かかわろうとする側が提供できるサービスなどに関してわかりやすく説明し，サービス利用によるメリットがあると感じてもらうことで関係性を築いていける場合もある。セルフネグレクト傾向のある人たちが好んで今の生活をしているというわけではない場合も多く，現状をアセスメントし，変化や負担が少なく，現状を改善できる提案をしていくことで，変化を促すきっかけを生み出すこともできる。

③ 見守りを含めた支援が必要な人

　大きな課題はないが現状を維持していくために，ほんの少しの助言や見守りが必要な人もいる。

（1）生活上の課題があり，就労を継続することが難しい人へのアウトリーチ支援

　就労移行支援などのサービスを受けて就労に至っても，その後の定着が難しい人もいる。その原因として，まずは，職場環境や人間関係でのつまずきなどが考えられるが，仕事が直接の原因ではないこともある。例えば，食生活や飲酒によって健康や生活リズムが維持できなくなったり，ギャンブルや浪費によって生活が成り立たなくなったり，家族関係でのストレスが心身のバランスを崩したりというような状況である。生活の乱れに対しては，職場訪問や電話での対応では追いつかない場合もあり，過去の経験から生活面での課題を抱える人には，予防という意味でも生活状況を確認する訪問が有効な手段となる。

（2）生活を維持することを目的とするアウトリーチ支援

　生活上の課題が一段落した後も，生活を維持していかなければならない。家事援助など，ヘルパーの利用を継続する場合もあれば，自分で自分の生活をマネジメントしていく場合もある。ヘルパーなどを利用しない場合で，生活が維持できているかどうかを誰かが見守ることで安心して生活できる人もいる。具体的な支援はしなくても，訪問して生活状況を確認することが地域での生活を継続していく力になるのである。

4 ── アウトリーチ支援のターゲットをつかむために

　ここで改めて，アウトリーチ支援のターゲットをつかむプロセスのなかで，重要なポイントを挙げてみる。

① アウトリーチ支援を受け入れてもらうこと

　「支援のターゲット」というからには，私たち支援者のターゲットであるわけで，何らかの困難を抱えている状況を解消し，より良い生活を送ってもらえるようになることを目指す。しかし，家族や周囲の関係者からみたニーズを本人が必ずしも自覚しているわけではないし，潜在的にニーズがあっても顕在化しているわけでもない場合がある。アウトリーチに関しては，困難な状況に陥っている原因を自宅に入る中でアセスメントしてほしいという周囲のニーズがあるが，何らかの制度を利用する場合はもちろん利用する人との「契約」が必要であるし，既存の制度に則った訪問ではない場合も，利用者の同意は必要となる。ただし，具体的な課題が明らかでなく，そのアセスメントのための訪問の場合，訪問を受け入れてもらうための工夫が必要となる。

　ひとつには，多様なアプローチを試してみるということである。すぐに訪問あるいは訪問の継続を了解してくれる場合はよいが，なかなかそうはいかない場合，最初の数回は本人が信頼する人と一緒に訪れたり，最初からずかずかと上がりこまずに，玄関先で話すことを繰り返したりすることもある。部屋に通されてからも，本人のペースやルールを守り，部屋のなかの物や状態へのコメントを控えたりし，脅かす存在ではないことを理解してもらう。具体的なかかわりは信頼を得てから始まるのである。

② ニーズアセスメントと環境アセスメント──生活の全体状況をつかむ

　本人の課題が明らかな場合であっても，支援する側がターゲットだと思うこととニーズが食い違う場合もある。例えば，本人には就職したいというニーズがあり，

周囲の人はその前に自宅が汚く，本人の外見も就職を目指しているようには見えないので，どうにかしてほしいというニーズがあり，ニーズが食い違っていた事例を挙げて考えてみる。訪問してみてわかった本人のニーズは，就職に取り組むには履歴書を書く必要があるが，自宅のテーブルに物がありすぎて文字を書く場所がないということだった。そこで，「スペースを設けるために片づけよう→片づいていることでテーブルで文字が書ける→片づいていることはいいことだ→テーブルの上を常にきれいにしておこう」となり，片づけをすることの意味やメリットを自分自身が感じ取れたことで，掃除に取り組んでくれるようになった。この人は親と一緒に住んでいるが，親も片づけが苦手な人で，片づいた環境で暮らしたことがなかった。今回のかかわりで初めて，物を片づけるということのメリットを理解し，技術を習得することに意欲を見せてくれた。

　次に紹介するのは，外出しないので，訪問して，外出にできれば同行してほしいという関係機関からの依頼で動いた事例である。かかわりはじめると，外出したくないわけではないらしい。実は，「お風呂場のあるところが日中でも少し暗く，ひとりでお風呂に入れない→お風呂に入らないと外出してはいけない→どこにも出かけられない」という状況だったことが，訪問でかかわることによって理解できた。本人のニーズを探ることと並行して，環境をアセスメントすることも重要で，訪問は人の生活の全体状況をアセスメントしながら関与できるという強みがある。

③ 柔軟であること，チームでかかわること

　私たちも同様だが，自宅は最もリラックスできる場所なので，訪問することでその人がリラックスできなくなったりすることは避けなければならない。その人のペースを尊重することが大切で，支援する側のペースで物事を進めたり，支援する側の目標達成を優先してはならない。そのために重要なことは，支援する側が柔軟であることである。訪問は一人で行うことも多く，その場での判断が求められることが多い。多様な選択肢をもち，利用者に提案できたり，自分自身が行き詰まったときに自分の支援そのものを見直せる柔軟性が必要である。また，自分一人で悩んでもなかなか結論が出ないこともある。その際には，その利用者にかかわる人たちと連携し，かかわりを点検しながら支援を進めていくことも重要である。

④ 支援の限界

　周囲の関係機関に期待され，訪問を開始しても，利用者に拒絶的な態度を取られたり，訪問に来ないでほしいという連絡が入ることもある。利用者が大切にしていたものを勝手に捨ててしまったなど，理由がある場合もあれば，明確な理由がわからない場合もある。訪問を拒否する理由が明確な場合は対処もできるが，理由が不明の場合にはしばらく距離を取り，他の支援者からの情報などをもらいながら今後

の方向を見定めるしかない。

　自宅への訪問は，訪問する側はそう意識はしていないが，訪問される側にとって侵襲性が高い支援方法であることを常に念頭に置いておく必要がある。また，精神障害がある人などで，病状の悪化により訪問を拒否する場合もある。その際には医療との連携が求められる。

5 ─── アウトリーチ支援の有効性を発揮するために

　アウトリーチ支援は今後ますます多様な対象に対して，実施されていくと予想される。得られる情報量も多く，訪問しないとわからないことも多くある。しかし，一対一の支援であり，行き帰りの時間や費用を含めて，そこにかかるマンパワーは通所サービスの比ではない。そこで問われるのは，訪問する支援者の質の問題である。訪問することで見えてくるものは多くあるが，経験豊富な支援者と経験が少ない支援者では見える状況が異なっている。利用者のペースに合わせるといっても成果は問われる。漫然と訪問を繰り返しているということではなく，利用者との信頼の上に，ニーズを明確化し，共有した目標に向けた有効な支援を提供することが求められるのである。

3 データから見えてくること

●吉田光爾

　この章では，福祉によるアウトリーチ支援では，どのような支援であるのかを，これまでの研究データをもとに整理してみたいと思います。

　なお，本章で紹介されるデータは主として，平成26（2014）年度厚生労働省障害者総合福祉推進事業の一環として実施した「訪問による自立訓練（生活訓練）を活用した地域生活支援の在り方及び有期限の施設入所を活用した退院支援に関する研究課題」（受託：社会福祉法人豊芯会／主任研究者：岩崎香）によって，全国の訪問による生活訓練を実施している事業者についてデータを収集し，筆者が主として分析した内容を引用・改定しています（吉田，2015）（475カ所配布160カ所回答，回収率33.7%／利用者については訪問を利用しているケース301例）。調査方法などについての詳細は，報告書をご覧ください。

1 ── どのような人が利用しているのか

　まず，アウトリーチ支援を利用している方はどのような方なのでしょうか。まずもっている障害・疾患についてみてみましょう。最も多いのは「統合失調症圏」が47.5%と多く，次いで「知的障害」が15.3%，「発達障害」9.6%となっています（図1）。統合失調症を中心に知的障害，発達障害をお持ちの方が対象になるサービスといえるでしょう。

　なお，年齢との関連ですが，統合失調症・知的障害・発達障害の区分と年齢をクロスさせたのが，表1です。

　統合失調症圏では40歳以上が，知的障害や発達障害では40歳未満の利用者が多くなっていることがわかります。

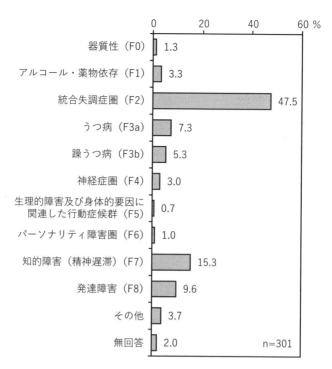

図1　利用者の主たる障害・診断

表1　主たる障害の種類と年齢との関連

	統合失調症圏（n = 143）		知的障害（n = 46）		発達障害（n = 29）	
	n	（%）	n	（%）	n	（%）
40歳未満	39	（27.3）	27	（58.7）	22	（75.8）
40～64歳	89	（62.3）	15	（32.6）	6	（20.6）
65歳以上	9	（6.3）	1	（2.2）	0	（0.0）
無回答	6	（4.2）	3	（6.5）	1	（3.4）

2──── 主な利用目的は何か

　では，どのような目的でサービスを利用しているのでしょうか。図2は生活訓練の主な利用目的です。最も多いのは「自立・独立等に伴う生活スキルの獲得」（39.5%），次に「就労継続や社会的活動への参加促進」（19.6%）などでした。

　表2は障害の種類と利用目的のクロス表です。統合失調症圏の利用者では「退所・退院に伴うスムーズな地域移行」（21.7%），「孤立の防止」（20.0%），「社会的活動への参加」（33.3%）の割合も高くなっていることがわかります。他方で，知的障害や発達障害では「生活スキルの獲得」などが利用目的としては多くなっています。

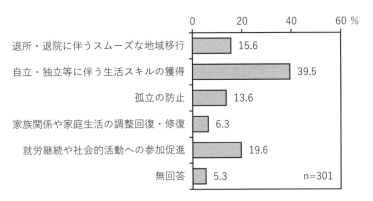

図2　生活訓練の主な利用目的

表2　主たる障害の種類と利用目的の関連

	統合失調症圏（n = 143）		知的障害（n = 46）		発達障害（n = 29）	
	n	(%)	n	(%)	n	(%)
退所・退院に伴うスムーズな地域移行	31	(21.7)	0	(0.0)	2	(6.9)
生活スキルの獲得	48	(33.6)	30	(65.2)	15	(51.7)
孤立の防止	29	(20.0)	5	(10.9)	1	(3.4)
家族関係の調整	5	(3.3)	5	(10.9)	0	(0.0)
社会的活動への参加	48	(33.3)	5	(10.9)	9	(31.0)
無回答	0	(0.0)	1	(2.2)	2	(6.9)

3 ── どのような生活課題を抱えているのか

　　利用に際して抱えている生活課題としては，どのようなものがあるのでしょうか。

　　図3は利用に際して抱えている生活課題を示したものです。最も多いのは「生活能力の低下」（68.4%），次いで「コミュニケーション上の課題」（48.2%），「対人関係が不安定」（42.5%），「ひきこもりや孤立」（39.9%），「生活能力に関するアセスメントが必要」（37.9%）などでした。

　　また表3は障害別にその内容を示したものです。主診断が統合失調症の場合，「ひきこもりや孤立」の割合が知的障害に比して高く（43.4%），また発達障害では「コミュニケーション上の課題」（75.9%），「対人関係が不安定」（75.9%）の回答が多くなっています。

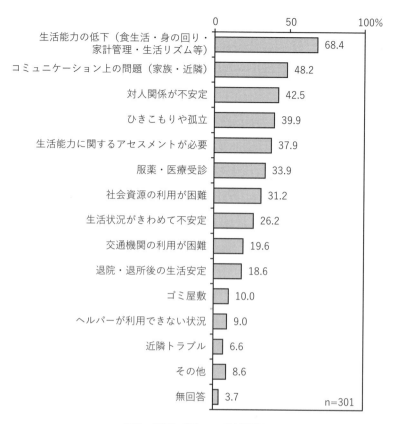

図3　利用に際しての生活課題

4 ── どのようなアウトリーチ支援をしているのか

　このような生活課題をもつ方たちに対して，どのようなアウトリーチ支援を行っているのでしょうか。次は，支援の内容についてみてみましょう。

① 生活訓練の利用形態

　図4と図5は生活訓練の利用形態を示しています。調査の対象者は「訪問を利用している方」ですが，通所と訪問を併用している人が49.2％，訪問のみを利用している人は28.6％でした。すなわち，アウトリーチのみによって支援を行っているわけではなく，通所も併用している人が多いのですが，少なくない数でアウトリーチのみを利用している利用者もいらっしゃるということです。

　図5は通所につながらなかった理由を示していますが，最も多いのは「本人の意思（通所を希望しない）」（57.0％）であり，少なからぬ人が通所を希望されないということは，支援の見通しを立てるうえで，想定に入れておいたほうがよさそうです。

表3　主たる障害の種類と生活課題の関連

	統合失調症圏（n＝143）		知的障害（n＝46）		発達障害（n＝29）	
	n	(%)	n	(%)	n	(%)
生活能力の低下（食生活・身の回り・家計管理・生活リズム等）	103	(72.0)	30	(65.2)	20	(69.0)
コミュニケーション上の問題	65	(45.5)	21	(45.7)	22	(75.9)
対人関係が不安定	62	(43.4)	12	(26.1)	22	(75.9)
ひきこもりや孤立	62	(43.4)	9	(19.6)	11	(37.9)
生活能力に関するアセスメントが必要	56	(39.2)	15	(32.6)	12	(41.4)
服薬・医療受診	41	(28.5)	9	(19.6)	9	(31.0)
社会資源の利用が困難	45	(31.5)	9	(19.6)	11	(37.9)
生活状況が不安定	37	(25.9)	9	(19.6)	10	(34.5)
交通機関の利用が困難	30	(21.0)	10	(21.7)	3	(10.3)
退院・対処の生活安定	37	(25.9)	2	(4.3)	4	(13.9)
ゴミ屋敷など	15	(10.5)	4	(8.7)	2	(6.9)
ヘルパーが利用できない	15	(10.5)	3	(6.5)	2	(6.9)
近隣トラブル	11	(7.7)	2	(4.3)	3	(10.3)
そのほか	11	(7.7)	1	(2.2)	3	(10.3)
無回答	5	(3.5)	3	(6.5)	1	(3.4)

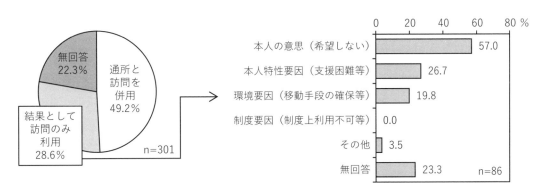

図4　生活訓練の利用形態

図5　通所できなかった理由

② 支援の頻度・時間

　利用者には，どの程度頻繁に，どの程度の時間コンタクトしているのでしょうか。その結果を示したのが図6と図7です。データの信頼性に課題があるのですが，最多の回答は月「4〜5回」（28.6％）でした。また，訪問時間は「1時間未満」が52.2％で最多の回答でした。

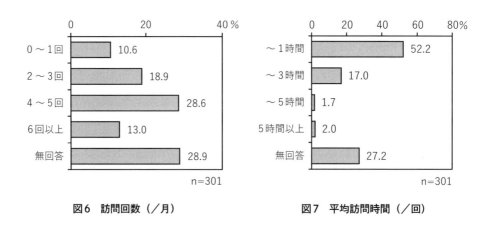

図6　訪問回数（／月）　　　　　　図7　平均訪問時間（／回）

　なお，「2009年障害者保健福祉推進事業『地域における訪問型生活訓練事業のニーズ把握とサービス内容・コスト分析に関する調査研究事業』報告書」（実施主体：特定非営利活動法人ほっとハート）における生活訓練のモデル事業のデータでは，平均訪問頻度は週1.17回，平均訪問時間は84.1分となっています（特定非営利活動法人ほっとハート）。平均週1回以上，1時間強程度の訪問をしているというのが目安ではないかと考えられます。

③ 支援の内容

　次に，どのような内容について支援を行っているのかをみてみましょう。図8は支援の内容を示したものです。

　これをみると極めて多岐にわたる支援が行われていることがわかります。全般的な領域に関わる「日常生活課題のアセスメント・モニタリング」が51.8％，「生活全般等に関する相談・助言」が45.5％となっていました。個別的な領域としては「本人が生活リズムを整える支援（訓練）」（34.6％），「食事に関する支援（訓練）」（28.9％），「洗濯・清掃・ゴミ出しに関する支援（訓練）」（28.2％），「各種社会資源の利用のための支援」（27.9％），「家族と本人の間の関係調整や家族への支援」（25.9％）などがあげられています。アウトリーチ支援では，何か単一の支援を訪問によって

図8　訪問による支援の内容

　行うというのではなく，それぞれの利用者の方の生活・ニーズの個別性に沿った内容で，柔軟に支援が行われている様子がうかがえます。

　利用者の方の属性の違いによって，支援の内容に違いはあるのでしょうか。違いについて結果をまとめたものが表4になります。通所を併用している方と，訪問のみの方の支援内容を比較すると，「生活課題に関するモニタリング」が後者で高くなっていました（56.8％＜79.1％）。これは，ひきこもりがちで生活の詳細のわからない対象者の状況をつぶさにアセスメントしていることを示していると考えられます。また「洗濯・清掃・ゴミ出しに関する支援」「各種社会資源の利用のための支

表4　支援の内容と各属性の関連

	全体 (n = 301)		通所を併用 (n = 148)		訪問のみ (n = 86)		手帳なし (n = 30)	
	n	(%)	n	(%)	n	(%)	n	(%)
生活課題に関する モニタリング	155	(51.6)	84	(56.8)	68	(79.1)	20	(66.7)
洗濯・清掃・ ゴミ出しに関する支援	85	(28.2)	47	(31.8)	38	(44.2)	6	(20.0)
各種社会資源の 利用のための支援	84	(27.9)	45	(30.4)	36	(41.9)	6	(20.0)
就労・教育に関する 支援	46	(15.3)	57	(38.4)	3	(3.5)	3	(10.0)

□＝他の群より比較的比率が多い項目

　援」も後者で高くなっており（31.8% ＜ 44.2%，30.4% ＜ 41.9%），同様にひきこもりがちな対象者の室内の状況の整理と，外部機関への利用に関して支援を行っていると考えられます。逆に通所を併用している方では，「就労・教育に関する支援」の割合が高くなっており（38.4% ＞ 3.5%），通所後にさらに活動範囲・社会参加をひろげるための支援が行われていることがわかります。また「手帳なし」の者に対する支援では「生活課題に関するモニタリング」が66.7%と高くなっており，状況が不詳な者に対するアセスメント支援として本制度が使われている様子がうかがえます。

4　関わりのあり方

　アウトリーチ支援のなかでは，どのように利用者に関わっているのでしょうか。ここで先に紹介した「2009年障害者保健福祉推進事業『地域における訪問型生活訓練事業のニーズ把握とサービス内容・コスト分析に関する調査研究事業』報告書」のデータをみてみましょう。

　支援内容を「具体的援助」（支援者が直接手を下して何らかの支援を行う），「代行」（支援者が利用者の代わりに家事などの行為を行う），「練習・並行」（支援者が利用者に付き添いながら何らかの行為を行う・練習する），「助言」（利用者に助言する），「モニタリング」（利用者の状態を観察したり，見守る）に分類して，それぞれの支援がどの程度実施されているかについて集計した結果を，図9に示します（ここで練習・並行40.0%と出ていれば，100回を訪問でコンタクトしたうち，40回は利用者と一緒に，料理や交通機関の利用などの練習を行っていることを示しています）。

　「具体的援助」や「代行」は，支援者が直接手を下す「直接的支援」ですが，その実行率は，それぞれ40%以下となっています。「練習・並行」や「助言」「モニタリング」など，直接手を下さない「間接的支援」も多いことがわかります。訪問型の

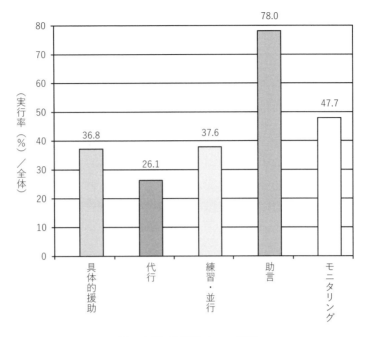

図9　支援の実行率（n = 1,676）

※「2009年障害者保健福祉推進事業『地域における訪問型生活訓練事業のニーズ把握とサービス内容・コスト分析に関する調査研究事業』報告書」より引用

サービスというと，利用者に代わって家事などを直接行う，というイメージをお持ちの方もいらっしゃるかもしれませんが，訪問による生活訓練のアウトリーチ支援では，利用者のスキルを伸ばすための間接的な支援も行われていることがわかります。

⑤　支援の場所

　次に，支援はどのような場所で行われているのかをみてみましょう。

　図10は複数回答で，支援が行われている場所を示したものです。最も多いのは「自宅」（59.1%）なのですが，「喫茶店やスーパーなどの生活圏」（26.9%）や，「役所やハローワークなど公的機関」（21.9%），「金融機関や公共交通機関」（13.0%），「余暇活動の場所」（8.6%），「職場」（4.0%）など，自宅以外での多彩な場所での支援が行われていることがわかります。

　なお，表5は筆者が別の調査で収集した，ACTと精神科訪問看護の支援場所に関するデータです（吉田ほか，2011）。ACTの支援が地域や入院中の病棟など自宅以外の場所での支援が多いのに対して，訪問看護の支援はほぼ自宅に限定されている様子がわかります。

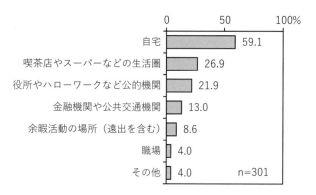

図10　訪問による生活訓練の支援場所（複数回答，ケース（%））

表5　コンタクトをしている場所（複数回答，コンタクトに対する%）

	ACT （n＝346コンタクト）		訪問看護 （n＝435コンタクト）	
	n	%	n	%
自宅	254	73.4	415	95.4
事業所	4	1.2	0	0.0
病院	21	6.1	2	0.5
入院中（病棟）	40	11.6	5	1.2
地域	70	20.3	10	2.4
他	43	12.4	14	3.2

5 ── 支援の効果

　では，このようなアウトリーチ支援の効果は，どのようなものだと考えられるでしょうか。例えばACTであれば，入院日数の低減や，居住環境の安定，サービスにつながっていることの安定性などに効果があることが知られています（Mueser et al., 1998 ; Marshall & Lockwood, 1998）。また集中型ケースマネジメント（Intensive Case Management : ICM）でも，入院日数の低減や，治療からの離脱に関して効果があることが報告されています（Dieterich et al., 2017）。しかし，海外のアウトリーチ支援の研究では，メンタルヘルスのサービスはしばしば「医療」「福祉」が独立しておらず統合されて提供されているため，「福祉」のアウトリーチ支援だけを抜粋した形でのエビデンスレベルの高い研究は存在しません。

　我が国での研究では，筆者が障害者保健福祉推進事業「地域における訪問型生活訓練事業のニーズ把握とサービス内容・コスト分析に関する調査研究事業」の研究成果をもとに，前後比較を行い，訪問による福祉アウトリーチ支援において，入院

日数がサービス開始前と比較して低減しているという結果を出しています（Yoshida et al., 2011）。これは対照群を設定していないこと，またこのサービスによって長期入院の方が退院したという事例が含まれているため，結果にバイアスがあることは否めません。

　平成27（2015）年度厚生労働科学研究費補助金による「訪問による自立訓練（生活訓練）を活用した地域移行および地域生活支援の在り方に関する研究」（研究代表者：岩崎香）において，振り返りによる評価研究が行われており，共同研究者である山口ほか（2017）と吉田ほか（2017）によって論文がまとめられているので，それをご紹介したいと思います。

　この研究は2013年1月から12月の間に，生活訓練を中心とした福祉型訪問サービスを開始した精神障害の利用者を対象に，訪問サービスの導入時と追跡時（24カ月後あるいは事業所卒業時）の臨床的な状態やサービス利用状況について，記録やスタッフの観察を基にして振り返り調査されたものです。協力事業所は9機関，うち7機関が生活訓練事業所であり，2機関が地域活動支援センターとなっています。9機関に合計75人分の調査票が送付され，うち53人の調査票が回収されました（回収率：70.67％）。本研究における振り返りのアウトカム評価の時点は，各利用者における福祉型訪問サービス導入時点（サービス導入時）と導入後24カ月後時点（追跡調査時）です（ただし，対象者が24カ月を迎える前に各施設を退所・卒業した場合には，その時点での振り返りの評価を実施しています）。

　表6は主な状態像に関する前後比較をしたものです。アウトリーチ支援を受けた事例を振り返り調査した結果，「服薬状況」と「相談機関とのつながり」について改善が得られたと評価されているという結果であったことがわかります。また表7は精神障害者社会生活評価尺度（LASMI）の振り返り評価で，各項目については，社会機能の改善が得られたという振り返り評価がなされています。

　表8は目標とされた生活課題に関する前後比較をしたものです。33の生活課題のうち31課題において，支援の必要度がベースライン時に比較して追跡調査時に有意に下がっていると評価されていることが報告されています。

　この研究は振り返り研究という形で行われていること，比較対照群などをもたないことなど，臨床研究としてはさまざまな限界を抱えており，これをして「客観的な効果」と即断することはできません。ただしアウトリーチの実践者が，このような項目について影響を感じているとはいえるでしょう。

表6　観察アウトカムの変化

n＝53		サービス導入時		追跡調査時		統計テスト	
		n	(%)	n	(%)		
過去1年の就労	あり	3	(5.66)	4	(7.55)	McNemar's χ²＝0.33	p＝.564
過去1年の入院	あり	14	(26.42)	9	(16.98)	McNemar's χ²＝1.92	p＝.165
通院状況	良好	44	(83.02)	48	(90.57)	z＝1.442	p＝.1493
	やや中断	7	(13.21)	5	(9.43)		
	かなり中断	1	(1.89)	0	(0.00)		
	つながっていない	1	(1.89)	0	(0.00)		
服薬状況	良好	36	(69.23)	45	(84.91)	z＝2.741	p＝.006
	やや中断	9	(17.31)	7	(13.21)		
	かなり中断	7	(13.46)	1	(1.89)		
	中断	0	(0.00)	0	(0.00)		
相談機関とのつながり	良好	41	(77.36)	46	(86.79)	z＝2.145	p＝.032
	やや中断	7	(13.21)	7	(13.21)		
	かなり中断	4	(7.55)	0	(.00)		
	つながっていない	1	(1.89)	0	(.00)		

表7　精神障害者社会生活評価尺度の変化

	N	サービス導入時		追跡調査時		統計テスト		効果量	
		Mean	(SD)	Mean	(SD)			Cohens' d	(95%CI)
日常生活	50	1.69	(0.73)	1.10	(0.57)	$t＝7.612$	$P < 0.001$	0.90	(0.49, 1.31)
対人関係	47	1.63	(0.72)	1.13	(0.67)	$t＝7.089$	$P < 0.001$	0.72	(0.30, 1.14)
労働・課題の遂行	45	1.74	(0.81)	1.15	(0.63)	$t＝6.756$	$P < 0.001$	0.81	(0.38, 1.24)
持続性・安定性	51	3.47	(1.60)	2.52	(1.31)	$t＝6.142$	$P < 0.001$	0.65	(0.25, 1.05)
自己認識	51	1.62	(0.71)	1.14	(0.62)	$t＝5.853$	$P < 0.001$	0.72	(0.32, 1.12)

※精神障害者社会生活評価尺度（LASMI：Life Assessment Scale for the Mentally III）

表8　生活支援の必要度に関する前後比較

カテゴリ	項目	n	生活支援の必要度（1〜4点）				Wilcoxonの符号付順位和検定（p）
			開始時		追跡時		
			Mean	SD	Mean	SD	
生活基盤	経済環境	22	3.05	0.84	2.50	0.86	.022*
	住環境	22	3.27	0.63	2.05	0.79	.000***
健康面	服薬管理	21	3.10	0.89	2.19	0.81	.002**
	通院行動	18	3.06	0.73	1.93	0.79	.000***
	身体面の病気への留意	30	2.83	0.70	2.13	0.94	.002**
日常生活	体力	24	2.87	0.61	2.13	0.80	.002**
	衣類着脱	4					—
	整容行為	16	3.00	0.73	2.00	0.89	.002**
	食事行為	21	2.62	0.59	2.05	0.74	.008**
	排泄	2					—
	睡眠	14	2.64	0.53	2.29	0.47	.025*
	入浴行為	13	2.92	0.86	2.46	0.78	.165
	ベッドへの移乗	0					—
	屋内移動	1					—
	調理	24	3.17	0.64	2.21	0.93	.001**
	洗濯	19	2.79	0.79	2.00	0.94	.001**
	掃除	30	3.10	0.89	2.30	0.95	.003**
	整理・整頓	26	3.35	0.63	2.38	0.94	.000***
	ベッドメーキング	8					—
	買物	33	3.21	0.82	2.24	0.94	.000***
	衣類の補修	3					—
	育児	4					—
	生活リズム	21	3.13	0.61	2.34	0.90	.000***
コミュニケーション	対人関係	34	2.88	0.69	2.09	0.67	.000***
	情報伝達機器の使用	14	2.64	0.50	2.21	0.80	.034*
社会技能・社会資源利用	屋外移動	22	3.05	0.58	2.41	0.80	.003**
	交通機関利用	22	3.05	0.79	2.18	0.91	.000***
	公共機関利用	23	3.09	0.67	2.17	0.89	.000***
	金銭管理	27	2.89	0.80	2.33	0.92	.005**
	危険の管理	13	2.85	0.56	2.15	0.69	.030*
社会参加	レクリエーション等	29	2.97	0.57	2.24	0.79	.000***
	趣味	25	2.60	0.71	1.80	0.96	.001**
	教育	4	—				
	就労	18	3.11	0.68	2.56	0.86	.026*
	ひきこもりの解消	22	3.27	0.63	2.41	0.80	.001**
家族支援	家族への情報提供	26	3.00	0.49	2.04	0.77	.000***
	家族関係調整	23	3.09	0.79	2.13	0.76	.001**
	家族自身の困難の軽減	15	3.00	0.66	2.20	0.94	.003**
危機対応	自傷他害への働きかけ	10	2.90	0.88	2.30	0.82	.063
	症状悪化への対応	32	2.91	0.73	2.19	0.93	.001**

※nが10以下の項目は分析から除外
* : $p < .05$,　** : $p < .01$,　*** : $p < .001$

6 ──── まとめ

　ここまでデータで見てきたことを振り返り，福祉によるアウトリーチ支援がどのようなものなのかを整理してみましょう。

① アウトリーチ支援の対象者

　本データから，まず大枠として統合失調症を中心とする精神障害者，知的障害者，発達障害者などが対象とされることがわかります。

　支援の目的としては「自立・独立などに伴う生活スキルの獲得」（39.5％），「就労継続や社会的活動への参加促進」（19.6％）などは共通して多かったのですが，障害別にみた場合，以下のようなことが言えるでしょう。

> ①統合失調症圏の利用者の「地域移行・定着」と「ひきこもり」支援：統合失調症圏の利用者については，「退所・退院に伴うスムーズな地域移行」（21.7％），「孤立の防止」（20.0％），「社会的活動への参加」（33.3％）の割合も高くなっていることから，地域移行・定着，孤立の防止，そこからの社会参加を中心として支援の内容を組んでいることがわかります。
> ②知的障害者・発達障碍者の「生活スキルの獲得」：他方で，知的障害や発達障害では，目的としては「生活スキルの獲得」（各65.2％，51.7％）などが多くなっています。
> ③発達障害の「コミュニケーション上の支援」：発達障害の生活課題においては「コミュニケーション上の課題」（75.9％），「対人関係が不安定」（75.9％）の回答が多くなっており，コミュニケーション上の支援にニーズがあるといえるでしょう。
> ④生活状況が不明な対象に対するアセスメント支援：ただし生活課題では「生活能力に関するアセスメントが必要」（37.9％）などというものもみられます。「訪問のみ」や「手帳なし」の利用者の支援においては，「生活課題に関するモニタリング」の支援内容が多いことからも，ひきこもっていたりすることで，生活の詳細のわからない対象者の状況をつぶさにアセスメントするということも，ひとつの目的となると考えられます。これは相談支援専門員による概括的な評価を，アウトリーチ支援によって生活の場により深く入り込み，利用者と関係を築くなかで，生活状況のアセスメントや支援計画をより深化させていくという意味合いがあると考えられます。

② アウトリーチ支援の関わり方

　このようなことを目的とするアウトリーチ支援はどのように行われるとまとめられるでしょうか。まず，アウトリーチ支援といっても，それ単体だけで行われるのではないということです。場合によって通所につながり，訪問支援と並行しながら，次の支援の展開をはかるということがあります。

　また支援の頻度・時間については，どれが最適ということは難しいですし，個別性もありますが，平均すると週に1回強・やや1時間を上回るくらいの頻度で実践者は行っています。精神科訪問看護ですと，この頻度・時間はやや低めで，週に1回弱・45分程度の支援量なのですが，生活をモニターするというよりも具体的な生活課題への方策を考えるときに，これくらいの頻度と時間が必要ということでしょう。

　また，その内容は何か特定のことに集中するというより，利用者の状況・個別性を重視して内容を多彩にすること，また関わりについても「具体的援助」「代行」「練習・並行」「助言」「モニタリング」といったさまざまな形を状況に応じて使い分ける，ということが必要だといえるでしょう。

　また，支援の場所についても，自宅に限らず利用者の生活圏へとその場所を広げることなどが必要です。

　このように整理すると，アウトリーチ支援というのはかなり幅の広い，多彩な内容を含んでいることがおわかりいただけると思います。効果という点で，研究が十分に進んでいないのはまさにこの「多彩さ」がネックになっているのです。例えば「就労」などのプログラムの場合，目標は1つですが，アウトリーチ支援の場合は，その目的・内容が利用者によって異なるため「アウトカム」が設定しにくく，効果の評価対象が絞り込めないため，やや曖昧な評価結果になってしまうという部分があります。また実践のうえでも「はたしてアウトリーチ支援はどのようなことをするのか」と言われた場合に「多彩です」としか言いようのないことが，内容をよくわからないものにしている部分があると思います。

　しかし，大事な点は「支援の個別性を大切にすること」であり，そのことを重要視していただきたいと思います。また本章で提示した内容，および前章で書かれている方々が大まかにサービスのターゲットであることをご理解いただきたいと思います。

　とはいえ「果たしてどのような支援が行われているか，やはりわからない」という方もいらっしゃると思います。そこで第Ⅱ部からは，具体的な支援内容について，各実践の場面からの例示をみながら，イメージを膨らませていただきたいと思います。

◉文献

Dieterich, M., Irving, C.B., Bergman, H. et al.（2017）Intensive case management for severe mental illness. Cochrane Database Syst Rev 1:CD007906.

Marshall, M. & Lockwood, A.（1998）Assertive community treatment for people with severe mental disorders. The Cochrane Database of Systematic Reviews Issue 2.

Mueser, K.T., Bond, G.R., Drake R.E. et al.（1998）Model of community care for severe mental illness : A Review of research on case management. Schizophrenia Bulletin 24 ; 37-74.

特定非営利活動法人ほっとハート（2009）障害者保健福祉推進事業「地域における訪問型生活訓練事業のニーズ把握とサービス内容・コスト分析に関する調査研究事業」報告書.

山口創生，吉田光爾，岩﨑 香（2017）福祉型訪問サービスにおける生活支援の狙い及びその改善に関する検討――生活訓練事業所と地域生活支援センターにおける後ろ向き追跡研究（第1報）. 精神保健福祉学5-1；4-13.

吉田光爾（2015）自立訓練（生活訓練）事業所を対象としたアンケート調査――平成26年度厚生労働省障害者総合福祉推進事業の一環として実施しました「訪問による自立訓練（生活訓練）を活用した地域生活支援の在り方及び有期限の施設入所を活用した退院支援に関する研究課題」研究結果報告書（受託：社会福祉法人豊芯会／主任研究者：岩﨑 香），pp.8-81.

Yoshida K., Ito, J. & Ogawa, M.（2011）Model project of home-visit living skills coaching for individuals with severe mental illness in Japan. International Journal of Mental Health 40-4 ; 19-27.

吉田光爾，瀬戸屋雄太郎，瀬戸屋希ほか（2011）重症精神障害者に対する地域精神保健アウトリーチサービスにおける機能分化の検討――Assertive Community Treatment と訪問看護のサービス比較調査より. 精神障害とリハビリテーション15-1；54-63.

吉田光爾，山口創生，岩﨑 香（2017）福祉型訪問サービスにおける生活支援の狙い及びその改善に関する検討――生活訓練事業所と地域生活支援センターにおける後ろ向き追跡研究（第2報）. 精神保健福祉学5-1；14-27.

Ⅱ

障害のある人々への
アウトリーチ支援を始めよう！
［実践篇］

本部では，障害のある人々へのアウトリーチ支援の実践例を紹介する。

　障害のある人々へのアウトリーチ支援といっても，そのニーズや実践は，障害の種別や支援領域によって様々なのが実情である。

　そこで本部では「知的障害」「精神障害」「発達障害」「高次脳機能障害」の主に4つの領域に分け，さまざまな取り組みを，事例をもとに紹介していく。なおこれらの障害は重なり合うこともあるため，実践の紹介も重複している部分があるが，各地の実践にはそれぞれの特色があるため，その点に着目しながら読んでいただければ幸いである。

1 知的障害のある人々に対する アウトリーチ支援

　知的障害者へのアウトリーチを対象とするこのセクションでは，グループホームを卒業して一人暮らしを始めたい方への自立支援（斉藤直美），公共交通機関を一人で利用できるようになるための移動の訓練（村上和子），厳しい養育環境と知的障害を背景に触法行為を繰り返す方への地域定着支援（乾智人）を紹介する。

　いずれも，支援者はただ単に起こる事態の収拾を図るのではなく，利用者本人の認知のありようと障害特性のアセスメントを踏まえて，説明，練習，寄り添い方を工夫し，利用者本人の潜在的な能力を伸ばすことを意図した関わりとなっていることに注目したい。

（伊藤未知代＝編）

1 グループホームを卒業してひとり暮らしを する知的障がい者へのアウトリーチ支援

●斉藤直美

1——横浜市障害者自立生活アシスタント事業——概略

　横浜市では平成13（2001）年度に「横浜市障害者自立生活アシスタント事業」という制度を創設した（以下，「アシスタント」）。横浜市の「障害者自立生活アシスタント事業 事業概要」（以下，「事業概要」）（末尾の資料1参照）によると「地域活動ホーム，生活支援センター，障害者施設などに配置した自立生活アシスタントが施設の専門性を活かし，障害の特性を踏まえた生活力，社会適応力を高めるための支援を行うことにより，単身等で生活する障害者の地域生活を維持することを目的とする」とある。

　主に地域でひとり暮らしをしている知的障害者の支援を目的としてスタートしたが，その当時はサービスに乗り切らない，制度の隙間に入ってしまっているニーズ（＝ひとり暮らしをしている障害者）を掘り起こしていくという意味もあったようだ。というのも，ひとり暮らしをしている障害者の存在は把握されにくく，親との死別で遺された（成人している）子どもが実は障害をもっていた，という状況もしばしばみられたからである。一応の生活ができていたので親族や近所の人も気がつかないまま何カ月も経ち，久しぶりに会ったら服装が汚れたり乱れたりして痩せ細っていたとか，家の周りにゴミがたまっていてどうも様子がおかしい，などというような状況があった。

　親や兄弟姉妹と同居している間は家族のフォローでなんとかなっていた生活も，ひとりになるとそう簡単にはいかなくなる。しかし本人はSOSをどうやって出したらよいかわからなかったり，困っていることにも気がついていなかったりで，そのような場合は，障害手帳の有無から確認をしていくことが必要であった。

　その当時は，何らかの形でサービスに繋がっていて，自ら希望してそれ相応の準備をしてひとり暮らしを始めるという事例は，あまり聞いたことがなかった。また，ひとり暮らしをしていても，手帳がないとサービスが使えない，支援の手が届かない，ということになると，明らかに困っている状況に置かれている方を目の前にして，サービスの整備の悪さともどかしさを感じざるをえない。そのような状況を少しでも減らすべく，アシスタントは手帳がなくても使えるサービスとなっており，制度創設当時の担当者の志の高さと先見の明に感心しながら今も日々支援してい

る（登録後に支援を受けながら手帳を取得する，成人になってから手帳を取得するということもある）。

　ほかにもアシスタントの制度の特徴として，時間や費用などの制約がなく柔軟に支援を組み立てることができる，ということがある。ひとり暮らしの支援では，多種多様な生活課題に対してタイミングを捉えていくことが重要である。時には突発的な事案にその場ですぐに対応することもある。過去に対応したことのある例としては，体調不良で緊急搬送になった，訪問するも不在で状況から安全確認が必要だった，落とし物やなくし物をした，電車に乗り間違えた，などがある。命にかかわることですぐに対応が必要な場合と，本人が混乱して自分で対処ができなくなっており落ち着くためにも対応が必要な場合とでは，同じ突発的な事案といっても中身は全く違うが，どちらもひとり暮らしをしている本人にとっては，ひとりでは解決しがたい重大な事案であると思われる。

　1回60分までとか，週に1回まで，などの区切りがなく，必要に応じてしっかり向き合える時間をとれることは，ひとり暮らしの方の安心を支えている，制度のひとつの柱である。

　また，アシスタントは登録者の自宅へ訪問して一対一で支援するケースが多いことから，障害者の生活支援についてある程度の知識と経験があったほうが望ましいということになっている（事業所に複数配置されている支援者のうちひとりは，障害者支援について相当の経験（5年以上）と知識を有し，障害特性を踏まえた支援を行える専任の常勤職員であること――「事業概要」より）。

　支援の質は経験だけではかれるものではないが，相手宅へ訪問して相談にのりながらストレングスをひきだし，生活向上や維持を促す支援をしていくのには，それなりの判断力が必要で，これまでの支援者としての経験や情報が生きてくることは間違いないと感じている。

　対象者の条件については，ひとり暮らしをしていること，もしくはそれに近い状態であること（同居家族の障害，高齢化，長期にわたる病気などで日常生活の支援を受けられない者）が第一である。そして将来は自分の力で生活していきたいと思っている人であり（家族と同居またはグループホームに入居しているが，アシスタントの支援を利用しながら，単身生活などへの移行を希望する者），なによりも自分の目標に向けてアシスタントと一緒に取り組んでいこうという強い気持ちを持っているかどうか，ということが重要であろう（「事業概要」より）。

　そのようなわけで，平成13（2001）年度に知的障害者を対象に開始したアシスタント事業は，平成19（2007）年度には精神障害者への支援を，平成22（2010）年度より発達障害者，高次脳機能障害者への支援を開始し（全市を対象），平成28（2016）年度からは，知的障害対象事業所，精神障害対象事業所が横浜市18区すべてに整備されている。

　平成28（2016）年度の「障害者自立生活アシスタント事業（事業実績）」によると，アシスタント登録者数総計926名のうち約7割の方がひとり暮らし（単身者）を

しており，現在は単身ではないがひとり暮らしを希望している方（単身生活への移行希望）も年々増えてきている状況である。アシスタントも制度創設15年を越えて，横浜市の障害者のひとり暮らしを支えるサービスとして知られ，有効に活用されるようになってきている。

2 ── 事例

さて，2019年当時，当事業所が支援していた登録者は約30名で，男女2人のアシスタント職員が対応している。そのなかにはグループホームで生活しながらひとり暮らしを目指している方もいる。グループホーム生活の方もひとり暮らしへの移行を希望していればアシスタント登録は可能だが，望む暮らしに至るまでかなり遠い目標だとわかっていながら漫然と登録を続けるわけにもいかないため，登録の際には，近いうちにひとり暮らしになる可能性のある方が対象，と説明するようにしている。「近いうち」というところに若干解釈の余地が出てしまうように思うが，当事業所では目安として2年程度をイメージしており，2年を待たずして「自分にはまだ早かったかもしれない」と自ら判断したり，意欲や関心の低下および体調や環境の変化などがあり，現状では無理だとこちらが判断したりして，ひとり暮らしに移行しないまま登録終了に至った方もいる。

本稿ではそのような登録者のなかから，Aさんについて，ご本人の了解も得られたので紹介したいと思う。

① 登録から支援の開始まで

Aさんは4年ほど前に区役所のケースワーカー（CW）から紹介されてアシスタント登録をし，現在はひとり暮らしをされている。

当時はグループホームに入居中。ひとり暮らしをしたいと希望していたが，まったく初めてのことで，どうしていけばよいかわからず誰かに相談にのってほしいとのことだった。

数日後CWを通じて約束をし，実際にAさんに会うことができた。緊張していたようだが，少しずつ話を聞いていくと，障害者雇用で仕事をしていて何年も順調に勤めつづけていること，給料や年金で生活していることを理解していて自分なりにやりくりをしており，一部は自分で貯金していること，定期管理の必要な持病は多少あるが現在は落ち着いていること，その他の健康にも大きな問題がないことがわかった。何より意欲十分なAさんが，漠然とした憧れだけではなく，貯金など自分なりに準備を始めていたことからも，ひとり暮らしをしたいという強い気持ちが確認できたので，早速登録をして支援を開始した（アシスタントは利用登録制である。登録に際しては，本人との面談や紹介先との情報共有，現状のサービス利用状況確

認（関係者の確認含む）などを行い，アシスタントも新たなチームの一員となって支援ができるようにしている）。

　さて，私がグループホーム利用者の登録をする際に，必ず確認している「ひとり暮らしをしたい人のための条件」というものがある。ひとつは「働く場所の確保」，ふたつめは「健康でいること」である。働く場所の確保は，お金，生活リズムの安定，社会との関係維持などに繋がり，健康でいることは，食生活の安定，余暇と仕事のバランス，受診服薬管理などに繋がっている。このふたつの基本的な生活のポイントがしっかりおさえてあれば，ひとり暮らしを目指す方に「自分は何をやっていけばいいのか？」ということが伝わりやすくなる。

　例えば，仕事に通えていない人であれば「毎日通えるようにしよう」を目標にすることで，お金，生活リズム，他者との関係性が確認できる。薬が飲めていない人であれば「食後に忘れずに飲む」を目標にすることで，食事を取ること，受診すること，生活リズムが確認できる。どれも生活に欠かせないことばかりであり，「そんなことはいつも自分でできている」と思っている知的障害の方たちもいるであろう。しかし「なんとなくわかっている」方は多いのだが，自分のなかの使えるツールとして蓄えられていることは少ないというのが現状である。また，せっかく蓄えていてもうまく活用することができずにいる方もいる。その原因のひとつには支援者の力不足ということもある。なんとなくできている様子に支援者自身も安心してしまい，十分な確認やふりかえりがされないことが多いのだ。

　これまでグループホーム職員が声かけ確認してくれていたことを，自分で意識して確認していくという経験を積むことで，「なんとなくできていたこと」を，「自分でできている」という本人の蓄えと自信に変えていくこと（エンパワメント）が，グループホームからひとり暮らしを目指す方の支援に欠かせないことだと思う。

　また，このときにもうひとつ大切なポイントは，目標それ自体を最終達成と考えるのではなく，繋がりを意識して支援すること（本人へも繋がりを伝えていくこと）である。生活は，断片的で切り取られたものを並べていくのではなく，繋がって広がっていくものである。しかし知的障害の方は，ひとつのことができても，次の似ていることに反映されにくいという傾向がある。本人の生活の近くで繰り返し丁寧に支援するからこそ，生活が繋がって重なりあっていき，いずれは大きく広がっていく。そのことを本人が実感できるような支援が可能であると考えている。

2　実際の支援

　そのようなわけで，Aさんにも仕事を続けることと健康を維持することを大事な目標として伝えた。Aさんの場合は，「仕事を続けること＝お金を得ること，生活リズムが整うこと」「健康の維持＝日ごろからの自己管理（グループホームの促しで受診などを行っていた，症状が出てから慌てて対処していた）」ということを，大きな目標として確認した。

仕事に関しては，すでに他のサービス（就労支援センター）を利用して日頃の様子は確認してもらうようにしていたので，仕事そのものに対しての支援はアシスタントとしては必要なかったが，生活にはお金が必要で，お金を得るためには仕事をする必要があり，生活を続けるためにも仕事を続けていく，ということや，仕事があるから規則正しい生活リズムが整うこと（睡眠，食事，余暇に繋がる），仕事にスムーズに取り組むために家でゆっくり体を休めるようにしなければならないこと（清潔，衛生，健康管理に繋がる）などを話し，取り組みやすい方法を自分でも考えてもらうようにした。

　形が見えない「考える」ということを支援に入れると，やりとりが難しいということはあるのだが，本人にとっては現時点の自分の位置がわかりやすくなり，自分の力を実感し，定着や自信に繋がりやすいというメリットがある。支援者にとっても本人の表現などから，次の支援の手がかりをつかみやすくなる。

　大まかな方向性が決まったところで，次に個別の支援設定を考えていった。グループホーム入居者の自立支援の難しい点は，具体的に支援に入る部分が限られているということである。例えばお金，食事などはグループホームが管理していることが多く，登録者の分だけ取り出してその部分の練習をするのは，調整に手間がかかる。ひとり暮らしに向けた練習ということだけで，金銭管理や食事作りの支援を今から引き継ぐわけにもいかず，個別の支援設定として無理がある。

　そこでAさんとは，〈苦手意識のあった部屋の片付け〉を中心に，〈体調を意識し自分で受診の確認をする〉〈お金をためることを具体的に考える〉という目標を立てた。

　部屋の片付けについては，掃除の仕方や手順を覚えるということはグループホームの支援でも行っているので，片付けや掃除をいつすればいいかというタイミングや，片付けた後に散らからないためにどうしたらいいか，ということを一緒に考えた。本人からは「片付けはやりにくいから苦手」という言葉が出ていた。やりにくさを具体的に聞きだしていくと，散らかりにくい動線に自分で気がつくことができたり，片付けルールを検討したりすることができた。

　苦手意識のある洗濯物については一緒に取り組むうちに，「たたむこと」と「しまうこと」が苦手だということがわかり，根本的な手順を変えることを提案した（多少たたみ方がまずくても入るように大きくて使いやすい引き出しを使う，たたむのではなくハンガーにかけるなど）。実際に効果がわかるとやる気もアップし，比較的継続して取り組めるようになった。

　受診についてはグループホームにお任せで，全く意識できていなかったので，自分で把握するようにしてもらった。仕事の関係で腰痛があったが「仕事が大変で腰が痛くなった」というだけの捉え方だったので，受診，コルセット，湿布，ストレッチなど，これまでは言われてからやっていたが，どんなときにどんな対処をすればいいのか自分でも考えるように話していった。すると，温めると調子がいい，負担の少ない座り方を考えた，など自分なりに対処方法を工夫するようになった。

　お金については，預けたままだった通帳を自分で見て確認するところから始めた。大きな金額はあまり把握できないようだったが，計算機は使えたのでひとり暮らしを始めるときに必要なお金の概算を立てたり，実際に暮らし始めてから必要な毎月の予算をシミュレーションしたりと，自己管理の実感とイメージを深めていった。

　お金の準備もできて，いつでもひとり暮らしができそうだということになり，公営住宅の申し込みなども行っていった。

③　いくつかの問題点と対処法

　しかし，Aさんの支援の経過のなかでいくつかの問題点があった。ひとつは，準備が整うまでに時間がかかり，ひとり暮らしをしたいという本人の気持ちの維持が難しかったことである。もうひとつは，周囲が後押しする決意と本人の意欲のタイミングが合わず，そのうちに本人の仕事や健康面での変化が見られたり，周囲の状況が変わったりしてしまったことである。本人が動揺するような変化だと，その影響を受けて気持ちが落ちてしまい，進めてきた準備も振り出しに戻りそうになる。またその様子を見てグループホーム支援者も心配が募り「本当にできるのだろうか」と足踏みをしてしまうことがあった。

　ひとり暮らしをしたいという気持ちを継続していくのは，自信がなかったり影響されやすかったりという特性の見られる知的障害の人たちにはとても難しい。環境の変化がプラスに働くかどうかは，周囲の支援姿勢にもかかっている。支援者の一言や何気ない態度が本人の気持ちをそいでしまうこともあるし，反対に，やる気を出すきっかけにもなる。支援者が「不満からくる逃避の気持ちではないか？」「淡い憧れだけではないか？」と疑って，本人の思いに寄り添うことができないと，自立に向けた支援はうまくいかない。きっかけは何であれ，気持ちをもちつづけていけるかどうかが重要であり，そのためにやるべきことを具体的に伝え，一緒に考えたり取り組んだりしていき，本人の成長のタイミングを逃さないように支援することが大切である。

　他の問題点として情報集めの難しさがあった。

　アシスタントの支援は，一対一の支援や自宅への訪問支援であり，個々のプライベートな部分への支援が中心となるため，登録者がどんな人なのか，ということを把握していくのがとても重要である。その方の軸になっている部分を少しでも知ることができれば，表面的に見えている「今は何ができるか？」よりも，「これから何ができるようになりそうか？」に目を向けていきやすくなり，よりスムーズな支援に繋がっていく。

　Aさんの場合は，生育歴などの情報をある程度は把握できたが，本人の思いや希望についてどのようにアプローチしてきたのかという支援経過や取り組みはあまり記録もなく把握できなかった。そこで，改めて本人と話し，今の思いや希望や，こ

の思いに至った経過など，本人の軸となる部分を確認していく必要があった。

　さらに，グループホームのなかでの価値観が本人の効果測定をしにくくしており，どんな状況になったら単身生活をすることが可能なのか，判断のきっかけがつかめないということも，自立支援をするうえで大きなネックになりがちである。

　グループホームの日々の生活は問題がなく本人の気持ちも理解できる。しかし支援者なしで暮らすという未経験のことに挑戦するということを想像すると，ここまでの経過を知りながら日々を支える支援者としては，心配になるのは当然であろう。アシスタントから，本人の効果測定をグループホーム支援者に積極的に伝えていくことや，すでにひとり暮らしをしている人の例を話すことで，単身者への支援のイメージができ，少しは安心していただけるのではないかと思われた。

4　現在

　いろいろな経過を経てようやくひとり暮らしを開始できたのは，登録から2年以上が経ってからである。なかなかグループホームのゴーサインが出ず，最終的には本人が，次の公営住宅で当選しなかったら，民間のアパートを借りるという意思表示をし，ひとり暮らしを始めることになった。2年前だったら，本人がそう言ったとしても支援者は心配し「お金をためてから」「誰かに相談したら」などと先延ばしにしていたと思う。ここまでの練習で，自分で考えて，自分ですすめていく，という力をつけて，実際にやってみせたことが，結局は周囲の理解を得る近道だった。

　現在は月に3回程度の訪問や同行を行っている。ATM振込みの扱いに慣れないため銀行への同行や自宅の片付け，健康確認，必要に応じての受診同行などである。もちろんまだ不安な部分はあるが，自分で考えてやっていかなければならないと思っている強さは，これからもAさんのひとり暮らしを支える大きなパワーになると思う。

　疲れて帰ってきても部屋が寒かったり，今までより部屋が狭かったり，本人が予想していた以上に大変なこともあると思うが，Aさんに感想を聞いたところ「とても楽しい」「ひとり暮らしをしてよかった」とのことだった。理由を尋ねると「自分のペースで生活できること」「食欲ないときは軽いものを食べることができるし，友達と食事をして帰るのが多少遅くなっても門限などがない」「自分でやらなきゃいけないからいつもいろいろ考えて試している」「片付けはまだ苦手だけどね」と笑顔で答えてくれた。

　障害者の自立の例として一番メジャーであるグループホーム。入所施設と比べるとその過ごしやすさは格段の違いだろうが，ひとり暮らしをしたいという人には，それでもその生活は少し窮屈だったのかもしれない。

　先回りして生活設定をすることで，本人の可能性をつぶしていることがあるのかもしれないと支援者は常に意識しなければならない。本人へ自覚を促す支援をし，タイミングを見極めて支援することで，可能性はまだまだ広がっていくのではないだろうか。

　アシスタントは，ひとり暮らしの生活を支えるという支援だけでなく，「自分の好きな場所で好きなことをしながら，自分らしく生きていくための支援をしている」ということ，その最前線にいるのだと，グループホームを出て暮らす方を見てあらためて実感している。

障害者自立生活アシスタント事業　事業概要

1　事業の目的

　この事業は、知的障害者施設、障害者地域活動ホーム、精神障害者生活支援センター等に配置した自立生活アシスタント（以下、「アシスタント」）が、施設の専門性を活かし、障害者の特性を踏まえた生活力、社会適応力を高めるための支援を行うことにより、単身等で生活する障害者の地域生活を維持することを目的としています。

2　事業の概要

事業開始年度	**平成13年度** 平成19年度より精神障害者へ支援開始 平成22年度より発達障害者、高次脳機能障害者へ支援開始
支援対象者	次のいずれかに該当する障害者 　1　単身者 　2　同居家族の障害、高齢化、長期にわたる病気等で日常生活の支援を受けられない者 　3　家族と同居又はグループホームに入居しているが、アシスタントの支援を利用しながら、単身生活等への移行を希望する者
支援内容	【訪問による生活支援】　　　　　　【コミュニケーション支援】 ・　衣食住に関する支援　　　　　　・　対人関係の調整 ・　健康管理に関する支援　　　　　・　職場・通所先との連絡調整 ・　消費生活に関する支援 ・　余暇活動に関する支援
自立生活アシスタントの配置	横浜市から委託を受けた事業所が、アシスタントを複数配置しています。そのうち1名は対象の障害者の支援について相当の経験（5年以上）と知識を有し、障害特性を踏まえた支援を行える専任の常勤職員です。
支援の対象地域	支援の対象地域は実施施設の所在区および近隣区を原則とし、各施設ごとに対象地域を設定しています。（対象地域外の方を拒むものではありません。）
利用手続き	各区福祉保健センターまたは各事業所へ相談し、アシスタントに支援を依頼したい内容を話し合った上で、利用申請を行います。各アシスタント事業所は支援を希望する方の申請に基づき、利用者の登録を行います。
利用者負担	なし
登録者数	1施設あたりの登録者数は概ね25人程度としています。

資料1　横浜市障害者自立生活アシスタント事業 事業概要

2 移動（公共交通移動）の支援

●村上和子

1 ―――― はじめに

　バスや鉄道などの公共交通機関を利用して移動するといった，ごくあたりまえの日常生活行為が，知的障害のある人の場合，難しい状況のまま見過ごされている。知的障害があると，ひとりでバスに乗って移動するのは真に不可能なことなのであろうか。

　これまで知的障害者に関する交通移動実態は明らかになっておらず，そのほとんどが家族などへのアンケート中心の調査に留まっていた。そこで，まずは大分市，次いで全国の実態調査を行うとともに，バスや鉄道を利用する際の困り具合を客観的に測定することが必要と考えた。乗降や料金の支払いなど，知的障害者の公共交通移動に伴う一連の動作を観察し，その結果を一定の基準で数値化することにより困難度を測定した結果，「知的障害があるから」ではなく，「必要な支援と乗車の機会がなかったから」ということを，村上（2013）により明らかにすることができた。

　実験は，徒歩であれば単独で外出・帰宅できる知的障害のある人を対象とし，支援者とともに実際に公共交通による移動（乗車実験）を行うなか，乗車から降車までに必要な一連の動作項目（31項目）について，「ひとりでできる」「支援があればできる」「多くの支援が必要」の3段階で評価し，困難度を数値化し測定を行っている。第1期（全国：45名），第2期（大分県：29名）の2度に亘り実施し，この結果，適切な支援と10回程度の乗車を繰り返せば，その7～8割がひとりで乗車できるようになるという結論を得ている。

　本リポートは，知的障害者の公共交通移動能力の向上に資することを目的に，公共交通移動支援の重要性を知る「きっかけ」となったA氏が，路線バスでの単独通所が可能となるまでの支援プロセスに関する事例と，知的障害のある人の公共交通移動支援の可能性を広げる「ひとりで乗りたい♪　バス・鉄道による乗車実験をもとにした通所自立支援マニュアル」（社会福祉法人シンフォニー，2015）の2部構成となっている（マニュアルは末尾の資料1参照）。

2 ── A氏の概要

　25年前，当時，養護学校（現支援学校）中学部を卒業し，小規模作業所に通いは
じめたA氏（ダウン症）は明るく，前向きな性格で周囲の人気者である。母親が運
転する車に乗り，毎日元気に休むことなく通所・帰宅している。療育手帳は重度判
定。漢字やカタカナ，数字が苦手で，ひらがな以外の文字の読み書きは困難。お金
に関しては，色や形，大きさなどで種類の違いはおよそわかるようであるが，たと
えば「70円」といっても正しく金種や金額を揃えることはできず，額の大小・価値
なども理解できないため普段から家族が支払いを行い，財布も所持していない。

　会話は，当人をよく知る者であれば聞き取れるが，早口になると聞き取れないこ
とが多く，何度も聞き返すと元気がなくなり話をやめてしまう。音楽が大好きで，
初めての曲でもテレビを見て，即座に真似て踊るなど周囲を和ませる温和な性格で
ある。作業もゆっくりではあるが真面目に取り組み，友人が褒められると自分も負
けずにがんばろうとする。

3 ── バス支援のきっかけ

　ある日，熱が出てA氏が作業所を欠席した。ところが，翌朝，何事もなかったか
のように通所してきたため，心配した人々が次々に「熱は，もう大丈夫？」と声を
かけるが，A氏は不思議そうな顔はするもののいつもと変わらず元気だった。夕方，
母親の代わりに迎えに来た家族から，熱を出したのはA氏ではなく母親だったと聞
き，衝撃が走った。これまで，母親の送迎を当然とし，「送迎がなければ通えない」
ことの意味に気づかず，何も支援してこなかったからだ。「このままではいけない！」
と，すぐに保護者懇談会を開催した。

　懇談会では，今回の事例と自力通所の重要性を説明し，必要な支援を行うことを
前提に自力通所の練習希望者を募った結果，A氏を含め大半の利用者・家族の希望
があった。

　練習開始前は，個々の通所に関する情報を共通理解するとともに，バスや鉄道，
自転車，徒歩など，どの方法が最も合うのかについて相談を行い，自力通所の妨げ
や不安材料となることについても共有した。たとえば，「犬が苦手」な人の場合，で
きるだけ犬に遭遇しないよう，歩道近くに犬小屋や吠える犬の存在がない経路を選
ぶなど，単にバスに乗る練習を行うだけでなく，移動に関する知識および能力はも
とより，生活経験なども含めた交通移動に関するアセスメントを行った。

　乗車練習については，最初に希望のあった軽度障がいの人から取り組みを開始し
たところ，わずか数回の練習で，同一路線・同時刻のバスであれば，次々とひとり
で乗車できるようになった。だが，希望はしたもののA氏だけは未だ練習に至らず，

他の利用者がバスで帰宅するのを元気に「さようなら」と手を振って送り出し，母親の迎えを待っていた。

数日後，A氏が夕方になって急に元気がなくなり，「さようなら」と言われても手も振らずに見送ろうとしなかった。予感があたり，声を掛けた。「Aさんもひとりでバスに乗って帰りたいですか？」と聞くと，「うん」と即答。「お母さんにお願いしても良いですか」と聞くと，真剣な目をして「うん」と大きく頷き，やっと笑顔を見せてくれた。

迎えに来た母親にA氏がバスに乗りたいと思っていること，最近夕方になると元気がなくなることを話すと，母親も気づいていたようだった。「乗れるものなら乗せてやりたい……でも，うちの子は重いから……」と笑顔で話す一方で，寂し気な気持ちも垣間見えたので，明るい口調で一緒にバスに乗って練習する旨を伝えると，A氏の気持ちを普段から大事にしている母親は，遠慮しつつも「じゃあ，Aちゃん，練習がんばってよ」と，いつもの笑顔で賛成してくれた。これを聞いたA氏は，突然踊り出し嬉しさを全身で表していた。

4 ─── バス乗車における動作の流れ

バスに乗車するための主要3要素は，「①行先，②押鈴（押釦），③支払」である。バスに乗り，停まってほしい降車地を知らせ，運賃を支払うことの3つができれば，とりあえずバスに乗って行きたいところで降りることはできるからだ。

だが，実際に乗車する際に行う動作の一連の流れは，さらに多く複雑である。たとえば，「所定の時刻に起点を出発する→安全な道を通ってバス停に向かう→自分が乗るバスが来るまで（並んで）待つ→バスが来たら「○○行」の表示を見て「行先」を確かめる→ドアが空いたら順番に乗り込む→整理券を取る（ICカードの場合は取らずにタッチ）→席が空いていれば座る（立つ場合は手すりや吊革につかまる）→整理券は，なくさず取り出しやすいよう所定の場所に入れておく→整理券・運賃・療育手帳（ICカードの場合はカードのみ）を準備する→目的の降車地が近づいたら降車ボタンを押す→忘れ物が無いよう確かめて降りる準備をする→バスが停車してから席を立ち，運賃箱へ向かう→療育手帳を運転士に見せる→整理券・運賃を運賃箱に入れる→あわてずにステップを降り，安全を確かめてから道路に降りる→バスのすぐ前後を横切らずバスから離れて安全な歩道を歩く」といった流れとなるが，雨の日に傘を所持していれば新たな動作が求められることになる。

ところで，バス乗車の練習を始めるにあたり，あることを思い出した。それは，A氏の日常生活を振り返ったときに，ダンスなどもテレビ映像を一度見ただけで同じ動きで踊り，はじめての作業に取り組むときも，言葉で説明するより支援者がモデルを示すなど，いわゆる「やって見せる」方法が非常に有効だったことだ。この模倣の力を活かすことができれば，つまり，乗車に必要な動作モデルを正しくA氏

に示すことができれば，動作の再現により乗車が可能になるのではと，ふと浮かんだ。そこで，3要素のうち，「行先」と「支払」に関してのみ事前に準備し，あとは「模擬練習でできるようになってから」ではなく，実際に「乗車するなかで動作を模倣」する機会を用意することが有効だと考えたのである。

5 ——— 支援の実際

A氏のバス練習の取り掛かりが遅くなってしまったのには，①**文字**（バスの行先がわからない），②**数字**（出発の時刻がわからない。お金の使い方がわからないので運賃が払えない），③**のりかえ**（多方面へ向かうバスのなかから正しいバスを選ぶことが必要で，運賃額も異なる）の3点が心配されたからで，乗車の大きな壁になっていた。

そこで，乗換地点に停車するバスの行先を大きなボードに書き出し，自分が乗るバスを理解できるように練習しようと，3枚の異なる行先を書いたボードを示し，自分が乗る行先は「1歩前」に，そうでないときは「後ろを向く」動作を決め練習した結果，予想に反し一度でクリアし驚いた。「読めなくても見分けることができる」力が備わっていたのだ。

お金についても，母親が財布とは別に2個の大きなファスナーポケット付きのウエストポーチを用意し，必要な金額（70円と120円）をあらかじめ揃え各ポケットに分けて収納したことで，すぐに取り出せて支払うことができた。また，昼休みに支援者と一緒に練習を続けたことで，1年後には，自分で70円と120円に限っては用意できるようになった。当初，定期券や回数券を使用することも考えたが，運賃の支払いを通してお金の役割や価値等が理解できるようになれば，買い物など他の機会にも役に立つと考え，現金を使用する方法をとっている。出発の時刻については，毎朝見るテレビ番組が終わって家を出るようにすることでクリアできている。

A氏の乗車においては，バス乗車の前にもうひとつ練習したことがあった。それは，一緒に乗換地点（2km）まで朝夕，歩いたことである。母親の協力により自宅から乗り換え地点までは車で送迎してもらい，朝は支援者が徒歩で乗り換え地点まで迎えに行き，合流後は一緒に作業所へ向かう。夕方は支援者と一緒に徒歩で乗り換え地点まで歩き，母親の車で自宅まで帰る。これを毎日繰り返し，徐々に同伴する距離を減らすことで，ひとりで安全に行き来できるようになった。このように乗換地点までの景色や道のりを覚えることで，実際にバスに乗車したときに，どこで降車ボタンを押せばよいのか理解・判断しやすくなるとともに，降り間違えたときに自分で戻ってくることができるような力を育てていったのである。

さて，いよいよ実際にバスに乗車する日を迎えたが，慣れるまでは帰宅時のみ練習を行い，それができるようになってから朝の練習を行うこととした。夕方，バス停に向かうと，すでにバスで通所している同僚が各々の場所でバスを待っていた。西

　日が顔にあたらないよう建物の陰にいる人，自動販売機の横で待つ人，みんなと少し離れたところで談笑しながら待つ人たちなど，さまざまだったが，バスが見えると一斉に停留所の所定の位置にサッと移動して整列するなど，動作に慣れを感じた。

　A氏にバス停での安全な待ち方・並び方を説明し終わるとバスが到着し，ブザー音とともにドアが開いた。次々と並んでいた人々がバスに乗り込み，そのあとに続いた支援者が「きょうは，私の真似をしてください」と言って，バスのステップに足を乗せ，手すりを持って乗り込み，整理券を取って見せた。すると，同じ動作を行い，隣の席に並んで座ることができたが，握っていた整理券がしわだらけだったのを見て，緊張の大きさが伝わってきた。着席後は，最初のバス運賃を入れているウエストポーチの右側のファスナーポケットのなかに整理券を入れるように伝え，後でお金と一緒に出すのでなくさないよう説明した。

　次に，降車ボタンを指さし，「放送で「次は○○です」と言ったら，タイヤのお店のところでボタンを押します。外の景色をよく見ていてください」と説明すると，真剣にボタンと窓の外を見ていた。やがて，アナウンスが流れ，「ここ，このお店のところです」と言い，ブザーを押すと「ピンポーン」と鳴り，「次，停まります」とアナウンスされた。

　カバンに紐で繋いでいる「療育手帳」と，ファスナーポケットから取り出した「整理券」と「運賃」の3点セットを手に握り，バスが完全に停止してから立ち上がり前方へと通路を進んだ。乗車時は整理券だけを持てばよいが，降車時には療育手帳を運転手に提示し，整理券と現金を運賃箱に入れるなど複数の動作が必要になるため，緊張度もかなり増したようだ。現在使用されている交通系ICカードは「ピッ」とかざすだけなので誰にとっても便利であるが，療育手帳の提示，現金，整理券も不要となり，A氏はもとより知的障害のある人にとっては数倍もの負担軽減が図られることとなった。

　さて，最初のバスを降りて数メートル先にある信号機のある横断歩道へ向かい，信号が青になったら手を上げて横断し，道路の向かい側にあるバス停で並んで待つことを伝えた。このバス停は，三方面へ向かうバスが通過するため正しく見分けなければならないが，事前の練習同様，確実に見分けることができている。今回も支援者が先に乗車し動作を模倣してもらったが，2度目の乗車とあって先ほどよりは緊張が解け，自宅付近のバス停で降車する際には笑顔も見られた。徒歩で数分歩いて自宅に着くと家族は留守で，玄関ドアは施錠されていた。

　以前は，仕事を終えた母親が迎えに来てくれていたので，玄関のカギを自分で開ける必要はなかったが，A氏が先に帰着するようになったため，母親が玄関の合鍵を用意してくれていた。事前に鍵の使い方を母親と練習していたようで，落ち着いてポケットから鍵を取り出し，鍵穴へ手を伸ばした。すると，受話器のようなカールコードが伸び，使い終わったら元の長さに縮むキーホルダーがズボンのベルト通しに着けられていた。使いやすく，しかも鍵を紛失しないように，運賃用のウエストポーチとともに母親が用意していたのだ。

玄関に入ってからは，すぐに鍵を内側から掛ける練習を数回行い，その後，靴を脱いで揃え，リュックを降ろし，電灯のスイッチと居間のテレビを点けて家族の帰宅を待つように一緒に順番を決めた。そして，だれが来ても絶対にドアの鍵を開けないことを約束し，この日の支援を終えた。

　2日目。「きょうは，私が真似をするのでAさんが先に乗ってくださいね」と言うと，急に顔が引き締まった。バスに乗り込み，整理券を取り，着席するまでは落ち着いてできていたが，アナウンスが流れると降車ボタンに手は添えたものの，押すタイミングの判断が難しかったようだった。声には出さなかったが，「ここ？」「だいじょうぶ？」と，続けて目で聞いてきたので，小さく頷くと即座にボタンを押した。「ピンポーン」「次とまります」とアナウンスされると安心していた。乗り換えのバスにも間違うことなく乗車でき，自宅近くの降車地でボタンを押すときは，戸惑いもすっかり消えていた。

　このようにして支援者が付き添ってはいるものの，自分で降車ボタンを押して料金を払い，バスを乗り継いで帰宅したことはA氏にとって大きな自信となり，その後も積極的に練習を続けていった。数日後にはA氏だけがバスに乗り，支援者は車でバスを追尾し，乗り換えの確認と帰宅後の施錠の確認をA氏に気づかれないように行って家族に報告することとした。1週間後，昼休みに運賃を一緒に揃えることは続けたが，乗車支援を終了した。

6 ──── 親の心情

　数カ月後。ひとりでのバス乗車にも慣れ，安心しきっていたある夜，A氏の母親から「さきほど帰宅した」と電話が入った。こんな遅くに帰り着いたと聞いて驚いた。状況もわからず戸惑ったが，帰宅時の様子を思い出し，いつも通りにバスに乗って帰宅したことを伝えた。すると，最初のバスには乗ったものの次のバスに乗らず，暗い夜道を歩いて帰ったようだった。

　その理由については翌朝，乗り換え地点まで同じバスで帰宅した利用者数名が，「きのう，Aくん，家に帰れた？」「バス乗れた？」「間に合わないんじゃないかと心配した」等々の，断片的な話をしてくれたので，それらを継ぎ合わせた結果，何が起こったのか詳細がわかった。

　乗り換え地点近くに最近建てられた食品スーパーがあり，昨日の午後から開店セールを行ったため，買い物客の車が一気に集中し，駐車場に入りきれない車でバス路線に渋滞が起こり，最初のバスが巻き込まれて乗換地点への到着がかなり遅れてしまったようだ。時刻が理解できないA氏は，遅れているとは知らず乗り換えのバスを待ったが，すでに通過していた。ずいぶんと待ったようだが，夕方はバスの便数が少なく1時間15分後にしか来ないため，それも知らないA氏は辺りが暗くなってしまったので意を決して，いつも自分が乗ったバスが向かう方向へと歩いたようで

ある。途中，数百メートルある大きな橋を2本渡り，人通りの少ない暗い夜の坂道を6キロ以上歩き，やっとたどりついた安堵感からか，母親の顔を見た途端，しがみついて泣き出したそうだ。

「大変なことになってしまい，本当に申し訳ありませんでした。Aさんは大丈夫ですか？」とすぐに詫びたところ，「違う，違う。文句を言うつもりじゃなくて，私は良かったと思って電話したのよ」と母親。その理由はすぐに理解できたが，さすがに良かったとは言えなかった。

実は，保護者会の折にA氏がひとりでバスに乗れるようになったことを知った他の親たちは，「Aくん，すごいねえ」「ひとりでバスに乗れるようになったってね。本当に良かったねえ」と口々にA氏の母親に声をかけ，わが子のことのように喜んでいる姿を見かけた。母親は「あれは，家の近くでバスを降りるから帰れるようになっただけで，本当は，まだ家がどこにあるかどうか全然わかりゃしないのよ。アハハハハ」と照れ笑いをしながら話していた。

それを聞いてドキッとした。親にしてみれば路線バスに乗れるようになったのは嬉しいことだが，大事なわが子は自分の家がどこにあるかもわからないのだ。もし，バスを乗り間違えたり，降り間違えたりしたら行方不明になってしまうことも十分ありうることで，バスにひとりで乗せること自体，不安で恐ろしいことである。それを乗り越え，「ひとりで乗りたい」という願いを叶えようと，A氏のがんばる力と私たちの支援を信じてバスで通わせる決断をしてくれていたのだ。

泣きじゃくるA氏をなだめつつ，母親は突然，「そうだ！　この子は歩いて帰ってきたんだ！　いつの間にか，家までの道がわかるようになってたんだ」と気づき，急いでこのことを知らせてくれたのだった。その声は明るく，「これで，もう安心。やっと家がわかるようになって，ひとりで帰って来れるから，もう大丈夫」と繰り返した。そして，「本当に良かった。本当にありがとう」と言って電話が切れた。

7 ── おわりに

あれから25年。朝夕，路線バスやJRを利用して70数名の知的障害のある人が当たり前のように通い・帰宅している。もしA氏の母親が「二度とバスに乗せないから！」と言って怒りの電話を掛けてきていたらどうなっていただろうか。いや，きっとそれでもA氏は，バスにひとりで乗ってくるのを止めはしなかっただろう。暗い夜道をひとりで歩いて帰った次の朝も，いつも通りに支度してバスで出かけたA氏の姿に家族は驚き，そして安心したと話す。

その数カ月後のこと。台風の影響で時折激しい雨が降る朝，A氏の母親から電話が掛かった。「雨も風も強いから車で送っていくと言ったのに，気づいたらいなくなってしまって。玄関で待っててと言ってたのに，バスに乗って行ったみたいで，濡れてると思うのですみません」とのこと。時計を見るともう到着する頃だった。

急いで外に出ると，折れ曲がった傘をさし，全身ずぶ濡れのA氏が元気に「おはようございます」とやってきた。何があっても自分でバスに乗っていこうとするA氏のがんばりに感激しつつも，台風や大雨のときは無理せず自分の身を守ることや，雨具の着用，ときには人の助けを借りること等々を伝えた。地域生活に欠かせない移動の支援は奥が深く，まだまだ多くの課題が残されている。

◉文献

村上和子（2009）「知的障害者の交通移動支援プログラム」の開発──平成21年度厚生労働省障害保健福祉推進事業──交通移動乗車実験報告書.

村上和子（2013）知的障害者の公共交通移動の可能性に関する研究──バス・鉄道による交通移動乗車実験（私家版）.

社会福祉法人シンフォニー（2015）ひとりで乗りたい♪　バス・鉄道による乗車実験をもとにした通所自立支援マニュアル. 大分県.

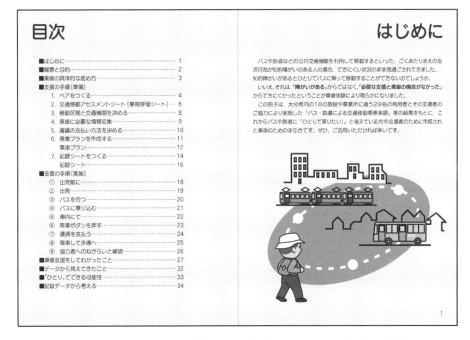

資料1　ひとりで乗りたい♪　バス・鉄道による乗車実験をもとにした通所自立支援マニュアル
（全文は右記よりダウンロード可（https://www.pref.oita.jp/uploaded/attachment/176915.pdf））

3 触法行為のある人への支援

●乾 智人

　触法行為のある方たちのなかは，生きづらさを抱え，人生のなかで社会的孤立，また貧困など，厳しい環境に育ってきた方が多くいる。このような不利な状況に置かれている人のなかに知的障害のある方が多くいる。この部分に注目したとき，福祉の支援者である我々は，司法での再犯防止ではなく，本人の希望する生活をいかに支援できるかという本人中心の支援を工夫していく必要がある。それには，施策の概要を理解することはもとより，本人に合わせた意思決定支援をするため，知的障害の基礎知識，本人理解をする方法論（知的障害と犯罪行為の関係を分析）を習得することが必要である。

　　　　　　横浜市障害者相談支援事業：市域において相談を必要とする障害者，障害児及びその家族等を対象として，個別の相談（情報提供・サービス利用の援助・地域生活支援等）を実施。また，区域の相談支援機能の強化を図るための地域支援として，関係機関との連携をしながら相談支援を提供。
　　　　　　障害者自立生活アシスタント事業：区内において生活支援が必要な単身者等を対象として，訪問（衣食住，健康管理，消費生活等に関する支援）を実施。また，対人関係の調整や職場・通所先等の関係機関と連携し支援を提供。

1 ── ケース概要

(1) **ケース**：45歳・男性Aさん
(2) **障害**：知的障害／愛の手帳B1
(3) **家族**：家族は，父・母・兄・弟の5人家族。19XX年本人が13歳のときに兄が死亡。父は19XX＋5年に死亡。母は養育が難しく，本人は19XX＋21年より知的障害者の更生施設に入所。弟とは疎遠で20年以上，音信不通状態であった。このような状況もあり家族とは疎遠状態であった。
(4) **生育歴**：幼少期は各地を転々とする生活であった。両親の養育能力の低さと，生活苦もあり3歳から養護措置入所。本人が4歳の頃から生活基盤が東京に落ち着き，小学校と中学校は都内で通学。しかし，親の不十分な養育の下での触法行為があり，教護院に入所となる。入所中は，発達の遅れから健常児との生

活が難しく，知的障害児更生施設に入所。中学卒業後に職業訓練を受けるため住み込みで働き，家族の引き取りという形で措置が解除となる。

　その後，配管工やキャバレーの仕事などをするも続かず，窃盗未遂や窃盗を繰り返し，少年鑑別所・医療少年院・少年院などに入所となる。出所後も定職には就けず，窃盗などを繰り返す。計5回の懲役刑を服役し，19XX＋33年11月に出所。神奈川県下で生活保護を受給するようになる。

　（※本事例については掲載にあたって本人からの許可を取得している）

2 ── 支援経過

(1) **支援開始**：出所後はX市で生活保護の申請をするがY市Z区での生活を希望。神奈川県地域生活定着支援センター（以下，地域定着）からZ区役所へ，19XX＋34年2月に区役所からZ地域生活支援センターに相談が入る。地域定着・X市保護課・Z区役所・委託相談支援・自立生活アシスタント支援で現状の課題について確認をし，①生活支援（食事・買い物・洗濯・掃除など），②通院同行，③金銭管理支援，④通所先探し，という4点について支援ニーズを確認。

　　委託相談支援・自立生活アシスタントの具体的な動きとしては，①関係づくりと生活状況の確認，②必要に応じた生活支援の助言などであった。これらを目的に，週1回ほどの家庭訪問を実施。また，通院同行も行う形で支援を組み立てる。

(2) **支援経過**：初回面談では，本人はあまり人見知りもなく，アイドルの話をたくさんされる。今後，医療面のフォローで委託相談支援とアシスタントが関わり，本人との関係づくりや生活支援も含めて週1回ほどの面談をすることを確認。通所先探しはZ区とZ区地域生活支援センター，金銭管理支援は地域定着と連携する形で整理をする。

　上記のような形で本人との関わりが開始されたが，面談の約束をしても自宅（施設）を不在にしていることが頻繁にあった。そのため，朝一番に自宅（施設）を訪問したり，夜間遅くに訪問をしたりと，本人と会えるように試みる。すると，訪問するたびに，部屋にあるものが増え，再犯の危険性を確認。しかし，入手方法を本人に尋ねても「クイズで当たった」などと話し事実はわからなかった。再犯防止を促せるような方法も検討したが，なかなか見つからず，生活リズムを整えることや社会のなかでの役割を感じてもらうなどを目的に，日中活動先を活用することが再犯防止となるのではないかと考え，区役所と通所先の検討を試みる。区内の日中活動場所を見学体験するも，職員の質問に答えなかったり，自分のやり方で作業をしたりと，態度が良くない様子であった。本人自身も働く意味を感じていない様子で，おのずと働く意欲が非常に低く，通所が困難な状況であった。

金銭管理支援は，本人がキャッシュカードを所持し，支援者が支払いの同行をする形であった。しかし，19XX＋34年4月に生活費の引き出しに本人が現れず行方不明になる。その後，金銭管理は現状のままでは不可能であるため，X市の保護課窓口での受け渡しの形を取り，家賃など最低限のライフラインの支払いは，アシスタントが同行することとなる。

　その後，本人の不安定な生活は続き，支援ができない状況が続いていた。本人が住む無認可の宿泊施設からは「ほとんど不在なので，出て行ってもらいたい」との話が出る。しかし，本人はそこでの生活を継続したいと表現したため，残れるよう施設に話をする。しかし，なかなか本人と会えず，状況は悪化。立ち退きを迫られるような状況を本人に伝えると「めまいが……頭痛い……昨日発作があった…」など体調不良を訴えてくる状況であった。

　5月，Z駅西口交番から，本人が万引きをしたので保護に来てほしいと，Z地域生活支援センターへ連絡が入る。警察の説明では飲み物とお菓子2個を万引きして警察へ突き出されたという。スーパー側からは被害届は出さないので，今後一切出入りしないようにとのこと。前科も調査済みで，警察からは注意喚起を促したので，これ以上対応することはないため引き取りとなる。このとき本人からは「刑務所は自由がなく厳しいから戻りたくない」との言葉が出ている。

　その後，支援者間で支援の方向性について話し合いを行い，①現在の住まいでの生活を継続しながら，本人が自由に活動できる日中活動先を検討，②現状の生活維持が難しい場合，生活保護更生施設利用の検討などの案があがる。

　通院同行に関しては，本人のキャンセルなどで毎月同行するのは難しく，やっと通院できるが，血液検査の結果から一切抗てんかん薬を飲んでいないことが発覚。本人の話では，発作は起きているという。薬の効果も服薬しないと測れないので，しっかり服用するよう医師から注意がある。服薬内容を確認すると，そもそも飲み方が間違っており，全く飲んでいない状況であった。そのため，アシスタントが薬のセットを行った。

　6月上旬，保護費受け取り同行のため，自宅（施設）を訪問するが不在。カレンダーに予定を記入して確認していたが，本人は出てこず，自宅（施設）の支払いが滞納する状況であった。その後，窃盗で逮捕されていたことが判明。警察を訪問したところ，さい銭箱から小銭を盗み，注意をしたところ一度逃げたため現行犯逮捕に至ったとの話であった。常習累犯なので，確実に起訴されるだろうという状況であった。

　6月中旬，奇跡的に不起訴になったとの連絡があった。本来常習累犯で，3年以上の実刑は確実であった。そのため，特段の見守りが必要となる。その後，自宅（施設）に住むことができなくなったため入所施設を検討した。

　翌日，X市から自宅（施設）に生活保護を打ち切りにしたとの連絡があり，すぐにZ区役所へ相談に向かい，Z区での生活保護を申請した。

　釈放後は，見守りと関係づくりを兼ね，食料の確保に同行する形をとる。また，

生活保護厚生施設の利用の方向性を検討した。本人と入所の意思確認をするが，「今考え中」との返答があった。その後も訪問や買い物をしていくなかで，本人の意志を聞き，最終的に入所を決断される。

　同時期に医師から，本人の発作が窃盗という犯罪につながっている可能性について説明あり。その後，1日1回夕食薬を服薬できるよう服薬の助言とアドバイスを行う。

　7月上旬，本人を入れたカンファレンスを予定するが，本人は出席せず。この頃から本人とのさらなる関係構築と，本人が安心できる環境に配慮した面接（お茶をしたり，リラックスできる話題で話をしたりなど）を実施する。

　8月下旬，生活保護厚生施設へ入所。しかし，8月末早朝，アシスタント携帯電話に「今地元の百貨店の近辺にいるので，迎えに来てもらいたい」とのこと。聞くと，帰り方がわからなくなってしまったと話す。その後，厚生施設へ戻り状況説明を行い，次回以降は地図や連絡先を持って外出することを伝える。

　順調に入所生活ができていると思われていたが，12月上旬更生施設から外出届を出したまま，所在不明との連絡があった。本人からの連絡はなく，お小遣いとして11,000円を渡した矢先の出来事であった。厚生施設では，特に大きいトラブルはないものの，携帯電話を他の利用者に見せびらかし嫌がられるなど，若干浮いた感じではあった様子だった。本人が戻らないこともあり，そのまま措置入所が解除となる。

　12月上旬，Z駅で，偶然アシスタントが本人を発見。今後について検討するために，急遽支援者間でのカンファレンスを実施した。その後，無料定額宿泊所への入所が決まる。翌日本人より宿泊所への帰り方がわからないと連絡があった。会って話を聞くと，「道に迷った」という。宿泊所からは，不在期間が長く自らの意思で出ていったとみなし，退所の方向とのこと。その後の生活について話し合うため，保護課にアシスタントが同行した。保護課と相談し一端切れた生活保護を再開してホームレス自立支援施設に即日入所することになる。その後，自立支援施設を退所し，無料定額宿泊所にて金銭管理支援と服薬の確認支援を受けながら生活を継続されている。

3 ── 事例の捉え方

1 支援の方向性

　支援をしていくなかで，環境因子（社会的要因）と個人内因子（生物・心理的要因）が本人の犯罪行為にどのように影響しているかをアセスメントした。環境因子に関しては，本人の成育歴が現在の本人にどのように影響しているかに着目した。また，個人内因子の部分では，本人の障害（中度）がどの程度のものなのかアセスメントを実施した。知的障害がある方の特徴として，認知面では，認知的能力の低さ・偏り・ゆがみなどにより情報を処理しにくいなどがある。情緒面では，情緒的

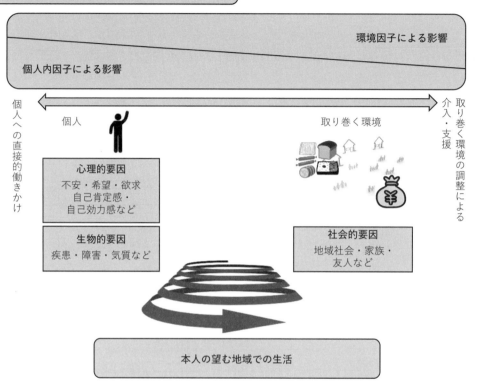

図1　アセスメントと支援の視点

絆を基盤とする人間関係や自己の発達，社会性の発達などでは，人や環境の影響を
受けやすいなどの特徴を捉える。本人の障害の程度は中度知的障害で，障害の程度
から得られる判断基準としては，IQ はおおむね35〜50の知的障害である。中度知
的障害の特徴としては，指示があれば身の回りのことはできるが，場面に合わせた
選択・調整が困難，薬や金銭の管理をすることが苦手，見通しをもって行動をする
ことが苦手，新しい場所での移動・交通機関の利用は困難，自分の気持ちを表現す
ることが苦手，などが挙げられる。本人の場合もおおむね上記のような障害の程度
であった。これら障害の程度が現在の本人の生活にどのように影響していたかを環
境因子と個人内因子の関係から評価し，地域での本人の望む生活に向けどう支援で
きるかという視点を重視している。この視点を図にしたものが図1である。

② 生育歴の理解

　両親の養育能力は低く，不十分な養育環境のもとで育つ。また，幼少期より居住環境も安定していなかったことと，発達の遅れもあったことから周囲との関わりも難しく，幼少期から安心して過ごすことが難しい環境であった。そのため，安心できる環境で他者との愛着関係を形成しにくく，成功体験を重ね自己効力感を持ちにくかったのではないかと推察された。しかし，環境が大きく変わる経験をしている部分で，人見知りをせず，新しい環境への適応力はある程度備わっている様子であった。

③ 本人の状況を理解する

　本人を理解するために，人生から本人自身の抱えている困難を客観的に把握し，本人が困っていることや感じていることを理解する必要があると判断した。知的障害があるなか，安定しない環境で育っているため，心理的側面・社会的側面からも不利な環境で育っており，不利な状況がより精鋭化されたと推察される。また，知的障害の面から状況を客観視するのは難しく，家族関係からも愛着面，ロールモデルの不在という部分での積み重ねがされていないと推察された。しかし，育ちの過程のなかでは施設を経験したり家庭に戻ったりと，どんな環境下でも適応し何とかする力強さがある方であった。また，困難を乗り切る手段として思いつくのが窃盗という手軽な方法であったのではないか。そして，ブランドもので着飾ったり，社会的に高い地位の人を引き合いに出し話したりと，本人にとっては他者が自分に目を向けてくれるためにとった行動だったのではないか。上記は本人から具体的に出てきた言葉ではないが，本人理解を深めるために生育歴や行動から本人の世界観について立てた仮説である。

④ 行動からみた障害の評価と本人の強み

①次回の約束をしても自宅（施設）を不在にしていることが頻繁にある──見通しを持つことが難しく，予定をあらかじめ伝えても理解している時もあればそうでない時もある。

②支払いに同行しないとお金を使ってしまい，ライフラインも止まってしまう──能力面からお金の管理や見通しを持ってお金を使うことが難しく，すぐに生活費を使い果たしてしまうため，お金の管理が必要であった。

③抗てんかん薬を服用できていない状況であった──本人自身発作が起こっていることをわかっていたが，対応策が自分ではわからず，薬を管理し継続して服用することが難しかった。発作が窃盗につながっていた可能性を確認した。

④所在不明になる──「道がわからなくなったので，迎えに来てほしい」との連絡が入る。後先を考えることが苦手で思うままに出かけてしまう面がある。新しい

場所での移動は苦手である。手がかりを把握して帰り道を予測したり，覚えたりというプロセスをとることが能力面で難しい。しかし，自分なりに助けを求めることができ，深刻になりすぎる様子ではない。

⑤携帯電話を他の利用者に見せびらかし嫌がられてしまう——自分の行動に対する他者の反応まで考えることができず，自分の欲求通りの行動をして誤解されてしまう。自分が楽しいと感じることは他人も楽しいと思っている可能性がある。

⑥困ったことがあると体調不良を訴えたり，決断を迫られると「考え中」と言ったり返答をしないなどがある——自分の気持ちをうまく表現することができないため，安易な言い訳をして答えないことがある。これは返答ができないわけではなく，言っている内容がわからない場合も考えられる。また，自分の希望を相手に伝えたい場合でも，うまく言うことができない不安から言葉にできない場合もあるため，さまざまな方法で支援者が本人の気持ちを聞き代弁をする必要があった。性格は穏やかで親和性があり，他者からの印象は良い様子であった。

⑦働く意味を感じにくく，働く意欲が低い——知的障害の部分で能力を最大限発揮しても職場で認められにくく，本人の働きを承認されてこなかった可能性がある。また，キャバレーという見た目のきらびやかなものには惹かれ仕事に飛びつくが，コミュニケーションや配慮の必要な職場での難しさにも能力面でついていくことができず，ここでも働くことでの承認をされてこなかった部分があり，「どうせ自分なんて」という気持ちと共に働くことへの意欲が低下し，自然と働く意味を感じにくかったと推察される。

⑧窃盗を繰り返す——働く必要性を感じておらず意欲が低くなっている状態で，能力面でもどのように働けばお金を稼ぐことができるかなど，見通しを持って考えることや自分自身で意欲を高めることは難しい部分あり。また，困ると窃盗をすれば金銭が手に入るということは経験上できる。社会通念上許されないから，してはいけないという理解をして，行動を自分自身で抑制するのは，自己と他者の関係性を理解し比較する思考プロセスを伴うため能力面で難しい部分がある。また，生育歴をみても本人のロールモデルがおらず，育ちの過程で本人に合った環境で自己肯定感を養いにくかったと推察される。

4 ── 支援目標と支援のポイント

本人との関わりから，本人の希望を「安心できる場所で，束縛されずに気ままに暮らしたい」と捉えて関わる。支援をする上では，支援機関それぞれの強みを活かし役割分担を行う。また，本人の側から本人の困難さを理解し，上記の希望をベースにおいた関わりを目指し，即時対応を行っている。関わりの方法に関しても，本人が育つなかで経験してこられなかったことに関しては，本人にとって対処可能な苦痛を伴わない体験の機会を提供し，成功体験の積み重ねに配慮し，時に支援者が

ロールモデルになれるよう心掛けた。

　Aさんの場合，個人内要因と環境要因両方からの影響が強く，困難がより先鋭化されている。本人の成育歴，日常生活から障害の状態を評価し，本人に有効なアプローチを検討した結果，判断能力が十分ではないことや障害が影響していると思われる現象を観察し，現象の背景を理解しつつ，本人の気持ちの代弁することで，本人からさまざまな反応が出ている。また，その上で対応や方法を考えるプロセスが重要であった。

　Aさんにも求める生活があり，Aさんの希望を叶えるには本人中心の支援でしかそれはなしえない。支援開始当初は再犯防止という観点での関わりもあったが，再犯防止ではなく本人の幸福増進を目指すものという個人中心のスタンスで関わり続けることで，本人の意欲が引き出され，本人自身の力が引き出されていくエンパワメントのプロセスが重要であった。Aさんのケースでも，困難な場面で支援者に連絡をする場面があるなど，本人自身のなかで「あの人に相談しよう」「あそこに戻れば何とかなる」という能動的な変化もみられた。上記関わりの相互作用のなかから，結果的に本人が戻ってきやすい地域資源の一部に支援者がなれていた部分が成果であった。

◉**文献**
岩間伸之（2008）支援困難事例へのアプローチ．メディカルレビュー社．
遠藤　浩（2016）司法の期待に福祉はどう応えるのか．独立行政法人国立重度知的障害者総合施設のぞみの園．

2 精神障害のある人々に対する アウトリーチ支援

　本章では精神障害のある人々へのアウトリーチ支援として3つの代表的な状況の支援を紹介する。

　1つ目は自立生活・地域移行のケースである。頻繁な入院を余儀なくされている方が地で生活をしていくときに必要な支援の在り方はどのようなものなのかを紹介する。

　2つ目はひきこもりのケースである。生活が自宅を中心とした範囲にとどまるひきこもり事例に対してアウトリーチ支援は有効であると考えられるが，どのような関わりによって本人と関係を作ってくのか，そのあり方の一例を紹介する。

　3つ目は就労支援のケースである。就労支援においては職場とつなげることだけではなく，生活の背景も含めて支援をする必要があり，その際にアウトリーチ支援が必要な場合がある。ここでは発達障害・精神障害の事例に対する関わりの中から，就労支援に必要なアウトリーチの関わりがどのようなものなのかを見ていく。

（吉田光爾＝編）

1 自立生活・地域移行ケース

●志井田美幸

1 —— はじめに

　本稿は，「ACT」を用いた病院から地域への移行事例の紹介となっている。そもそもACTと何かについて説明をおこなうと，日本では主に包括型地域生活支援と一般的に呼んでおり，病院に入院しているときと同様のケアを地域において24時間365日提供する支援（治療）方法のことを指している。精神病院内よりもむしろ，地域において，生活しながらのほうが，クライアントつまり対象者の精神症状を高水準で治療できる。1975年に米国のスタイン博士たちが開発した地域治療である。精神障害者は，疾病と障害を併せ持ち，地域において院内と同様の状態を保持するためには，生活上の多彩多様なニーズを支える必要がある。そのため，医師や看護師だけでなく，ソーシャルワーカー，作業療法士，臨床心理士，就労の専門家，あるいは当事者スタッフなどの多職種の専門家でチームを構成して地域で活動している。

2 —— 事業概要

　日本において，ACTは制度化されておらず，いくつかの背景をもつチームが存在している。本稿で紹介するKチームは複数の事業（地域活動支援センター，相談支援事業所，障害福祉サービス事業所，訪問看護ステーション，障がい者就業・生活支援センター）を組み合わせてACTチームを構成している。Kチームは，運営母体が福祉施設で，医療も生活の一部と捉え，地域の複数の精神科医（医療機関）の協力で，治療に関しての責任を担っていただき，利用者に向けて24時間365日生活支援を提供している。具体的には，法人内に精神科の医師はおらず，Kチームに登録をしているメンバーの主治医がそれぞれKチームのチームドクターとしての役割を担っている。特定の医療機関に通っていなければ受け入れることができないという枠はない。年齢，診断名，地域生活の逼迫状況などチームの受け入れ基準があるが，主治医がチームの活動に協力可能であれば受け入れている。地域の関係機関が入り込みやすい社会資源となっている。

3 ── 事例の概要

　統合失調症に罹患して20余年の50代男性Hさんは，A市に2人兄妹の長男として生まれ，小さい頃から気が短く人に手を出しやすかった。定時制高校を卒業後は工場や回収業などの仕事（7社）に就くも，飽きやすい性格で2〜3年ごとに職場を転々として過ごしていた。20代半ばに自閉傾向に転じ，独語や希死念慮が出現し，その後イライラや多幸感を抱くことが時々あったためC病院を受診した。内服で寛解し，仕事を継続できていたが，その後悪化し，2年ほど入院した。40代になり定期的な外来治療で安定していたが，怠薬し，通院を止め治療中断となった。50代になると昼夜問わず落ち着きがなくなり，罵声を上げ，物にあたる行動も見られた。そういったことに対する自責の念から，自傷行為に至り，C病院に3度目の入院（措置）をした。この入院に関しては入院時から，退院後に同じ事を繰り返さないようにと，病院の主治医からKチームに，Hさんの退院後の生活支援をと依頼があった。退院の7カ月前から関わり，その後地域へ移行し，地域での生活がおおむね落ち着いて，日中の障害福祉サービス（自立訓練・生活訓練）を利用するまでの実践を報告する。

4 ── サービス提供に至った経緯

　Hさんは，発病後3度の入院（合計1,460日）を経験している。幼少期より，短気で他者に対して話をして解決するよりは，手を上げる傾向にあった。本人には，父親が飲酒するたびに頭を殴られていた記憶があり，入院前には，本人も，母親が「ジュースなどの飲み過ぎ」「間食の摂り過ぎ」「タバコの吸い過ぎ」などと過干渉になると言い争いになり激化するようになっていった。そのような状態が続くうちにイライラのほかに，周りの環境が変わると恐怖を伴う不安感が表出していた。人を含めた，細微な環境の変化に多くの不安を感じパニックになってしまったり，同居している実母との距離が上手く保てないなどの理由から，近所でも有名なほど本人と実母との間で言い争いが絶えないでいた。言い争いが徐々に悪化し，それだけでは収まらないで，直近の入院の際には，暴力を振るった後に，自責の念に堪えられないで自傷行為に及んだ。その後，警察，保健所，市役所が介入し入院となった。入院中は，本人が治療に積極的であること，本人が不安であってもパニックになる前に病院のスタッフが本人の不安を聴くなどして様態はすぐに良い方向に向かい，退院への準備がはじまることになった。しかし，実母と実妹が入院時の出来事で本人に恐怖感を覚え，退院に猛反対をした。主治医が，このまま退院しても地域での環境を整えないままでは，すぐに再入院になることは間違いないという理由から，「入院中と同様の関わり」と「家族の不安を払拭する家族への支援」も必要であると

して，Kチームに支援依頼があった。

5 ―― 支援の経過①――アセスメントと支援計画の作成

　Hさんの趣味は，散歩や音楽を聴くことで，嗜好は，甘いもの，タバコで，最初の入院時に止めたが酒も本当は好きである。テレビのアニメを好んで観る。高齢の母親と二人暮らしで1日のほとんどを母親と一緒に過ごし，外出は近隣のコンビニか自販機に買物に出かける程度であった。食事を母親や本人が作ることはない。母親は，生計のため若い頃から，工事現場などで作業員として働いていたため，食事はおもに購入した惣菜で済ませていた経緯から，母親が作る習慣がなく本人もその状態を受け継いでいる。家のなかは，居間に本人と母親が過ごす場所と二人がそれぞれ寝る場所がかろうじて空いているほかは，掃除の習慣はなく，物が片付かないまま置いてある。衣類の洗濯や布団干しは，本人が担っていて，毎日ではないができている。

　徒歩で移動できる範囲で生活をしており，通信や公共機関などの社会資源の利用は，全て母親任せにしている。一定の金額であれば，金銭の自己管理はできている。時間の認識は強く，決まった時間に決められたことが動かないと不安や焦燥感が強くなる。保険証や通帳など大事なものは持つと不安になるので自分で管理することは難しいが，財布や時計，傘，上着など一定の本人に関するものであれば管理はできる。地震や火事といった災害など広義の安全に対する管理は難しいが，交通ルールや，はさみや包丁などの刃物に関すること，コンロの火など軽微な身辺の安全は管理できる。

　健康の管理については，あかぎれや切り傷など数値で測定できないものには無頓着で，糖尿病の血糖やHbA1c（ヘモグロビン・エーワンシー），体温，血圧など数値でわかるものに関しては数値によっては不安になる傾向にある。不安材料は多岐にわたっていたが，特に排便がないと不安になって焦燥感が強くなり，タバコの本数が増えた。母親に不安をぶつけ，その状況に困った母親との言い争いになる傾向にあった。睡眠は服薬によりおおむね安定していたが，不安や焦燥感が強くなると早朝覚醒が続くようになっていた。

　日常の挨拶など基本的なコミュニケーションは問題なく積極的にできているが一方的なところがある。自分が挨拶した相手が，他者と話をしている最中でも待てず，相手から挨拶が返ってこないと，そのことで不安になり，そのことばかり考え込む傾向にあった。他者との会話では緊張感が伴い，早口で吃音があるため聴き取りにくい。気持ちが向かないことは断ることができる。思い込みが強い傾向にあり曲解がある。同性にも異性にも年齢層は関係なく，「人」として関心をもっている。常に，相手が自分をどのように思っているのかを気に（警戒）している。近しい関係の家族以外の他者との関係を本人から壊すことはなく，一定の距離が保持できれば，

良好な関係を維持できる。B市に住む妹と，妹の夫は本人に対して拒否はなく，時々自宅へ様子を見に行ってくれている。直近の入院まで医療機関との関わりはなく，治療は中断していた。また，その入院時に市役所や保健所が関わったのみで，他の機関が関わったことはなかった。

　自分の強いところは「自分はやさしいと思う」，自分の弱いところは「飲み過ぎ，食べ過ぎ，タバコの吸い過ぎを注意されるとすぐにイライラするところだと思う」「眠れないときやイライラするとき，自分は，病気だと思うことがある」という自己理解をしている。本人のニーズ（医療的なニーズを除く）は5点あり，①不安を少なくして安心して暮らしたい，②飲食や煙草を吸う楽しみをなくしたくない，③実母との関係を良好に保ちたい，④入院したくない，⑤社会に参加したい，というものであった。Hさんが特に強く希望している①と③をまずは目標として，個別支援計画の策定をおこなった。「規則正しく生活をする」「食事量，水分量，喫煙量など決めた量を守る」「不安になったり困ったらチームに連絡をする」という3つの短期目標を掲げ，長期目標としては「通う施設への見学に行く」という1点を追加した。クライシスプランもHさんと一緒に立てていき，自分の不調時のサインを知り，そのときには自分はどうしたらいいか，周りの人に何をしてほしいか，周りの人にしてほしくないことは何かということを一緒に振り返っていった。Hさんの場合は「イライラして落ち着かなくなる」ことがサインだと自分で認識をしていた。そんなときHさんは「不安になったらKチームに連絡を入れる」ことを目標とし，周りの人には「静かに見守っていてもらいたい。自分がKチームに連絡ができないときは代わりに連絡をしてほしい」という希望が挙がった。また，周りの人にしてほしくないこととしては，「ガミガミ言わないでほしい。話しかけないでほしい」ということが挙がった。自分の不調のサインやそのときの対処方法は今後変化していくことをHさんに伝え，不安にならず，一緒に整理をしていくことを伝え，安心してもらった。

6　支援の経過②──Kチームの利用からわかった課題と改善策

　Kチームがメンバーに対して提供している支援メニューは全部で18ある。①住居支援，②暮らしの支援，③おしゃべり電話，④家族支援，⑤訴え（苦悩表明）の聴きとり，⑥金銭管理，⑦定期／定期外受診同行同席支援，⑧服薬確認管理，⑨頓服服用の調整・確認，⑩睡眠時間の確認管理，⑪入院支援（入院中の支援を含む），⑫退院支援，⑬チームミーティング，⑭受け入れ前ケア会議，⑮緊急電話，⑯危機介入，⑰短期入所，⑱就労支援，である。その人のニーズによって支援メニューを複数組み合わせ，サービスを提供し，モニタリングをしながら提供内容の見直しを随時おこなっている。

　Hさんとの関わりの初期段階には，本人が不安を貯めない状態を保持するために，「治療を中断しない」「怠薬がない」「実母との良い距離を保持する」「不安材料を溜

め込まない」状態にすることに焦点を置いた支援をおこなった。具体的には，Kチームが関わる前に入院する原因となった「水の飲み過ぎ」「食べ過ぎ」「タバコの吸い過ぎ」「便秘」「薬の飲み忘れ」「不安」の各項目について，支援の内容を組み立てた。具体的には，体重，食事の内容，喫煙量，排泄状況，服薬の確認および睡眠時間が見た目でわかるようにチェックリストを作成し，本人が記録して，達成感を得られるようにした。訪問時にスタッフが口頭で一つひとつ確認をしながら，本人の理解度を確認しつつチェック作業を手伝った。本人に入院時と同様に規則正しい生活が送れるようにKチームが関わっていく必要があり，その関わりは段階を追い，地域での安定した生活の実績が本人の自信につながり，伴走（毎日の確認事項を一緒におこなうこと）の質や量を減らしてゆくことができるように支援する必要があると考えた。そのことに併せて，本人と信頼関係が構築でき，安定した状態が継続するようになったら，できるだけ早い時期に，他のサービスにつなげ，実母と離れた時間を1日のうちで少しでも多く作る必要があった。実母に関して，日々の本人とKチームの関わりのなかで，実母に本人の状況を理解してもらい，関わり方を覚えてもらう必要があった。その他の家事全般の負担軽減を図り，1日のうちで，本人と離れ自分のための楽しい時間をもつ必要もあった。

　Hさんに対してはKチームで提供している支援メニューのうち「⑤苦悩表明の聴きとり」「⑦定期／定期外受診同行同席支援」「⑧服薬確認管理」「⑨頓服服用の調整・確認」「⑩睡眠時間の確認管理」「⑯危機介入」を特に重要視し，提供をおこなった。1日4回の服薬の際，朝・昼・夕は訪問をおこなって目の前で服薬の確認し，就寝前の服薬だけ電話をつないだ状態でそのまま服薬をしてもらって確認をおこなった。就寝前の定時薬と，必要時に迷わず服用できるように不安時・不眠時の頓服2種を，居間に置いてあるテレビの枠に「不安時」「不眠時」とわかるようにシールをつけ，そこに薬を一緒に貼り付けた。本人や実母が困ったときにはすぐにKチームに連絡できるように，Kチームの連絡先を電話の脇に大きく書いて貼り付け，それを見て電話を掛ける練習を何度もおこなった。また，関わった当初は，Kチームから本人や実母に積極的に電話を入れて，電話で話をすることに慣れてもらい実践に備えた。困ったときに本人や実母から連絡をもらったら，連絡をくれたことを労い，不安や困ったことには，自宅へ訪問するなどをしてよく話を聴きアドバイスをして，すぐに解決に向け対応した。このほかに，本人と実母が離れる時間として，本人への散歩や障害福祉サービスの日中の活動への参加を提案していった。

7 ── 支援の経過③ ── 現在の様子

　Hさんが目できちんと確認していけるようにチェックリストを用い，排便や喫煙，服薬，体重などを記載していき，目視で確認することによって本人の不安が軽減していった。また，Hさんが日中の活動で家を空ける時間もでき，そのときにKチー

ムが実母を訪ね，実母の不安を丁寧に聴いたり，本人との接し方について頻回に話をしていった。本人の過度な行動（飲食，喫煙など）が減ったことで実母の本人に対する不安が減り，実母が落ち着いて本人を受け入れることができるように変化していった。本人も実母も困ったら相談する場が見つかったことで，両者が安定する日が多くなった。そのことに加え，本人が，徐々に日中の活動の場へ通うことができるようになったことで，二人の間に良い距離が生まれた。

8 ── おわりに

　Hさんは，統合失調症に罹患後，1度の入院を経て，通院し服薬ができていた。その後，怠薬により治療が中断し，ほとんど自宅に引きこもりの状態が長く続いていた。同居の実母との言い争いが絶えず，直近の入院の原因が実母への暴力と，そのことに対する自責の念から自傷行為に至ったことであった。地域での安定した生活の実現のために，病棟の主治医から，入院時と同様のケアが地域で望める機関をとKチームに声掛けがあり，退院の7カ月前から計画に関わることになった。退院後は，外来担当医に主治医が変更になったが，再入院することがないようにと地域生活の継続に理解があり24時間365日いつでも支援を提供する体制に協力してくれた。Hさんの様子をきちんと診ていくために定期受診を週に1度として，不穏時には24時間365日いつでも受診可能な環境を整えてくれた。

　HさんとKチームの間に信頼関係が構築でき，本人がおおむね安定した状態になるまでに要した期間は約1年であった。Hさんの地域生活継続のために，まず，関わりはじめた初期の段階では，入院していたときと同様に怠薬がなく，睡眠時間が十分に取れ，不安や困ったことがないように自宅を頻回に訪問し，本人が不安を貯めない状態を保持するというニーズに焦点を当て支援を提供した。

　次に，本人の回復（リカバリー）の過程に伴走し，その回復の力を尊重しながら，Hさんのニーズに十分な支援を提供できるように，信頼関係の構築に多くの時間を費やした。信頼関係の構築は，根気が必要であり，信頼関係が構築できなければ，Hさんが必要とするさまざまな支援を提供することができず，地域生活の継続はできなかったであろう。それは，今後も継続したい。さらに，今後の課題として，構築した信頼関係を元に，入院していたときと同様に本人が不安を溜めない状態を保持するための支援を提供しながら，Hさんに他の社会資源とのつながりを提案し，普段の生活に楽しみを見つけてもらえるように支援していきたい。

　最後に，Kチームは医療機関を母体としていないことで，さまざまな医療機関の医師がオーダーを出しやすいことが強みとしてある。本稿で紹介したHさんのように入院中からのオーダーはいくつもあり，Kチームが存在することで，地域生活支援に対して積極的に動き出した医師もいるほどであった。ただその地域に存在するひとつの支援機関ではなく，地域の社会資源を巻き込み，地域をデザインしていき

ながら，今後も活動をおこなっていくことになるだろう。

◉**文献**

志井田美幸（2015）重症慢性精神障がい者に対する地域生活支援．東京福祉大学．

Shiida, M. & Chow, W.（2016）The development of KUINA Centre Japanese Assertive Community Treatment Team（ACTT）: Outcomes and challenges. Paper presented at the 8th International Conference on Social Work in Health and Mental Health（Singapore）.

2 ひきこもりケース

●遠藤紫乃

1 ── はじめに

「ひきこもり」とは，平成19（2007）年度から平成21（2009）年度に取り組まれた厚生労働科学研究「思春期のひきこもりをもたらす精神科疾患の実態把握と精神医学的治療・援助システムの構築に関する研究」（主任研究者：齊藤万比古（国立国際医療研究センター国府台病院））の研究成果としてまとめられた，「ひきこもりの評価・支援に関するガイドライン」によると，「様々な要因の結果として社会的参加（義務教育を含む就学，非常勤職を含む就労，家庭外での交遊など）を回避し，原則的には6カ月以上にわたって概ね家庭にとどまり続けている状態（他者と交わらない形での外出をしていてもよい）を指す現象概念」と定義されている。なお，「ひきこもりは原則として統合失調症の陽性あるいは陰性症状に基づくひきこもり状態とは一線を画した非精神病性の現象とするが，実際には確定診断がなされる前の統合失調症が含まれている可能性は低くないことに留意すべき」とされている。

私たちが生活訓練の訪問で関わる人たちは，この定義からすると，「ひきこもり」には該当しない。

しかし統合失調症などの精神疾患と診断され，ひきこもり状態になっている人たちは現実にはたくさんいて，生活訓練の訪問型ではそのような人たちのところに，多く訪問をしているという事実がある。

本稿では2つの事例をもとに，ひきこもりケースへの訪問型生活訓練について紹介したい。

2 ── 事例の概要（Aさん）

- 40代の男性
- 診断名：統合失調症
- 家族構成：父（80代）と二人暮らし
- 相談者：友人
- 相談内容：「ながらく自宅に引きこもっており，最近は言動なども心配なの

で，何か行政での支援などないでしょうか？」と基幹型相談支援センターに電話がある。

1 サービスに至った経緯

友人からの電話で本人の支援につながる。基幹型相談支援センターの職員が，何度か自宅を訪問して，その後に近隣の精神科病院への通院同行を行い入院となる。

退院後，まずは生活環境を整えるため，訪問型生活訓練の利用開始となる。

2 サービス開始時の所見

201X年5月，基幹型相談支センターの職員，相談支援専門員と一緒に生活訓練のサービス管理責任者が自宅を訪問する。

自宅は賃貸の2LDKの綺麗なマンションではあるが，物があふれ玄関の三和土（たたき）に座布団や枕，布団が積み上げられており，各部屋やリビングにも段ボール箱や物があふれ，捨てられていないゴミと思われる物も散乱していてゴミ屋敷といった状態だった。こちらから，「はい・いいえ」で答えられる質問をすると，ゆっくりではあるが，「はい・いいえ」と返答をしてくれる。それ以上の少し込み入った質問（開かれた質問）になると，考えているような素振りは見せながらも返答がないことがほとんどであった。

3 支援の導入とアセスメント

まずは自宅を片づけ，普通に暮らせる環境を整えるために週に2回の訪問を開始する。そこで明らかになったAさんの生活状況は以下のようなものだった。

- 2LDKのマンションで，玄関を入ってすぐの部屋には，段ボールがたくさん置かれていた。その奥の部屋は父親の部屋で，本人はリビングが定位置になっている。
- 布団は敷きっぱなしで，その上で飲食をしているため，食べこぼしやゴミなどが散らかっている。
- トイレの隅には父親の使用済みのリハパンが何故か160cm程積み上げられている。
- お風呂場の浴槽の水はずっと替えられないままになっている。
- 台所には大量の虫が発生している。
- 特に1日，何をするでもなく布団の上でボーっと過ごしている。
- テレビはなく，時々ラジオを聞いている。
- 必要な食料品などは，近所のスーパーに閉店前の時間帯に，週に1～2回，買

い物に行っている。
- 掃除や洗濯はまったくしていない。入浴もしていない。

住環境・生活環境としては劣悪だと思われるが，本人も父親も特に気にしていたり，困っている様子はないようである。

④　個別支援計画の作成

統合失調症の急性期をようやく過ぎたところで，今はまだ陰性症状が強く，静養が必要な状態ではあるが，家の状態があまりにもひどいため，まずは改善できるところから手をつけていきたいと伝え，計画を作成する。

⑤　支援の開始当初～支援初期

訪問開始当初は，キャンセルが多くなかなか思うように家に入ることができなかったが，3カ月くらい経過すると定期的に訪問できるようになっていった。

最初の頃は，本人の気持ちやペースに合わせて無理のない頻度での訪問にしたほうがいいと判断をしていたため，キャンセルの電話の際は，感じよく了承をしていた。

私たち支援員から見たら不要に思える物もなかなか捨てられずにいた（3年前の買い物のレシートや，封の空いていない賞味期限が何年も前に切れているお菓子，何年も前に処方された薬，購読している新聞の束やチラシ類，空になっているシャンプー・リンス等の容器など）。

訪問して支援員が片づけやゴミの分別などの作業をしているところを，横に居てじっと見つめている状態であった。

週に2回の訪問でキャンセルも多く，ましてやなかなか物を捨てられずにいたため，部屋の片づけはあまり進展せずにいた。そのため訪問開始から5カ月くらいの頃，本人了承の上で，基幹型相談支援センターの職員数人も合わせて4～5人で一斉に大体的な片づけを行い，明らかに不要な物，ゴミと思われる物は捨て，部屋を少しスッキリとさせた。

当初は家での入浴という目標があったため，浴室の片づけを優先して行うようにしたが，結局自宅での一人での入浴は難しく，通所の際に入浴をしてもらうことになる。

そのこともあり，3～4カ月が経過した頃から，通所にも徐々に通ってこられるようになる（当初は車による送迎サービスを利用）。

6 支援中期

　1年経過する頃より訪問を1日増やし，集中して環境を整える時期となった。同時に，布団やシーツ，枕カバーなどを新しくすること，着られない洋服を処分すること，新聞やチラシなども必要な分を残し処分すること，3部屋あるうちのひと部屋に使わない（捨てられない）物を当面まとめて置いておくことにした。

　浴室と脱衣所を片づけて清掃をし，本人の体力的にも自宅にて一人で入浴できるようになったため，入浴に関しては通所でのサポートを終了した（当初，入浴はほぼ全介助で，身体を拭くこともできなかったため，入浴後は30分くらい放心状態で，ソファに座りこみ動けずにいた）。

　この頃は，できるだけ一緒に片づけや掃除を行ってもらい，生活訓練の訪問終了後に，自宅での環境を保つにはどうしたらよいかを考えながらアセスメントを行いつつ支援をしていた。自分でできることは何か？　できないことは何か？　他の人にサポートしてもらうべきことは何か？　がわかるようにいろいろと試みている時期であった。

7 支援後期

　生活訓練の標準利用期間の2年を過ぎ，1年間の延長申請をして3年目になると，家はある程度は片づき，生活できるスペースが一部確保されている状態にはなった。しかし相変わらず物が捨てられないため，大きな変化はない。

　Aさんが通常の支援の際に自分で行うことは，浴室のお風呂の線を抜く，新聞をまとめる，洗濯，配食サービスのお弁当の容器を，声かけをされて洗う，まとめた上で強く声をかければゴミをマンションのゴミ捨て場に持っていく，などであった。

　生活訓練は3年で終了となり，その後は自宅での環境を最低限今の状態で保つために，週に1回，ヘルパーを利用することになる。

8 Aさんの生活歴

　ここで，Aさん自らの視点で，Aさんについて紹介したい。

　19歳：受験のプレッシャーに押しつぶされそうになり精神科受診。
　20歳：2浪の末に受験失敗。滑り止めの大学に通学するが，なじめずにすぐに中退。「敗北感」から家に閉じこもるようになる。
　23歳：自らの意思で通院開始。心理職にカウンセリングを受けるが特に変化はなく無為な日々が続く。
　25歳：主治医の紹介で後の「恩師」に出会い，地域スポーツクラブのラグビーに参加するようになる（1年間は自宅から通い，2年目に入寮，4年目に

寮を出る）。

28歳：寮を出たことをきっかけに，ふたたび家に閉じこもりがちの生活が始まる。働くという意識も薄かった。「恩師」から手紙をもらうこともあった。

32歳：母親が死亡。医療機関への不信感が高まる。母親と一緒に同じ病院へ通院していたが，その受診先の病院から，もうあなたは診られないと言われた。姉（結婚し他県に在住）が心配しX病院（遠縁の親戚の医師がいた。可もなく不可もなく）を受診し，薬が出る。自分からデイケアに通うことを申し込む。通院やデイケア以外は無為な生活を送る。デイケアはそれなりに楽しかった。ソフトボールとテニスを行い週2〜3回通う。

34歳：1年くらいデイケアに通ってみたが，デイケアの矛盾で通院そのものをやめてしまった（デイケアの担当医はうちの病院は良いほうだと言っていたが信用できないという気になった。また受付の職員の対応がひどかった。まったく目を見て話すことがない，お金を投げて渡すなど馬鹿にしたような態度が多かったという）。

35歳：デイケアを辞めたことがきっかけで，恩師に相談してみようという気になり連絡する。またラグビークラブに通い出したら，ラグビーは楽しくなってきたため再度寮に入る。

　「このままじゃ終われない」という気持ちが根底にあった。ラグビークラブの年齢層は幅が広い。すぐに寮に入ってなんとか朝5時に起きて練習をするように頑張った。学生部門と社会人部門のグループに分かれており，寮内での食事当番が多めに回ってきたがなんとかやっていた。福祉施設，最重度の心身障害者の施設でボランティアもやっていた。

　寮に住みながらM大学に社会人入学をする。学費は父親に出してもらい，寮から大学に通って充実した学生生活を送る。「受験勉強と全然違う。大学で学ぶということそのもの」に喜びを得た。ラグビーより勉強を重視したいという想いから，2年時に寮を出て自宅に戻る。学校名コンプレックスがなくなる。

　大学2〜4年時には，知的障害者（中高生世代の施設入所者）と一緒にラグビーを行い新鮮な体験を得る。障害が重い人も，「意外」にラグビーができることに気づく（自分の偏見に気づく）。

　その施設がラグビーを実施することを売り物にしているところに疑問を感じる。ラグビーは身体全体を使う格闘技のようなスポーツなので，テニスをやるのと違い，直接ぶつかり合うのでまず勇気がいる。職員の人たちが運動神経の良い人ばかりを熱心に応援している姿を見て，何か違うと感じる。弱い立場にいる人たちの力になりたいという想いが生まれる。

　大学2年生の頃より特別支援学校の教員になる夢を持つなど，将来の生活に具体的な希望を抱くようになる。しかし卒業時に年齢制限がない

自治体の試験を受けるもすべて落ちる。就職する手立て——①ラグビーのクラブチームの紹介で福祉の職員の仕事，②母校（私立の中高）の教頭の紹介で，母校での教師の仕事，③教授の紹介で児童養護施設——があったが辞退した。うまく説明できないが，紹介という形がフェアではない気がした。

39歳：卒業後の進路が思うようにならず再び自宅に引きこもる生活。働くということに真剣ではなかった。あせりがないわけではないが，なんとかなると思った。

45歳：警察が自分を監視していると感じる。新聞配達の人（オートバイ）も自分のことを監視しているように感じた。自分から友人に相談し，引きこもりからなんとか抜け出したいと考えていた。保健福祉サービスの活用を考えるが，基幹型で4～5回相談，X病院に行くのは乗り気ではなかった。不本意な形ながら受診・入院になる（いきなり複数の医療関係者に押さえつけられて，気がついたら入院していた）。入院は1カ月，毎日父親がお見舞いに来てくれて感謝している。

　　　退院後，生活訓練の利用が始まる。なんとかしたいという想いがあった。ほかにすることもなかった。風呂にも自分で入れない状態だった。

47歳：就労の意欲はあるが，あせりみたいなものもある。しっかりしなければ……と思うようになった。このままじゃいられない。支援員（筆者のこと）のピアサポーターの話や勉強会で，経験を活かすことができると光みたいなものを感じた。

48歳：ハローワークの求職者訓練で介護職員初任者研修を受講する。その後，遠藤さんの知人が経営している高齢者のデイサービスに実習に行く。のちにパートとして週に2～3回勤務するようになる。フロアにて利用者とのお話や（苦手），入浴後のドライヤーかけなど，介護補助の仕事を行う。口の悪い（？）利用者に，「この，でくの坊！」と言われる。うまいことを言うな〜と思った。

50歳：相談支援専門員の紹介で，ピアスタッフとして雇用され，ピアサポーターの研修も受ける。ピアだけで運営をやってみようという地活での仕事だった。うまく運営するのが難しかった。週に2回，地活と就労継続支援B型施設でお弁当を作る注文をとったり，移動販売を手伝ったりした。

　　　「サポートは自分なりにできていたか？」と聞かれたら，「ピアスタッフならではと言うのはなかった」「専門職のお手伝いのイメージ」である。地活ではグループワーク（畳屋さんの広告作り作業をやりながら雑談）を行い，3年くらい勤めた。

54歳：股関節の痛みで休職し，その後不本意な辞めさせられ方となり，再び自宅に引きこもる生活。

56歳：自宅に掃除に入っていたヘルパーの声掛けで，再びピアスタッフを目指すために，就労継続支援B型施設に通所することになる（週3回から通所を開始）。多機能型の生活訓練・生活介護の事業所「コン」で，通所の際の支援に関わる。仕事内容はやはり専門職のお手伝いというイメージ。指示待ちであった。この頃は，ピアスタッフを目指して働いてはいたが，生活に課題があった。毎日同じ服で仕事に行くため，「コン」の職員に注意される。洋服がないし，何を買ったらよいかわからないので，就労継続支援B型施設の職員に同行してもらい服を一緒に買いに行く。また，ワクチンの予約をとるために，PCやスマホが必要なのだが，持っていないために，就労継続支援B型施設の職員に予約をしてもらうなど，本来であれば生活訓練の利用者のような課題を就労継続支援B型施設でサポートしてもらっていた。

57歳：専門職のお手伝いとは違う意義を感じるようになってきた（勤務の姿勢や成長ぶりに，生活訓練の事業所の職員全体から採用を検討してよいのではないかとの声が自然に生まれていた）。

　Aさんが，生活訓練を利用していたのは，45〜47歳のときである。そのAさんは，生活訓練を終了後，紆余曲折ありながらも現在は引きこもりの人のお宅に訪問をしている（職員と一緒にではあるが）。

　そんなAさんだからこそ，ピアとして，訪問支援の際に果たせる役割があるのではないかと思っている。

3 ─── 事例の概要（Bさん）

- 30代の男性
- 診断名：統合失調症
- 家族構成：父（70代）・母（60代）との3人暮らし
- 相談者：母
- 相談内容：中学でのいじめをきっかけに学力が追い付かないこともあり，高校には進学しなかった。中学のときに幻聴・妄想の症状にてY病院へ受診。20代の頃，家族の引っ越しに伴い，Z病院へ転院し，一度は受診をするが本人はその後受診を拒否し，母親が代わりに通院をして生活状況など報告をし，薬をもらっていた。ほぼ自室に引きこもり他者と関わりがないので，人と関わりを持ち，自立していずれは仕事をして欲しいと両親は希望している。

1 サービスに至った経緯

市からの委託事業，総合相談の窓口Ｓより市内で生活訓練の訪問型を行っている事業所「コン」に依頼がある。本人は自室に約20年間引きこもり，外出は全くしていない状態。両親の「同じ病気の人に訪問して関わってほしい」との希望で，当初は当事者スタッフ2名が中心となり訪問することになる。後にサービス管理責任者と，ピアスタッフとなったＡさんも訪問するようになる。

2 サービス開始時の所見

202X年12月，支援員の訪問に関しては緊張されているものの，強い抵抗はないように感じられたが，まずは部屋のドア越し（ドアは閉められたまま）での会話になる。声掛けに関しては少しの間があり，その後に「はい」「いいえ」との返答のみだった。訪問に対しての拒否はないため，週1回の訪問を通してまずは関係性作りから支援を開始とする。

2年前から月に1回の訪問診療と隔週の訪問看護が入っているため，訪問に対する拒否がなかったのではないかと思われた。

3 支援の導入とアセスメント

202X年12月より週1回1時間の訪問開始となる。アセスメントや個別支援計画作成に関しては，ご本人からの情報が「はい」「いや」「いいえ」のみだったため，当初2カ月間は家族からの情報を得て作成する。情報を得る際は質問形式だけではなく，自然な会話を通しての聞きとりを行う。訪問して20分くらいは家族と話をして，その後Ｂさんの部屋の前で，話しかけるというスタイルになる。

4 特性の把握から個別支援計画書作成へ

両親からの情報は主に就学期の様子と，現在の様子で，家族の希望は聞くことができるが，本人の希望は全く聞けない状態だった。家族からの情報でまずは本人への理解を深め，個別支援計画書作成へと繋げていく。

5 本人への理解

2カ月かけて行った支援の導入火期で得たアセスメント情報は以下の通りである。

- 支援員の訪問時は毎回自室にいる。部屋のドアは閉めたままだった（往診の医師とは現在は顔を合わせている。訪問看護は私たちと同様で部屋のドア越

　しの会話）。
- 両親が外出しているときに，リビングに出てきて食事をとる。
- 1日1食のみ。
- 野菜は食べない，肉が好き。
- 自室にて多量の飲酒を毎日している。
- タブレットを使用しており，お酒や自分のほしいものを，親のクレジットカードで購入している。
- お風呂は長らく入っていない。
- 歯磨きや洗顔などの整容に関しても行われていない。
- 着替えもしていない。
- 洋服はボロボロの物を着ている。
- トイレも訳があって使用できないため自室にてビニール袋などで用を足している。
- 就学時に長期にわたりいじめにあっていたため，他人が信頼できなくなっている。
- 喜怒哀楽の表現が乏しい。
- しかし時々，暴れたり，叫んだり，被害的思考を口にすることがある。
- 20歳以前の記憶があまりない。
- 以前は音楽を聴き，本を読んでいた。特に星や宇宙に興味を持っていた。
- 幼少期は絵を書いたり書道を行っていた。
- こだわりが強い。
- 季節の変わり目に落ち着きがなくなることが多い。
- 気が進まないことは行わない。
- テレビはないが，自室でタブレットを使用しているため，YouTubeなどを利用している。
- 服薬は母親管理で本人は飲んでいると言っているが，本当のところはわからない。
- バスなどの交通機関を利用したことがない。
- コンビニにも行ったことがない。
- 就学時のイジメにより通学しなくなり，勉強にもついていけず，高校には進学しななかった。
- 20年以上，家族以外の人との交流は一切ない（医療従事者は除く）。
- 現在は精神科の在宅訪問診療と訪問看護を利用している（2年前より）。
- 一時期，自立支援塾のようなところに入れられていたことがある。

6　支援目標と支援内容の提案

　週1回の訪問にて，本人・家族との関係性を作りながら得たアセスメント情報を
もとに，自身の思い・考えを家族や，関係者に伝えられるようになることを第一の
目標とし，週に1回本人にできるだけ負担がないように，話ができればいいと思っ
ていることを伝える。

7　2年目

- 初めて自室のドアが少し開き，Bさんの腕がドアの隙間から見える。ドアが
  少し開いた状態（20cmくらい）で話ができるようになった。
- 生活訓練では訪問だけではなく，通所もあり，そこでやっているプログラム
  のことなども伝えるようにしていた。
- 訪問時には通所のプログラム表や，プログラムで作った他の利用者の作品な
  どを持参し紹介することを行う。
- 父親と一緒に，週に1回体操をするようになる。
- 時々あった，暴れたり，叫んだりすることがなくなったと両親が言っていた。
- Aさんがこの頃から，職員に同行して時々訪問するようになった。
- 「Aさんはムーミンみたいですね」「話しやすいです」と言っている。母から
  も「Aさんのことが好きみたいです」との話がある。
- 個別支援計画の長期目標を訪ねると，「病気をしないで今のまま暮らしていき
  たい。健康な生活が送りたい」と言ってくれるようになった。
- こちらからの「何かこれからしてみたいことはありますか？」との問いかけ
  に，「自然がいっぱいあるようなところに行ってみたいですね」と答えてくれ
  た。その答えに対応すべく，いろいろな働きかけを行ってみるが，不発に終
  わる。事業所内でBさんについて深く掘り下げて話し合いを行う。今まで20
  年にわたり引きこもってきたことに対して，再考する。外出は，「今」ではな
  いのだと考え，今後の関わり方や対応について考える。

4 ——— 振り返り

　生活訓練の訪問型は，基本的には一人で訪問を行うが，今回は就労継続支援B型
事業所のピアスタッフを目指している，元引きこもりの当事者であったAさんが，
ピアとして訪問に同行している。

　引きこもりの当事者だった者として，自分の経験やそのときの気持ちをBさんに
伝え，「自分に一番近い存在の人」あるいは，「もしかしたら，自分もAさんのよう
になれるのだろうか……？」という気持ちを持ってもらえているように感じている。

両親にも自分の経歴を伝えるなかで「諦めないでください」「ご両親が悪いわけではありません」などど，自分の経験から来る言葉を伝えている。

支援の際には，利用者に対する課題だけを見るのではなく，ストレングス（強み）を見つけていくことが重要な支援だと考えている。しかし同時にストレングスを見るだけでは不十分なのだとも思う。

訪問の支援や，Aさんとの関わりのなかから，生活訓練の核と思うことを挙げる。

① 「自己決定」に逃げない

利用者の意向は大事にしたとしても，社会のなかで生活していく上での一定のordinariness（当たり前のこと）を求める（「おかしいこと」「変なこと」はきちんと指摘し改善を働きかける）。

自分らしさ，あるがまま，といった美しい言葉にごまかされない。Aさんは，ゴミ屋敷のような部屋でも彼女を家に呼べる，「あるがままの自分を受け入れてもらえれば」と言っていた。しかし，お金をもらって働くピアスタッフを目指すのならば，整容に努め，利用者に不快感を与えないことは当然のことであるため，ゴミ屋敷は論外だと伝えている。さらに言えば，人を自宅に招くのに，片づけをしたり，掃除をしたりしないことは，相手に対して誠実な対応だと言えるのだろうかと思ってしまう。

身辺自立や生活リズムを確立することを，第一ステップとして応援する姿勢が必要だろう。

② conservatism（保守主義，安全第一主義）と戦う

本当に必要で休むとき，ひきこもるときはそうする必要がある。しかし，その状況のなかでもよくしていこうという姿勢も必要で，いつまでも，ずっと，ただ休んでいていいはずはない。休む時期に区切りをつけて立ち上がってもらうという強い意志やタイミングを見た働きかけが必要である。専門職のconservatism（保守主義，安全第一主義）と戦い，リスクはとらなくてはならない。

③ 「傾聴」に甘んじない

「わかってほしい」と思わない人も少なくない。「語りたい」わけではない場合も多い。さらに「自分のなかに言葉がない人」は非常に多い。

自分を表現できない，言葉を見つけることができない状況にどう切り込んでいくか。相手のなかから言葉を見つける関わりが必要である。「こういうことなのかな？」「こういうことなんじゃないかな？」という語り掛けの重要性を考えたい。相手のなかから言葉を見つけることが，安心や意思・意欲になり，他との自然な関係性の構

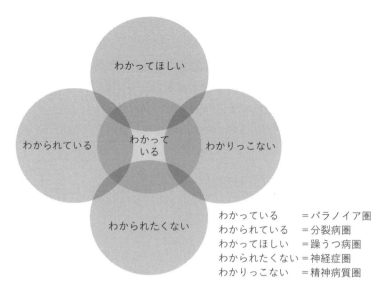

わかっている　　　＝パラノイア圏
わかられている　　＝分裂病圏
わかってほしい　　＝躁うつ病圏
わかられたくない＝神経症圏
わかりっこない　　＝精神病質圏

図1　医療面接における「わかる・わからない」（土居，1992）

築につながる。「主観」をとる技術が必要とされている。

　特にAさんに場合は，自分から語らずとも，「わかられている」という意識で，自分から語ることはなかったし，当初は「自分のなかに言葉がない人」であった。土居（1992）が臨床面接の際の「わかる・わからない」を示した図を提示したい（図1）。

④　「アセスメント」の限界を超える

　ストレングスにせよ本人が口にするリカバリーにせよ，客観・主観から見えている姿である。

　見出せていない何かがあるに違いないという信念が必要だろう。潜在的な力を見出すための種まき，さまざまな機会の設定の必要性を考慮したい——訪問スタッフの人選や固定化をあえて避ける，訪問の時期（初期・中期・後期）によりスタッフを変えるなどのマネジメント，通所プログラムの多様化，訪問と通所の組み合わせ，就労継続支援B型施設や他事業所への実習の機会など。

⑤　「侵襲性」と「力関係」を乗り越える関係性の確立

　どうしても自宅に訪問するというサービスは「侵襲性」が高くなり，「力関係」にのっとって支援が成り立ちがちである。まずは「侵襲性」や「力関係」を常に意識する。

　人間関係や信頼関係の基本をしっかり常に確実に守る（うそをつかない，ごまかさない，きちんと応える，謝るべきときは潔く誠実に謝る，相手の話をきちんと聴

く，相手を重んずる）。相手の自尊心・尊厳を感じ取り，しっかりと守る。

　以上のことを胸に刻みつつ訪問を続け，変化をもたらす働きかけを行うのが生活訓練の訪問型なのではないだろうか。

◉文献

土居健郎（1992）新訂 方法としての面接──臨床家のために．医学書院．

遠藤太久郎（2021）うつ病と抑うつ状態［私の治療］．Web医事新報 5063；21（https://www.jmedj.co.jp/journal/paper/detail.php?id=17127）．

厚生労働省（2007）ひきこもりの評価・支援に関するガイドライン（https://www.mhlw.go.jp/file/06-Seisakujouhou-12000000-Shakaiengokyoku-Shakai/0000147789.pdf）．

3 就労支援ケース

●池田真砂子

1 ── はじめに

　就労支援を行ううえで,「現場に足を運ぶ」ことや「ご本人とともに地域で活動する」ことは不可欠であると感じている。

　筆者自身もかつては自事業所に利用者に来ていただき,事業所内で相談に応じたり,事業所内でのプログラムなどで希望に近づくことや,困難の解決に試行錯誤したことがあった。しかし利用者の語る「仕事」や「暮らし」に近づいていくことの困難を感じた。

　思い切って利用者と町に出て,職場や自宅やお気に入りの場所などを案内していただくなかで,そこには今まで想像もしていなかったような障壁と資源とが,同時に存在することがわかった。

　また,働くため,働きつづけるためには「暮らし」を応援する生活支援も重要である。家事,健康,人間関係,余暇などが,働くことに関与していることは多くの方がご経験済みだと思う。生活のあり方は多種多様で,現場にいないと感じられない,見えないことがたくさんあり,その方の試行錯誤の賜物ともいえるマイルールが強く反映されていることも多い。ひとりひとりの歴史と創意工夫の積み重ねである生活を応援したいと思ったら,アウトリーチの形でその世界のなかに入れていただく,近くに寄ることが必要と感じている。

　本稿ではアウトリーチを中心とした個別の就労支援を行ったケースを2例紹介する。

2 ── 事業概要

　就労生活センターA(以下,センターA)は,東京都B市で2012年に事業を開始した。開始当初は自立訓練(生活訓練)のみであったが,個別の手厚い就労支援の希望が多く寄せられたこともあり,2015年に就労移行支援事業も追加し,多機能型の事業所にした。

　現在「センターA」は「働きたい」方を対象としてサービスを行っている。

　登録者数は生活訓練15名程度，就労移行支援20名程度。そのほか，就労移行を利用して就職した後にアフターフォローを必要とする方が，常時15名程度いる。

　1日の平均利用者数は12名程度。うち約半数の方がアウトリーチでのサービスを利用している。年齢層は20代～50代，男女比は6：4。スタッフはサービス管理責任者1名，生活支援担当3名，就労支援担当3名，事務スタッフ1名で構成されている。

3 ── ケース紹介──Aさん

① プロフィール

年齢・性別：50代女性

診断名：うつ病・ADHD不注意優勢型

住居・日常生活：大都市近郊の住宅街に母親とウサギと暮らしている。平日は就労継続支援B型事業所に通所しているが，そろそろ仕事に就きたいと「センターA」に登録した。食事は3食きちんと取り，7時に起きて23時に寝る生活で，生活リズムは安定している。収入が得られるようになったら一人暮らしをしたいと思っている。

財産・経済・保険：現在は母親からの小遣いでやりくりしており，障害年金受給を検討している。

職業・教育：大学で英文学を学び，歴史が好き。ホームヘルパー2級の資格を活かして働くか，大学時代にやっていた百貨店での販売のような仕事をしたいと思っている。

社会的支援：ピアサポートグループに週数回参加している。家事は母親が担っている。ウサギを愛でる時間が癒しとなっている。

健康・医療：現在の主治医とは付き合いが長く，頼りにしている。春先と秋口にうつの波が来て，1～2カ月動けなくなるのを何とかしたいと思っている。また，疲れがたまると電車でパニック（頭がまとまらなくなり，急に活動できなくなる。ひどくなると頭が真っ白になり，手が震えてくる）になるので，街に出る機会を増やして慣れるようにしている。学生時代はテニス部，チアリーディング部と体育会系だったため，体力には自信がある。最近20年間は風邪も引かず，身体は健康である。

レジャー・余暇：ピアサポートグループのイベントに参加している。自宅で読書やCDを聞くのが，お金もかからずリラックスできる。働きはじめて落ち着いたら，生け花かコーラスをやってみたいと，公民館での活動を探している。

② 今までのこと

　中高は運動部に所属し，学業成績は平均レベルであった。高校生の頃から不眠や意欲の低下がある。推薦で私立大学の文系学部に入るも，集中できない，頭に入らないなどで卒論が書けず，7年で中退した。その後，通院しながら自宅療養していたが，一時引きこもり状態となる。引きこもりの自助グループに参加したことをきっかけに飲酒が始まり，依存症による入院治療歴がある。職歴は販売や物流など数カ月のアルバイトのみである。

③ 「センターA」の利用

　近隣の事業所より，個別に就職活動を応援してくれる事業所の利用が合うのではないか……とAさんを紹介された。Aさんは「就労継続支援B型事業所に3年通えたからそろそろ働きたい」「接客・販売かホームヘルパーの仕事をしたい」「親が死んだら一人でやっていかなきゃならない。そのために収入を得たい」「収入が安定したら一人暮らしがしたい」「経済的に自立して自活したい。できれば結婚したい」といった気持ちをもって，「センターA」の利用を始めた。

　「センターA」登録時は「まず安定して通えるようになりたい」との希望が強かった。生活支援担当スタッフ（以下，CM）は，自宅から「センターA」まで1時間ほどかかることもあり，近隣で早く職を探すことを勧めたが，「センターA」への安定通所希望が強く，週4日の通所からスタートした。

　登録から2カ月ほどして秋口に差しかかり，うつの波が来て通所が滞った。再度計画を練り直すも「安定通所のため，体力づくりのため，散歩とビタミンを飲みます」とのことで取り組みはじめた。

　その後も，通所できる時期，滞る時期を数週間から2カ月単位で繰り返し，「安定したら就活します」と言いつづけていた。

　就労支援担当者（ES：Employment Specialist）は，Aさんはドラッグストア・スーパー・清掃・品出し・教育に関心があるが，仕事のある暮らしに戻るためならどんなことでもやりたいと思っていること，パニックが出ないためにも体力的に無理なく働きたいと思っていることを知り，CMと相談のうえ，それらに関する職場の開拓を始めた。

　まずは，Aさんの住む市内での学習塾の清掃のアルバイトを見つけた。一般求人であったが，週20時間未満勤務で，マイペースにできそうだったため，Aさんが一歩踏み出すのに適しているのではないかと判断し，事業主とコンタクトを取った。事業主はぜひAさんに会ってみたいとのことで面接となった。

　不調の時期ではあったが，Aさんに打診すると「やってみたいです」と答え，面接準備を開始した。しかし，履歴書作成に入ると通所が滞った。AさんはPCで履歴書を作成しようと考えていたが，自宅のPCは故障中，近隣にPCを借りられるとこ

ろもないとのことで，電話で話を聞きながらESが代わりに作成した。面接当日は会場に来ることができ，無事に面接を経て，試用期間に入った。しかし，初日の研修中に「パニック」が起き，Aさんはそのまま帰宅し，この仕事を辞退した。

　この経験から，不調時でも面接には行けたこと，面接時にスタッフが同行すると緊張感が薄らいだことを振り返り，次の職場探しを開始した。

　あわせて，Aさん自身も職場探しをしたいとのことで，2週間に1度，ESとともに地元のハローワークに行くことにした。Aさんはハローワークで気になる求人をピックアップし，自宅に持ち帰り精査してさらに絞り込み，その後応募する……という流れを好んだ。そのため，応募したいと思ったときにはもう求人が締め切られていることもたびたびあった。この流れを数回繰り返した後，ESは「条件のそろった求人を見つけたら，自宅に持ち帰らずに応募」という提案をした。

　「体がだるい」や「調子が悪い」といった理由で引き続き通所は週に0〜1回だったため，ESとの面談はAさんの指定する近所の喫茶店にて行うことにした。すると飛躍的にAさんとコンタクトが取れる回数が増えて，就職活動が活発になっていった。

　次にESは，Aさんの自宅近隣のスーパーの品出しの求人を見つけ，事業主とコンタクトを取り，面接の機会を得た。このときも「不調」の時期で，履歴書作成が滞ったが，なんとか書類を整え，面接に向かった。1週間返事を待って採用となった。ここまでは簡単に面接につながったようであるが，この裏では実らなかった50以上の事業主との電話や対面コンタクトがあった。

　これも一般の求人であったが，所定労働時間は週20時間未満であり，Aさんは朝が強いと言い，8時からの勤務とした。関心のあるスーパーの品出しなのでAさんも楽しみにしていたが，初日にパニックが起き，なんとか1日目は勤務時間を過ごしたものの，帰宅後「もう続けられません」と自分でスーパーに退職の連絡を入れた。

　この経験から以下のことをESとAさんとで振り返った。

- 8時からの勤務はやはり厳しかった。
- スーパーでは周りの人の目が気になった。
- 勤務初日にスタッフの同行があったら違っていたかもしれない。
- パニックは起こったが，時間内はしのぐことができ，その後帰宅し1時間の休養で回復した。

そして，次回に仕事を探す際は，以下の条件を設けることとした。

- 9時以降の始業であること。
- できる限り短時間であること。
- B事業所のスタッフがジョブコーチとして職場に支援に入ることが可能であること。
- こつこつと一人でやれそうな仕事であること。

また，緊張する場面や「がんばらなくちゃ」と強く思うときはパニックが出やすいので，今後も同様の事態を想定することにした。

　その後再度就職活動を開始し，ハローワークで求人検索をしていたところ，前述の条件にマッチする求人を複数見つけることができた。ハローワークの片隅でAさんと再度確認し，窓口で応募した。いずれも一般の求人であったため，ハローワークのスタッフから，精神障害者保健福祉手帳所持者であることと，「センターA」のスタッフが職場内に支援に入ることを先方に確認してもらった。

　そして，個人経営カフェのランチタイムスタッフと，高齢者デイサービスの清掃の仕事で面接可能となった。Aさんは悩んだ末，「今の自分には人とたくさん接するのは難しいかもしれません」と言い，高齢者デイサービスの清掃の仕事にのみ応募することとした。

　Aさんの希望で，まずデイサービスを見学した。Aさんは部屋が広いことに大変驚き，「こんな広いところは無理かもしれません」と気持ちが折れそうになった。ESは，こつこつやれそうなことと，業務が構造化しやすいこと，職員が明るくおおらかな雰囲気であることなどを確認し，「きっと大丈夫」とAさんの背中を押し，面接へとつながった。

　Aさんは面接で緊張しながらも丁寧に受け答えし，事業主からも「実は見学にいらっしゃったときから，この方にお願いしようって思っていたんです。丁寧だし，真摯な感じがしていたし，間違いないなって。ほかにも応募の方いらっしゃったんですけどお断りしました」と言われ，Aさんも「がんばってみたい」とのことで即日採用となった。

　仕事が始まる前に，Aさんは主治医やCMとも相談し，パニックが起きても，次の日は仕事に行くことを目標にした。

　勤務初日は職場近くの駅でESと待ち合わせ，道中ではパニックが起きそうかどうか，起きたときの対処法などを確認しながら向かった。業務内容はデイサービスの終了間際に出勤し，浴室のセッティング，食器洗い，トイレやホールの清掃である。3時間の勤務だが，それなりに気配りも必要となる。Aさんは緊張しやすく，それが疲労となり，パニックの原因になることもある。そのため，スタッフが職場での支援を約3週間行うこととした。

　仕事が始まると，Aさんの緊張感が手に取るようにわかった。汗が増え，速足になり，視点が定まらなくなり，顔色が青くなってくるとパニックは近い。仕事途中にパニックが起きると業務を継続することが困難なる。そのため，時には休憩を増やし，スタッフがサポートしながら，「パニックへの対処法」を模索しながら環境に慣れる努力を続けた。あわせてスタッフは事業主と相談し，業務の進め方や，休憩の取り方，Aさんへの指導の仕方などについて支援を行った。

　Aさんも「いかに力を抜くかが課題です」と話すが，一度力が入り，ペースが上がってしまうと修正が難しかった。しかし，実際の場面ではさまざまな対処法を試すことができた。効果が高かったのは「腕を回しながら深呼吸をする」「1つの仕事

が終わるたび休憩を取ってお茶を飲む」「これは部活と一緒，今は体づくりの最中と自分に言い聞かせる」などであった。

業務はほぼ自立してきたが，誤学習も若干あるため，今後はパニックの具合を見ながら修正を図ることにしている。パニックが減り，業務の自立が図れたら30分単位でスタッフの支援時間を減らし，定期訪問に切り替えていく見通しをもっている。

4 ── ケース紹介 ── Bさん

① プロフィール

年齢・性別：40代女性
診断名：社会不安障害
住居・日常生活：首都圏近郊の集合住宅に両親と暮らしている。
財産・経済・保険：両親と本人の年金で生活している。
職業・教育：高校中退後も通信や定時制高校で高卒の資格取得にチャレンジした。
社会的支援：近隣のさまざまな障害福祉サービス事業所の利用歴がある。
健康・医療：薬は「今は必要ないです」とのこと。通院も数年していない。

② 今までのこと

10代半ばで初診。高校は中退し，その後，清掃，製造，運送，物流などさまざまなアルバイトを経験する。近隣のさまざまな障害福祉サービス事業所の利用歴があり，それらを経て障害者雇用として就職をしたこともある。

③ 「センターA」の利用

Bさんは，福祉事業所の情報が記載されたリストを閲覧し，「センターA」を見つけ，直接申し込み電話をくれた。初回の見学時，「仕事がしたい，作業やトレーニングはしたくない，意味がないと思う」「今までは仕事のなかで，パワハラやセクハラがあった。そういうところでは働きたくない」「職場で怒られたりするといやだから，働いているときも支援してほしい」「相談できる場所がほしい」「年金や親の援助がない生活をしたい。月に30万円くらいは稼ぎたい」「短時間の仕事から始めたい」「一般就労して自立する」などと話していた。

こちらからの質問に，Bさんはあまり多くのことを話したがらなかった。学歴や前職の内容，退職理由などを伺うと，「なんでそんなこと話さなきゃいけないんですか。いいから私に合った仕事を早く探してください」と強い口調で答えた。そして「過去に障害者就業・生活支援センターや，市区町村の就労支援センターにも行きま

した。でもまずは作業所からっていつも言われます。私は働きたいんです。作業所に行きたいわけじゃない」と話し、「センターＡ」が積極的に就職活動を応援するスタイルであることがわかると利用を希望した。

　定期面談の場所は「センターＡ」を希望するが、1〜2カ月に1回の来所希望だったため、なかなかＢさんの「早く働きたい」というニーズに沿うことができなかった。来所に間が空く事情を確認したところ、「センターＡ」まで往復1,000円ほどかかるため、頻繁には来たくないとのことであった。そのため、スタッフがＢさんの自宅近くで指定する場所に行くことにした。その後、面談はショッピングモールのフードコートがメインとなった。

　興味や関心に関する問いかけにも「特にないし、言う必要ないですよね。そんなことより自分に合う職場ならどこでもいいから仕事を探してください」と答えることが多く、「働きたい」という希望が強いことがわかった。そこで、Ｂさんが経験してきた職種に近いもの、遠くない場所、朝早くない時間帯の求人を集め、それらを一緒に見ながら、Ｂさんの好みの仕事を探ることにした。

　Ｂさんとは面談のたびに求人の束を確認し、どこがOKか、何がNGかを確認した。そのようなやりとりのなかで、Ｂさんから新聞の折り込みチラシを渡され、「ここを受けたいけど、障害があるから、就労支援のスタッフのサポートを受けながら働いてもいいか聞いてもらえませんか」と依頼があり、その場で問い合わせの電話をすることも多々あった。フードコートは賑やかで、電話の音声が聞き取りづらく、電話も工夫を要した。前向きに検討してくれるところもあったが、Ｂさんのほうから「今は年金支給の前で面接に行く交通費がない」や「やっぱり別のところも見たい」などの希望があり、なかなか応募には至らなかった。

　半年ほど経ったある日、Ｂさんの通いやすい場所で、短時間の障害求人が1件出た。Ｂさんも希望したため、ハローワークに一緒に行き、紹介状を受け取った。書類選考のため、応募書類作成を勧めるも「なんで書類が必要なんですか。自分が若い頃は書類なんて必要なかった」と書類の作成を拒んだ。そこで、書類の必要性をスタッフが数回にわたって説明し、なんとかスタッフが聞き取って、PCで作成することで承諾が得られ、書類をそろえて応募した。しかし、結果は不採用となり、Ｂさんは「どこも採用にならないじゃない」と大変落ち込んだ。そこでスタッフが励ましつづけ、何とか就職活動を再開した。

　その後、Ｂさんの自宅近くの飲食店で開店前の清掃や仕込み仕事の障害者求人が出た。そこは数店舗をもつ会社で、他の店舗で「センターＡ」元利用者が働いており、支援機関の関わりを歓迎する風土であった。そのことをＢさんに伝えると、明るい表情で応募を決めた。

　その会社は履歴書の提出はなく、会社独自のフォーマットにプロフィールや希望などを記載し、それを応募書類とする形を取っていた。Ｂさんは頭に浮かぶ文章を話すことはできるが、文章を書くことが苦手であるということが、関わりのなかで見えてきていた。そこで、Ｂさんが話したことをスタッフが文字にし、それを見な

がらBさんがフォーマットに記載していくという方法で応募書類を準備した。書類を提出後，すぐに店舗での面接となり，その場で採用が決まった。

　仕事は1日5時間，週4日の週20時間勤務でスタートした。スタッフは，外部のジョブコーチと連携を図りながら職場内でのサポートを始めた。Bさんは「失敗して怒られるのではないか」ととても心配し，何度もスタッフに確認していた。仕事の手順を店長からBさんと一緒に聞き，業務を開始した。Bさんは繰り返し行うことで作業手順を覚えようとし，積極的に仕事に取り組んでいた。しかし，メモが苦手なため，ところどころ仕事が抜けることもあった。そのため，スタッフは必要に応じてマニュアルを作成し，Bさんの業務の自立に努めた。

　仕事に就いて2カ月ほどでほぼ業務が行えるようになったが，Bさんは「怒られたらどうしよう」「クビになるのではないか」「もう辞めたい」「でも収入がなくなるのは困る」という電話を週に4～5回かけてくるようになった。そこで，2週に1回の面談と2週に1回の職場訪問でBさんから話を伺い，現実的な評価のフィードバックに努めた。

　時にはお金を使いすぎて，職場に向かう交通費が足りなくなってしまい，ESが人事と相談して，次の給料日まで休暇にしてもらい，あわせてCMが給料の使い道の整理を行ったりもした。また，ある繁忙期にはBさんより「職場で嫌がらせをされている。出勤した時の机やテーブルの配置が明らかにおかしいことがある」と話があった。ESが職場に行ってみたところ，確かにいつもと配置が変わっているが，宴会のために配置を変えたことがわかった。その旨をBさんに話し，心配の解消に努めたこともあった。

　何度か「もうやめます」と話すこともあったが，Bさんは給料でテレビやこたつなど，古い家電を少しずつ新調しており，会うとうれしそうに話してくれる。現在は月1回の定期職場訪問で，自己流になりがちな業務方法の確認・修正を行い，業務の質の維持に努めている。あわせて，Bさんから依頼があった際には面談を行い，現実的に対応すべきことや，Bさんの勘違いであることなどを整理し，心配事の解消に努めている。

5 ── 考察

　両事例とも，はじめは「センターA」内での活動を希望したが，通所の滞りを機に「センターA」外での就労支援が中心となった。その後は本人とコンタクトが取りやすくなり，迅速な就職活動が可能となった。

　Aさんが勤めているデイサービスには，障害のある方の採用の経験がなかったが，ESが現場に伺うことで，小さな疑問が不安に変わる前に解消できたと話しておられた。休憩の時間や場所，業務の説明の仕方，道具の使い方，時間配分など，一つひとつを挙げると小さなことではあるが，そのつど現場に即したアイデアを出し合え

ることで，解釈していった。

　Aさんと職場以外で話しながら問題解決にあたる際も，お互い現場を知っているので，より現実的で具体的な策を検討でき，改善に向けた行動も取りやすくなっているように感じる。

　BさんはESの活動もさることながら，CMによる暮らしの応援も多岐にわたった。事例では，交通費の工面について記載したが，ほかにも，体調の確認，重複疾患への対応，役所などでの手続きの同行，通勤経路の確認など，一緒に出かけながらさまざまな工夫を一緒に試し，心地を検証し，次につなげてゆく。Bさんは慎重な性格の持ち主であるため，ひとりで新しいやり方を試すのはとても大変であったと思う。そこをCMがアウトリーチを通じて一緒に行うことで，Bさんの可能性が開かれていく一助となったように思う。

3 発達障害のある人々に対する
アウトリーチ支援

　発達障害者の地域でのアウトリーチ支援は，障害者福祉の枠組みにおいては，今後に向けて大きな課題がある領域である。従来の障害福祉サービスの枠組みでは，地域で街で生活していこうとする発達障害者のための使える制度が十分ではなかった。浮貝氏や松田氏が先進的に取り組んでいる横浜や滋賀の取り組みは極めて当事者や当事者家族のニーズが高いが，行政からの支援がないと持続することが難しいために十分に増えていない。田中氏が取り上げているような，当事者団体やあるいは全国の発達障害者支援センターや障害者就業・生活支援センター等を基盤とした取り組みも，当事者の期待にそったものにはなっていない。就労ができるようになった段階で，地域での生活支援や余暇支援を軸にした，当事者を支える活動は十分に展開できるほど制度的に位置づけられていないことが課題となっている。

　田中氏の報告のその後として，NPO法人アスペ・エルデの会では，発達障害成人の地域生活支援を支えるためのアプリ「ライフログクリエーター」を開発し，状態を把握しながら必要な支援や仲間との余暇支援を展開する試みを始めている。ICTなども組み合わせて，発達障害者の地域支援におけるマンパワーの不足を補う仕組みは，今後に向けて一定の期待が持てるものであると言えるであろう。

（辻井正次＝編）

1 発達障害の人の自立生活・地域移行

●浮貝明典

1 ── はじめに

　特定非営利活動法人PDDサポートセンターグリーンフォーレスト（以下，当法人）で実施している発達障害者サポートホーム事業（詳細は後述）の対象者は，約半数が大学卒の高学歴者であるが，安定した通所が困難な人や，就労に結び付きにくい人も少なくはなく，その背景には日常生活上の課題があると推測される。また，2005年に発達障害者支援法が成立してからは，特化された就労支援サービスも増えはじめたが，就労場面においても日常生活の問題が背景にあるため，就労継続が困難になる事例にも直面している。人が自律生活を送るためには，就労（日中の過ごし）と生活（夜・余暇の過ごし）の充実や安定が当然ながら必要となる。

　ところが，発達障害に特化した生活支援サービスは存在せず，本人と周りの困り感の違いや，自分に支援が必要だと気づきにくい特性からも，結果的に，何かしらの大きな問題が生じてから支えを求めることになり，予防的な支援は行えていなかった。

　前述の現状を踏まえ，当法人では2009年から約2年間の横浜市発達障害者支援開発モデル事業を経て，2012年11月以降，横浜市より発達障害者サポートホーム事業の委託を受け，成人期の生活支援の取り組みを，アウトリーチ支援も含んだ形で開始している。

2 ── サポートホーム事業

1 概要

　事業の拠点は，グループホーム・イオプレイス（1Kアパートタイプ）で，訪問型の支援を行っている。事業のコーディネーターは，グループホームの世話人と協働し，生活課題についての助言，相談，家事などのスキルアップ，アセスメントを行い，ひとり暮らしを見据えた必要な支援の質や量，社会資源のプランニングを行う（図1参照）。

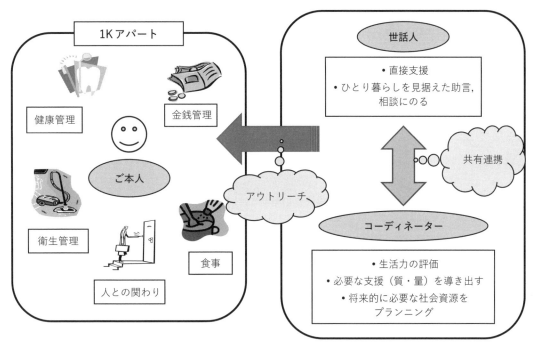

図1　グループホーム・イオプレイスでの暮らし

② 対象者層

　事業の利用条件は，①発達障害の診断がある人（障害者手帳の有無は問わない），②障害支援区分をもっている人（区分は問わない），③日中の所属先がある人（本利用の場合），④横浜市在住の人，という4点であり，実際の利用状況・対象者層は図2を参照してもらいたい。

③ 体験利用と本利用

　体験利用は，30日以上50日以内とし，最長2年間の本入居前に実施する。ひとり暮らしに必要な家電やアメニティグッズ，Wi-Fi環境を整えており，衣類さえ用意すれば生活が始められる。30日以上と期限を定めているのは，1週間程度では生活感が出にくく，「困った」状態にならないためである。体験入居では，最低限の支援のもと，ひとり暮らしを経験してもらい，本人の生活力の現状把握と今後必要と考えられる支援を明確化することを目的としている。

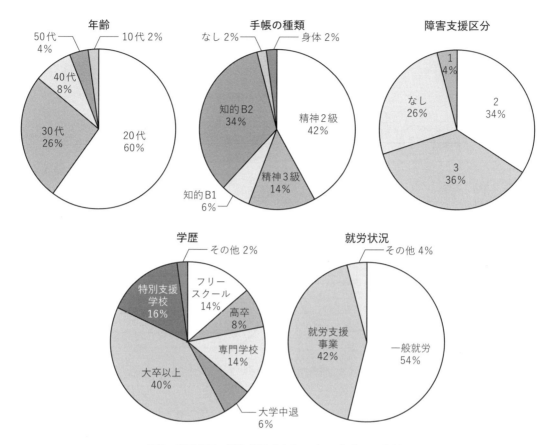

図2　利用状況・対象者層（平成31（2019）年3月時点）

4　支援体制

　支援者は，宿泊はせず22時までの勤務のため，夜中，朝の支援は原則行わないが，365日24時間，携帯電話でのメールや電話での相談を受け付けている。また，金銭以外の家族の支援は受けないこととしている。家族の援助がないなかで生活を送ってもらうことで，本人はもちろん，親にも将来の「親亡き後」を仮想体験してもらう機会としている。

5　必須となる3つの記録

　入居者には，3つの記録を必須としてお願いしている。①生活記録（食生活，家事，体調を記入するシート），②行動記録（睡眠リズムや服薬状況を時間軸で記入するシート），③家計簿（月ごとの予算立てや収支の振り返り）である。支援者は定期的に訪問し，その記録や部屋の様子から生活状況の確認をして，課題の整理や提案を行う。入居当初は毎日訪問するが，段階的に訪問頻度を減らしていく。週1回程度まで訪問頻度を減らしていければ，ひとり暮らしが可能と判断している。

⑥　適応行動と自律力

　訪問による日々の関わりでは，ひとり暮らしをするための，①食生活，②身だしなみ，③衛生管理，④健康管理，⑤金銭管理，⑥社会性，⑦危機管理，という7領域31項目を観察のポイントとしている。各5段階のリッカートスケールで4点以上をひとり暮らし可能レベルとし，グラフ付きシートを用いて生活における適応行動を評価している。適応行動の評価は，「できる」「できない」といった能力ではなく，「やっている」「やっていない」の事実・行動の結果を重視している。

　また，本事業では，ひとり暮らしに向けて，これまで述べた訪問頻度や適応行動の評価だけでなく，自律力の評価も大切にしている。ここでいう自律力は，①自分を知る力，②指示に応じる力，③人を頼る力，④継続する力，⑤計画する力，⑥自分を統制する力と定めている。ひとり暮らしをするための生活スキルや適応行動への促しには，この目に見えない力である自律力の評価や，その力を育てる視点が必要であると考える。例えば，部屋の片づけが十分にできず散らかっていても，先手を打って散らからないようにする支援を最初からは行わない。自分は片付けが苦手だと知ること，困ったときに支援者に頼ることができないことこそが，ひとり暮らしを想定した際の大きなリスクと考えるからである。

⑦　地域移行に向けて

　最長2年間の生活のなかで，本人の希望，家族の同意，支援者の評価のもと，ひとり暮らしへの移行支援が始まる。本人が住みたい地域の選択，その地域での物件探しと引っ越しのサポート，本人が選んだ地域での支援ネットワークの構築，新たな支援機関への引き継ぎ，フォローアップという流れになる（図3参照）。移行後からは，定期的なカンファレンスやモニタリングへの参加，関わる支援者のフォローアップを行うなど，継続した関わりを続けていく。

　ひとり暮らしをするためには，生活スキルの獲得だけでは難しいことをここまで述べてきた。次節では，物事の本質理解が苦手な発達障害の特性ゆえの，いわゆる「騙されやすい人」へのひとり暮らし移行支援事例を紹介したい。

3 ── 事例──勧誘への対処（危機管理編）

① まずは体験利用から

　小学4年生で高機能自閉症と診断を受けたAさんは，専門学校卒業後，7社をアルバイトや派遣社員として働いた後，現在は食品系の会社で障害者雇用として約10年働きつづけている。30代後半となった現在もAさん自身は，実家での暮らしに不満は

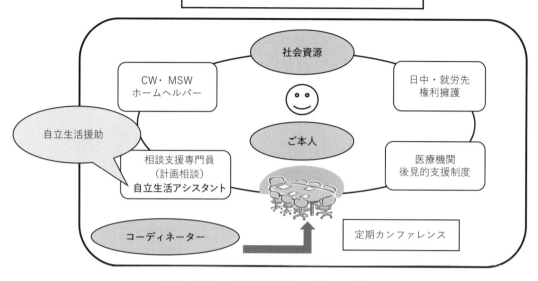

図3　地域でのひとり暮らしへ（イメージ図）

なく，ひとり暮らしをしたいという希望もなかったが，高齢化し将来を心配しはじめた家族の希望や，後見的支援制度（障害のある人が地域で安心して暮らしつづける応援体制を作る横浜市の制度）のマネジャーからの勧めもあり体験利用に繋がった。

　支援者は，生活のなかで失敗したことや本人の言動に対して否定や注意は行わない。本人の考えや行動を，一旦は承認するという関わりをすることで信頼関係を築くこと，ひとりで暮らすことも悪くはないと感じてもらうことを重視した。関係を築いていくうちに，過去に「数10万円する美顔器を買ったことがある」と教えてくれた。そのほか，友人や知人からの誘いを断れない，騙された経験もあり，セールスや勧誘に適切に対処できていないことがわかってきた。また，美顔器を購入させられたという事実に対してＡさんは，「家族にバレたことが失敗でした。怒られないように，次はバレないようにしますよ」と言っていた。こういった家族や周りから叱責された経験により，事実を「隠す」ようになった。支援者に話をしてくれるようになり，体験入居終了後には，家族ではなく本人が希望して本入居することになった。

② 「ほうれんそう」ができれば

　就労やひとり暮らし，自律のためには，「ほうれんそう（報告・連絡・相談）」が大事である，ということは言うまでもない。報告，連絡しない本人に対し「どうしてこんな大事なことを報告しないのか，連絡しないのか」と注意するのではなく，○○な時は，どのタイミングで，誰に報告・連絡すればいいかをマニュアル化した

シートを渡し，視覚的にも報告・連絡すべきことを明確にしている。支援者がしてほしいことと，本人がすべきことが一致しているため，「なぜ連絡しないのか」ということは起こりにくい。一方で「相談（スキル）」はどうだろうか。支援者は「困ったことがあったらいつでも相談してください」と言う。しかし，支援者がしてほしいと考える相談内容に対して，発達障害の人は「困り感」の違いがあり，社会的に困ったこと，問題あることであっても本人がその本質（相談すべき内容である）に気づくことができなければ，相談には繋がらないのである。

③ 金銭管理から

　支援者は家計簿による金銭管理の取り組みから，毎月のネット代や携帯電話代ではない通信費が発生していることに気がついた。そのときは，何の通信費かわからなかったが，後にクローゼットのなかから開封していないタブレット端末が見つかったことで，原因の特定に繋がった。本人に訊ねたところ，映画を観に行ったときに「映画のチケットを無料でもらえる。さらに，今ならこのタブレット端末本体の代金は0円」と言われたので，お得だと思い契約したという。持ち帰ってきたが，スマートフォンで十分だし，特に使わないからそのままクローゼットに入れておいた，という流れだ。本当にそのタブレット端末が欲しかったのであればお得な話だったかもしれないが，Aさんはその日の映画代がタダになるならお得と考えただけだった。この手誘いは，実に巧妙であり"誰にでもわかりにくい"。（発達障害の人への支援の）"誰にでもわかりやすい"の逆である。結果，使わないのであればと，支援者と一緒に解約の手続きを行ったが，これは生活支援をしている人であればよくある話かもしれない。

④ 相談スキルの補完のために

　前述のように，物事の本質理解が苦手なため，必要のない契約であり結果的に不利益を被った，ということに気がつかなければ相談には繋がらないのである。一方，活用してもらっている連絡マニュアルに記載されている内容の報告・連絡は，確実に行える人であったため，その強みを活かし，相談スキルを補うために，以下のような支援計画を立てた。

（1）本人の目標：誘いや声をかけられた事実を「勧誘記録」に書く。
（2）支援のねらい：指示に応じる力・継続する力の高さと，偽りなく事実を正確に報告できる誠実さを活かし，本人の記録をもとに振り返りを行うことで，結果的に勧誘への対処，危機管理に繋げる。
（3）支援手順：①本人に誘いや勧誘があった日に「○」を付けてもらうための「勧誘記録」を用意，記載状況を訪問時に確認する。②記録に「○」があっ

た場合に誰からの誘いや勧誘であったかの聞き取りを行い，断ったか応じたかどうかの確認をする。③不適切な勧誘と想定された場合は，振り返りを行い適切な対処を教える。なお，「勧誘記録」の項目は，署名（サイン）した，知らない人に話しかけられた，得だと言われた・しつこく言われて困った，○○（例えば飲み会やスポーツ観戦）に誘われた，とした。

5 モニタリング

　前述の支援計画に基づき，約7カ月の取り組みの結果，誘われたなどの事実があったのは42回であった。職場の同僚や友人からの飲み会や遊びの誘いが37回で，その都度本人が記録できていたため，交友状況を知ることができた。本人が友人と言っている人であっても，もしかしたら騙されているかもしれないという周囲の疑いについても，家計簿との連動により問題ないという事実も確認できた。

　それ以外は，新聞の勧誘，選挙での特定の党への執拗な投票依頼が2回，駅で知らない人から道を聞かれた，商業施設で話しかけられた，という5回であった。新聞の勧誘については，自宅の近くで話しかけられ，「急いでいるので結構です」と自身の判断で適切に断れた事実もあったが，適切な断り方や応じ方を教える必要がある出来事もあった。仮説の話ではなく，実際にあった事実に対して支援者と振り返り積み重ねていったことで「なるほど，そういうこともあるんですね」「そうやって断ればいいんですね」という発言もあり，「街でしつこく話かけられた場合は立ち止まらない方がいいですか」と質問してくれるようになったり，自分で対策を考えられるようにもなっていった。いずれにしても，支援者が訪問して関わる時間では見えてこない事実，危険性が潜んでいる事実を把握できたことは1つの成果であった。

　勧誘記録の記載内容から，そのほとんどがトラブルになるような事実ではなかったが，実際にあった事実を，全て正確に記録し報告できる力があるということも改めてわかった。逆の側面では，物事の本質理解や疑いをもちにくい特性により，記載すべきことか，記載するほどでもないことかという判断が苦手とも言えるだろう。

6 地域移行

　金銭管理や勧誘への対処における取り組みを行ってきた結果，「騙されるのは嫌だ。これからも家計簿と勧誘記録は続けていきたい」との本人の発言があった。自分に必要なサポートに気づく力が育ったと言えるのではないだろうか。これまでのサポートホームでの取り組み，アセスメント結果を自立生活アシスタント事業（横浜市の制度で単身者への訪問型支援サービス），後見的支援制度，区の担当ケースワーカーに引き継ぎ，これまでの支援を継続して行ってもらいながら，Aさんはひとり暮らしを始めている。

4 ── まとめ

　先に述べた通り，横浜市には，自立生活アシスタント事業があり，それをモデルとした国制度としての自立生活援助事業が平成30（2018）年度から始まった。国制度であるため，当然ながら受給者証が必要となっている。自立生活アシスタント事業の利用には手帳の有無は問われず，福祉サービスを利用していない人でもその対象となる。また，利用する本人との関係性つくりから生活の質の向上に至るまでには当然時間を要する。自立生活アシスタント事業は終結があるものの支援期間は定められておらず，再登録も可能である。自立生活援助は，原則1年（延長が認められれば最長2年）と定められている。関係性つくりからはじまり，準備や経験がないまま，ひとり暮らしをすることは，経験ベースの発達障害の人にとってはイメージしにくい。彼らに経験する機会を提供せずに，将来の生活環境の選択や，地域移行を勧めるべきではないと考える。

　勉強や仕事は「学習」するための場やその機会があるが，生活はどうだろうか。勉強を「学習」したから学校に，仕事を「学習」したから就労に繋がっていると考えると，生活も「学習」しなければ，ひとり暮らしには繋がらないだろう。大学を出ているから，就労しているからひとり暮らしができるかと言えば，そこはイコールではないのである。発達障害の人は，経験したことはできるが，経験のないことはむずかしいという特性がある。「学習」する機会がなければ，できないままになりやすい。暗黙知の学習困難という特性をもつ発達障害の人には，意図的に生活を「学習」する機会を提供する必要がある。そんな生活を「学習」する機会の提供が，サポートホーム事業のもつ役割のひとつであり，それを訪問支援によって支えているのである。

◉文献
NPO法人東京都自閉症協会＝編（2013）自閉症の人の自立への力を育てる──幼児期から成人期へ．ぶどう社．
篁一誠（2009）自閉症の人の人間力を育てる．ぶどう社．

2 発達障害のある人に対する就労支援

●松田裕次郎

1 ──── ジョブカレについて

　社会福祉法人グロー・ジョブカレでは，2012年より知的に遅れのない発達障害のある人の日中支援（就労準備）と生活の場（アパートでのひとり暮らし準備）の支援を一体的に行っている。利用期限は原則2年間で，そのなかで自己理解を促す支援と行動を選定するスキルの獲得支援，相談できるスキルを獲得する支援を中心に実施している（図1）。

　ジョブカレを利用している利用者の多くは福祉の支援を受けたことのない人たちである。そのような人たちは，相談することで困りごとを解決できる可能性があることを知らない。これまで相談しても困りごとが解決できなかったため，相談しても無駄だと思っている人たち，あるいは，自分ひとりで頑張ってもどうにもならなかったため，少しでも変化のきっかけ，可能性があるのならここを使おうと思った人たちが利用している。

1 ジョブカレの生活支援について

　ジョブカレの生活の場は，ワンルームタイプのアパートを活用している。ある程度身辺自立ができていることが利用の条件となっているが，ひとり暮らしに向けた訓練機関としての役割を担っているため，その条件はかなり緩いものである。ここでの生活支援は，主には夕方，日中活動から戻ってきた利用者に対し，相談支援を中心に，アウトリーチを含めた家事スキル，生活スキルの獲得支援も行いながら，アパートでのひとり暮らしに向けた支援を行っている。相談支援は，1日の振り返りを行うこと，生活リズムを整えるために必要なことは何かを中心に自己理解を促すことを中心に行っている。本人との話のなかで，例えば，他の利用者とのトラブルがあった場合に，どう振る舞ったらよかったかなど，自分の行動について考えるきっかけを作るようにしている。

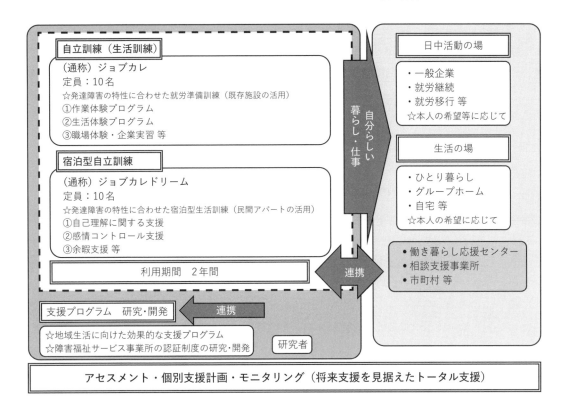

図1　ジョブカレについて

② ジョブカレの日中支援について

　ジョブカレの日中支援は，一般就労を目指すことを目的としているが，一方で引きこもり状態やうつなど二次障害のある人たちの利用も増加傾向にある。そのため，一般就労にたどりつくまでにかなりの時間がかかると予想される人たちや，そもそも日中活動に参加が難しい（通所できない）人たちも利用している。そのため，利用者一人ひとりに対してどのレベルを当初のゴールとしてプログラムを組み立てていくべきかを確認する作業を行うために，ジョブカレで作成した，スキル評価シートを使って支援目標を立てている。

2── ジョブカレからひとり暮らし・一般就労への移行事例
──Aさん・アスペルガー症候群・利用開始年齢22歳

　ジョブカレを利用後，ひとり暮らし，一般就労をされた人たちがいる。ここでは，Aさんの事例で展開した具体的な支援について紹介する。

① ジョブカレ利用前の生活

中学生のときにいじめに遭い，近所へ出歩くことが難しくなる。高校はなんとか卒業できたものの，大学受験失敗を機に引きこもりとなる。自分自身このままではいけないと思いながら，自分の力だけではなんともならず，民間のフリースクールなど，引きこもり支援機関に行くが，うまくいかなかった。

② ジョブカレ利用のきっかけ

本人が引きこもり状態であったため，それを心配した両親からの利用相談があった。当初，両親は，「アスペルガー症候群という障害名はついているが，自分の子どもに障害があるとは思えない。しかし，医師からの勧めがあり相談に来た」と言っていた。そのため，私たちは，「障害を受容するためにここを利用してもらうのではなく，今の生きづらさを少しでも軽減できるようにするための方法を一緒に考えるための場所である」と説明した。本人は，家族から離れての生活に不安を感じていたが，今の引きこもり状態が決して良いとは思っていなかったものの，自分自身でなんとかしたいと思っていたができなかった。このような経緯を経て，ジョブカレの利用に結びついた。

③ ジョブカレ利用中の支援

ジョブカレは，日中活動場所と生活の場が車で15分ほどの距離にある。そのため，送迎バスを走らせており，乗り合わせのバスに乗る，というところから支援は開始される。何らかの理由で公共交通機関を利用できない人たちがいる。Aさんの場合は，いじめられた経験があり，近所の同級生に会うのではないかという不安から公共交通機関を利用できなくなっていた。そのAさんに安心して送迎バスに乗ってもらうために職員が同乗することを確認してもらう。そのようなアウトリーチ支援を繰り返しながら，通所ができるようになる。

日中活動の場においては，作業プログラム，ソーシャルスキルトレーニング，調理実習，太極拳などのメニューを用意し，本人や通所してきている利用者の状況などにより組み立てる。ソーシャルスキルトレーニングは，勉強会を実施し，人間関係を構築するために必要な暗黙のルールなどをテーマに行っている。また，このジョブカレの利用目的を共有することで，目的意識をもって過ごしてもらえるような支援に結びつけている。

Aさんの場合は，人前でジョブカレの利用目的を話せる状態でなかったため，他の利用者の話を聞くだけにとどまっていた。しかし，そのようなグループワークですら参加することに非常に抵抗があり，2回ほど参加した後，参加することができなくなった。さらに，他の利用者とのトラブルにより，通所も難しくなった。

　ただ，生活の場の利用は継続していたので，支援者が生活の場でアウトリーチによる訪問を行い，相談支援や外出支援などを行い，Aさんとの信頼関係を構築していった。もちろん，それほど簡単に信頼関係を構築できるはずもなく，本人からの「いろいろしてくれるのはありがたいが，あなたを信用しているわけではないから」という言葉が象徴しているように，これまでの生活経験から両親以外の人を信用したことはなかったという。

　私たち支援者は，信頼関係を構築することが目的ではなく，本人が自分らしい生活を送れるようにすることが目的であることを確認しながら支援を実施した。

　何度目かの訪問で，本人の趣味は刺繍であることがわかった。しかし，本人は「これまで両親か刺繍をすることを止められていた。だから，刺繍はしてはいけないことだと思っていた」と言っていた。ジョブカレでは，刺繍をすることを生活の場のプログラムのひとつに加えた。材料を多めに渡すと，その材料がなくなるまで刺繍を続け，かえって生活リズムを乱す要因になったため，材料を調整して本人に渡した。そうすることで，生活リズムを整えるプログラムになった。

　ある程度，生活リズムが安定してきていることを確認した後，外出をすることを提案した。最初は，支援者と一緒に車でドライブに行き，美術館や公民館など，平日にはあまり人のいないような場所を訪問することとした。そのような活動のなかで，本人のしている刺繍を加工して販売してくれる小売店を見つけた。その交渉を支援者が行い，商品を置いてもらえるようになった。

　外出の支援も何度か行った後，次のステップとして，今度は一人で外出することを目的とする支援を行うこととした。ひとりで目的をもって外出するために本人に提案したのが，ポスティングの作業であった。住宅地図を片手に，ポスティングした住宅の色を塗りつぶしていくという作業である。その際の注意事項として，その家の住人に出会った場合のあいさつの仕方，何か聞かれた場合の対応方法などを伝えた。

　このポスティング作業で収入を得られたことがモチベーションになり，「他の仕事もできるかも，と思えるようになった」と話していた。さらにその頃，お店に置いてもらっていた刺繍加工の製品も売れるようになり，「少しずつ自分に自信がもてるようになった」と話してくれるようになった。

　利用開始から10カ月が過ぎ，次に提案したのが，工場での仕事であった。あらかじめ，ビデオで作業現場を撮影し，本人に見せて了解を得た。最初は，工場までは自転車で，工場内では，人目を避けたいとの思いから壁伝いに歩いて作業現場に向かっていた。そのことで，逆に人目をひくことに本人は気づいていなかった。ある程度作業ができるようになってから，作業服のこと，作業現場までの歩き方のことなどを伝え，いわゆる一般的な従業員の人たちと同じように歩くことができるようになった。そのことを実行してもらうことで，「普通に歩いたほうが他の人から見られることがない。あんまり，見られなくなった」と本人の気づきを促した結果となった。

　工場で作業を行うようになり，6カ月が過ぎた頃，「私も就職できるかも」という

ことを本人が言葉にしはじめた。そのタイミングで支援者は，新たな仕事を探した。ホテルの朝食の支度，補充，皿洗いなどの業務である。

朝5時からの仕事で，生活リズムが乱れる可能性もあったが，本人も「3回はやってみます」と話し，その実習を進めることとした。

朝食を食べるお客さんが下膳してきた食器類をカウンター越しに受け取り洗うという作業であった。あらかじめ，「おはようございます」「ありがとうございました」という言葉は言えるようにと伝え，支援者も一緒になってその作業をこなした。実習終了後の振り返りでは，「人目にさらされることが辛いです」と話したため，「今日でこの実習を終了してもいいですよ」と伝えたが，本人は「3日間やると決めていたので，3日間はします」との返事をし，次の日もホテルでの実習を行うこととした。2日目の振り返りでは，「人目にさらされるのも，慣れるものですね」と言われ，それ以降，この実習は週3日で3カ月続くこととなった。

生活リズムを崩すことなく，実習にも行けるようになり，自炊も始め，買い物にも行けるようになり，生活の幅が広がっていった。

４ 一人暮らし移行後の生活

就職が決まり，しばらくはジョブカレを利用していたが，利用期限が迫り，一人暮らしに移行することとなった。アパートは，会社に近く自転車で通える場所にした。訪問は，週に2回を1カ月程度行い，その後，回数を減らしていくこととした。

生活力は，これまでのジョブカレ利用でほとんど備わってきていたので，仕事と生活（家事）のバランスの確認のような支援内容とした。

職場での困りごとを確認し，必要があれば職場に伝え，その課題に対応してもらえるようお願いをする。一方で，職場での支援を，就労支援ワーカーに引き継いでいき，関係機関で連携を取れるよう情報共有をした。

一人暮らしが落ち着いてきた頃，訪問回数の相談をした。本人支援のポイントは，長期休暇後の仕事に対するモチベーションと生活リズムを再構築するのに時間がかかることであった。ゴールデンウィークや夏のお盆休み，年末年始の休暇についての過ごし方について，確認の訪問を行うことを必須とし，それ以外は月に1回程度の訪問とした。定期訪問も不定期訪問としているが，仕事も，一人暮らしも継続してできており，一つひとつの支援の積み重ねが本人の力を引き出せたのでないかと考える。

3 ── 就労移行のためのアセスメントについて

　ジョブカレの事業が開始された当初から，アセスメントについて検討を重ねてきた。それと同時に，利用者自身の自己理解を促進するために必要なプログラムについても検討を重ねてきた。特に私たちが重要と考えているのが「核となるスキルの獲得」「行動の選定」である。これらの獲得を目指すことで，就労への道筋が見えると考えていた。支援の基本となる考え方を整理したなかで，具体的にどうアセスメントシートを作り上げていくかが課題となったため，2つのアセスメントシートを作成した。ここでは，これらのシートについて説明する。

1 状態評価シート（表1）

　このシートでは，後で説明するスキル評価シートにはなじまないと思われる，本人への支援を行ううえでベースとなる基本的な評価を行う。支援者が心得ておくべき本人の基本的な情報（配慮事項）とも言える。また，状態評価シートは，ジョブカレ利用開始後にどのような配慮を行ってきたかについても記録を取り，どのような配慮が有効かについても記入する様式となっている。項目は17項目となっているが，これらのほかに特記事項がある場合には，書き込みができるようになっている。

2 スキル評価シート（表2）

　状態評価に対しスキル評価シートは，アセスメント項目に沿って，利用者のスキルを評価し，その支援方法のあり方の検討など，個別支援計画を作成するうえで必要な項目をまとめたものである。

　このスキル評価シートは，個別支援計画立案のため，従来ジョブカレで使用していたTTAPを用いてきた（TTAPとは，TEACCH Transition Assessment Profileのことで，我が国では「自閉症スペクトラム症の人の移行アセスメントプロフィール」と訳されている）。さらに，実習前後には，本人や支援者が課題を改めて意識したり，実習の振り返りを行なったりするためのツールとして，社会福祉法人横浜やまびこの里発行の『就労支援移行事業所のための発達障害のある人の就労支援マニュアル』（平成24年度厚生労働省障害総合福祉推進事業）の45頁に掲載されている「実習評価表」を引用して，自己評価表を作成し，使用していた。

　これらのアセスメント項目について改めて見直し，必要最小限のアセスメントツールとした。これに基づき，支援計画を立案，モニタリング，支援量の確認など行えるようにした。

表1　状態評価シート

利用者氏名：
作成年月日：平成　　年　　月　　日
作　成　者：

	項　目	利用開始時 （平成 年 月 日記入） 本人の状態	利用中 ジョブカレで 行ってきた支援	退所時 （平成 年 月 日記入） 本人の状態	備　考
1	ジョブカレ利用目的の理解				
2	就労意欲				
3	就労形態・職種へのこだわり				
4	体力・持久力				
5	表現コミュニケーション（方法と特徴）				
6	受容コミュニケーション（方法と特徴）				
7	読み書き				
8	感覚の特異性				
9	こだわり行動				
10	自己理解				
11	依存性				
12	社会性				
13	不安				
14	侮辱・からかい・いじめ				
15	周囲への注意				
16	自傷行為				
17	他害行為				
	その他特記事項				

表2　スキル評価シート

	領　域	項　目	基　準
*1	生活習慣	生活リズム	仕事に支障がないような生活リズムを維持することができる（仕事に，生活リズムが原因となるような支障が出ていない）。
2		食事	何らかの手段で食事を調達することができる。
3			食後の片づけをすることができる。
4		飲酒	飲酒欲求をコントロールすることができる。
*5		歯みがき	毎日，自発的に歯をみがくことができる。
*6		洗顔	毎日，自発的に顔を洗うことができる。
*7		入浴	毎日，自発的に入浴ができる。
*8		洗濯	決めた頻度（　　　　　）で自発的に洗濯をすることができる。
*9		衣服の選択	季節に合わせた服装を選択することができる。
*10		整髪	毎日，自発的に髪を整えることができる。
*11		ひげの手入れ	自発的にひげの手入れをすることができる（男性のみ）。
*12		生理の対処	生理の対処ができる（女性のみ）。
13	体調管理	体調不良時の対処	体調不良時に訴えることができる。
14		服薬管理	薬の内容や量，時間，回数等医師に決められた通りに服薬することができる（薬を処方されている場合）。
15		定期通院	医師に指示された通りに通院することができる（定期通院がある場合）。
16	金銭管理	家計のやりくり	1カ月の家計のやりくりができる。
17		貸し借り	借りたら返すことができる。
18		ATMの使用	必要に応じてATMも使用することができる。
19	所持品管理	所持品管理	貴重品を含め，自分の持ち物を自分で管理することができる。
*20	感情コントロール		自分なりの方法（　　　　　）で落ち着くことができる。
21	対人関係，コミュニケーション	傷つく状況・関係の回避	自らが傷ついたり，不愉快になったりする場面や人付き合いから離れることができる。
22		対人距離①	関係性に応じた適切な対人距離で接することができる。
23		対人距離②	他者（家族／家族以外）に対して，頻回な質問や無理な要求をしない。
24	住環境の整備	掃除①	決めた頻度（　　　　　）で自発的に掃除をすることができる。
25		掃除②	地域のルールに従ってゴミ出しができる。
26		必要物品の購入	生活に必要なもの（洗剤など消耗品）を購入することができる。
27	地域生活	マナー	近所迷惑な行為（大声を出す，騒音を出すなど）をしない。
28		防犯の意識①	窓やドアに施錠ができる。
29		防犯の意識②	不意に人が訪ねてきたら（セールスなど），モニターで確認してからドアを開けるかどうかを判断することができる。
30		日常生活に関する相談	相談先があり，困ったら自ら援助を求めることができる（相談できる）。
31	外出	持ち物準備	外出にあたって必要な持ち物を自分で準備することができる。
32	余暇		自分なりの方法（　　　　　）で余暇を過ごすことができる。

※「*」がついている項目は自己評価表にも反映させた項目であること。

4 ── 事例を通しての成果と課題

　このジョブカレ事業は，高機能の発達障害のある人に対して，就労支援を目的とした「日中支援」と，日常生活を営むための支援を目的とした「生活支援」という2つの柱を同時期に一貫性をもたせながらアウトリーチを含んだ支援を行う。それによって，より適切に支援が利用者に届けられ，本人の生きづらさの軽減ができ，その人らしく生きられる支援が確立できるのではないという仮説に基づいて実施されてきた。

　Aさんの事例のように，引きこもり気味になって，日中支援の場に参加できなくても，私たちが大切にしてきた「核となるスキルの獲得」「行動の選定」という視点をもって支援を行うことで，支援が適切に届いたのではないかと考える。本人に寄り添う支援が状態評価シートであり，スキル評価シートのなかに示されているとすれば，アウトリーチの場合においても，発達障害のある人の特性の理解やそれに伴う「生きづらさ」の共有をすることが必要となるのである。

　Wolfensberger（1981）は，支援者の障害者観について，次のように述べている。「採用するスタッフは，ノーマリゼーションの原理に理解のある人物でなければならない。機会さえ与えられれば，ハンディを持つ人でも成長し発達するという確信を，理性の面でもしっかりと持たなければならない」と述べている。表現に多少の違和感を抱くが，要するに支援者の障害者感が支援サービスの質を決定すると考えているのではないかと考える。このことは，支援者がどう利用者本人を理解しているかということであり，本人理解を間違えば，有効とならない支援を行うことになってしまう。さらに言えば，二次障害を悪化させる状態にさせてしまうことになる。また，支援者との信頼関係の構築も当然難しくなり，今後新たに支援を申し出る支援者との関係さえも難しくさせてしまうのではないかと考える。私たちはそのようなリスクを抱えながら支援をしていくことを，肝に命じなければならないのである。

◉文献

小谷裕実・村田 淳（2018）高校・大学における発達障学者のキャリア教育と就活サポート．黎明書房．

松田裕次郎ほか（2015）平成26年度滋賀県発達障害者自立生活支援システム構築事業報告書．発達障害者のある人を支援するために──ジョブカレでの取り組みから．社会福祉法グロー．

梅永雄一・服巻智子＝監修（2018）TTAP実践マニュアル──自閉スペクトラム症の就労移行アセスメントツールの活用法．ASDヴィレッジ出版．

Wolfensberger, W.［中園康夫・清水貞夫＝訳］（1981）ノーマリゼーション──社会福祉サービスの本質．学苑社．

3 就労を支える余暇支援

●田中尚樹

　社会人の発達障害者（メンバー）たちの余暇活動に関わって15年近くになる。年々このメンバーの人数も増えると同時に，最年長者と最年少者の年齢の差も広がり，最近では20歳の差が出てきている。

　余暇活動は，アスペ・エルデの会という発達障害の当事者団体の社会人グループで行っており，継続して活動をしてくるなかで，メンバーたちがこの活動を楽しみにしていることがうかがえる。基本的には休日は一人で過ごすことが多いが，知っている仲間と楽しみを共有できることにうれしさを感じているようである。

　本稿では「就労を支える余暇支援」というタイトルにあるように，就労のためには余暇だけでなく，基本的な生活をあわせた3つのバランスが大切であると考えている。そこで，余暇が就労にどのような影響があるのか，また余暇をアウトリーチによって支えるとはどのようなことか，これまでの筆者たちの取り組みなどを振り返りながら考えてみたい。

1 ─── 発達障害者の余暇の現状について

　筆者が日頃関わっているメンバーたちに余暇をどのように過ごしているのか聞くことがあるが，多くは一人で過ごしているようである。その内容はさまざまで，休日はいつも外出している人もいれば，ほとんど家のなかで過ごすという人もいる。そして，アスペ・エルデの会の活動だけは参加しているようである。しかし，アスペ・エルデの会の余暇活動は日曜日に設定されることが多いため，仕事があるメンバーはなかなか参加できない。

　本稿では，15名のメンバーに余暇の過ごし方について詳しく見ていくことにする。

　表1から，この15名については，12名が企業就労をしており，うち障害者雇用で働いている人が9名であることがわかる。補足になるが，障害者雇用で働いている人のなかには，大学や大学院を出て一般就労したが解雇された人や，契約社員だったため将来の仕事に不安があり障害者雇用での就労を選択した人もいる。

　このなかで，休日にNPOの当事者グループ以外の友だちと遊ぶ人は3人であるが，その友だちが小中学校の特別支援学級のクラスメイトや特別支援学校の友だちである人は2人，大学時代の友だちである人は1人であった。社会人になってからの友

表1　就労形態と余暇の過ごし方について（人数）

就労形態		休日 遊ぶ友だちがいる	休日は よく外出する
企業就労（一般雇用）	3	0	2
企業就労（障害者雇用）	9	3	5
就労継続支援事業A型	3	0	0

だちや職場の人との仕事以外での付き合いなどはなかった。

　大学時代の友だちをもつ人は，その友だちと会うのは年に1〜2回で，東海地方から東京へ出て行って数日共に過ごすということをしているようである。ほかにもインターネットを通じて出会った発達障害の当事者の友だちもいたようだが，自分でも苦手なことなどがわかるので配慮してあげようと気を遣ったことが負担になってしまい，関わることを辞めるようにした経験もあるということであった。

　小中学校や特別支援学校高等部の頃からの友だちをもつ2名は，1〜2カ月に1回程度友だちと会っているようで，お互いの家に行ったり，近くのショッピングモールなどを散策したりするということであった。

　一人で余暇を過ごしている人たちのうち，ある人は自転車（ママチャリ）で行き先を決めずにひたすら走り，昼に食堂で食事をして戻ってくるということをしているメンバーがいる。朝は7時頃に家を出て，片道80km走ることもあり，帰りは夜の9時を回ることもあるそうである。最近は30代後半になってきたことで体力も減少してきたこともあり，そしてアスペ・エルデの会の余暇活動で鉄道を使うこともあったことで，自転車だけでなく鉄道での移動もするようになっていた。ほかにも，オートバイや自動車でドライブに出かける人や，アニメや特撮ヒーローの映画を観たり，アニメやアイドルのイベントに参加したりする人もいるようである。一人でボウリングをしている人もいる。

　主に休日を家のなかで過ごす人たちは，方向音痴だったり，聴覚の過敏があったり，予測不能なことがあったときの不安などにより，あまり外に出ることが得意ではないことや，仕事のために休日は体を休めるためというのが，その理由のようである。もうひとつは，障害者雇用で給料が十分ではないため，外出するとお金を使うので節約したいという考えの人もいる。家のなかでは，パソコンやスマートフォンでゲームをしたり，漫画やライトノベルを読んだり，昼寝をして過ごしている。ただ，休日明けには疲労感が残ることが多く，あまり体が休まったという感じはしていないらしい。外出に対して，うまくいくというプラスのイメージをもちづらいということがあるようである。

　また，「友だちはいらないのか」と尋ねてみると，友だちがほしくないというわけではないらしい。これまでに，いじめに遭った経験や自分なりに一生懸命取り組んだが厳しく注意された経験のある人は少なくない。そのため，同年代の人に対して

良い印象がなく，一人でいることを選択している人もいる。

　「友だち」は「相手のことを考えてくれる人」「困ったときに相談に乗ってくれる人」と考えている人が多い。これまでも「友だち」として関わってきた人はいたが，「こちらのことを考えてくれず，自分の意見ばかり言ってくる」と相手に対して不満を抱いたり，一緒にいることで相手を怒らせたり困らせたりしてしまうのである。ほかにも，他人と会話をすることが苦手で，相手とどのように接したらよいかわからないので，一人のほうが，自分の好きなことを自分のタイミングでできるので楽しく過ごすことができるという人もいる。アスペ・エルデの会の活動で，誰かと一緒だともっと参加できるものがあったり，一人では難しいことでもそこをカバーしてもらいながら楽しむことができるということは知っていても，自分から積極的に友だちを作らないということに至っているようである。

　「相手のことを考えないといけない」ということはわかっているようだが，自分も相手のことを考える必要があることに気づけなかったり，気づけたとしても相手のことを考えるということが難しかったりする。

　このように，余暇をその人なりに過ごすことができているようであるが，さまざまな理由から，他の余暇の過ごし方を望んでも諦めている部分も感じられるのである。

2───── 成人期の発達障害者グループの余暇活動

　アスペ・エルデの会の社会人メンバーの約8割が企業で働いている。発達障害支援法の施行により，発達障害者も障害者雇用で働くことができるようになった。現在では障害福祉サービスによる就労支援も利用できるようになっている。働くための支援は利用できるようになったが，生活面や余暇の部分での支援はこれからの課題である。

　アスペ・エルデの会では余暇支援として，いくつかの活動を行っている。鉄道関係やコンピューター，ダンス＆ミュージックなどである。これらは，小学生から成人までを対象に関心のあるメンバーが活動に参加している。

　もうひとつは，社会人だけの余暇活動である。電車を使ったテーマパークなどへの外出，初詣，水族館，ボウリングやカラオケ，野球・サッカー観戦，1泊旅行など毎月1回程度のペースで行っている。これらは毎年の年度初めに，社会人メンバーが集まり話し合いをして，年間の活動とそれぞれの活動の担当者を決めている。担当者は，日程や活動内容を考え，この社会人グループ専用のWEBの掲示板で連絡し，当日も活動のリーダーをする。

　この年度初めの話し合いをするようになったのは，メンバーの人数が増えてきたことにより，計画的に役割分担をしてみんなが参加しやすいようにするためであり，これまでに10年ほど続けてきている。この話し合いで決める活動は，毎月1回の活動なので，年間で12回分の活動を計画することになる。当初，話し合いは，進行役

や記録係を決めてみたものの，進行役も含めて個々の意見（気になること，不安なこと，不満なこと）を出し合うばかりで，話が進まなくなるため，スタッフが介入する場面が多かった。しかし，回を重ねるごとに，このような話し合いの場での進行もスムーズになり，自分たちで体験を整理しようとしたり，まとめようとしたりすることもできるようになってきた。これは，進行役だけでなく，他のメンバーも話し合いの流れがわかってきたためでもある。各活動の担当になった人も，活動内容の連絡をして参加者を募り，当日も参加者の取りまとめをし，全体に指示を出すなど，できることが増えてきている。

　ある年の夏に，社会人メンバーたちで食事会（飲み会）をすることになった。Aさんがその担当になった。すると，Aさんはメンバー専用WEB掲示板で参加者を募り，集合時間や集合場所，必要な費用などを掲示板に書き込んだ。そして当日を迎え入店すると，「ご予約はいただいておりません」と言われた。Aさんは「ぼくは予約していない。幹事が予約するの？　これは強行突破しかない」と混乱しはじめた。私たちスタッフは，仕方がないので他の店を探すことをAさんに伝え，他の参加メンバーたちも他の店でも問題ないことをAさんに伝え慰めていた。結果的には，別の店で楽しく過ごすことができ，Aさんも反省はしていたものの周りから労ってもらい安心したようだった。

　私たちスタッフは，Aさんのこれまでの経験と掲示板の書き込みを見て，店への予約はできていると思い込んでいた。Aさんにしてみたら，掲示板のこれまでの情報から，必要な情報は書き込んでいた。しかし，店への予約の仕方などは掲示板上には挙がってこないため，Aさんは自分の役割だということがわかっていなかったのである。

　余暇活動では，参加人数が多いため，数人のグループで行動するようにしている。人によっては声のトーンやコミュニケーションの仕方など苦手な面もあったり，年齢も10歳以上異なることもあるので，メンバーを意図的に組み合わせたりしている。そこでのやりとりを見ていると，「ぼくはここに行きたい」「自分はこれをやってみたい」と自分の意見ばかりを周りに伝えたり，いつの間にかいなくなり何か買って食べていたりということがよくあり，他者の意見を優先するということが難しい。

　最近では，他の人たちの好きなことや苦手なこと，してみたいことなどを知り，共通する関心事があれば一緒に遊ぶ約束をしてみるなど，メンバー同士で話し合いをするグループワークの場を作っている。この活動とあわせて，余暇活動中にスタッフが「他の人が何かしたいか聞いてみよう」と提案するなど適宜必要な関わり方を教えている。それでも最初は他のメンバーが意見を言っても「それはできない」とすぐに否定してしまうので，相互交渉として自分の意見と他者の意見の両方をどのように受け入れていけばよいかを経験的に学んでいくことも大切だと思う。

　他のメンバーと一緒に余暇活動をすることを望んでいる人のなかには，自分の関心のあることを細かく伝えすぎ，周りの人が「それは無理」と思ってしまい，なかなか実現できないまま不満を募らせている人もいる。たとえば，運動不足なので

ちょっと運動をする活動をしたいというときに、「サイクリングをしよう。ロードバイクでウェアやヘルメットもそろえて」「トライアスロンにみんなで参加しよう」と提案する……感じである。そして「せっかくみんなで楽しもうとしているのに、やろうという人がいない」と周りの人に対して怒りを抱くことになる。一人より、仲間と一緒に活動することを望んでいる人は少なくないが、周りと合わせて行動することがうまくできないので、どの程度周りに合わせなければいけないのか、自分の意見はどの程度言ってもよいのか、もしくは言ってはいけないのかということを、活動の前だけでなく、実際の活動のなかでも学ぶことが大切である。

　彼らと一緒に余暇活動をしてきて、余暇活動の段階を整理してみた。

　　①活動を選択、企画すること
　　②選択した活動の具体的な内容を考え、準備をすること
　　③活動を運営、実行すること

　さらに活動中のお金の使い方や、時間を守ることとそのための時間配分の仕方、健康管理、他者との関係性とコミュニケーションの取り方、感情のコントロールなども必要なスキルになってくる。

　余暇活動を続けていくうちに、メンバーの4、5人だけで遊びに行ってもよいかと確認されるようになった。スタッフがいなくても自分たちで予定を立てて余暇を過ごせることは望ましいと思っているが、これまでアスペ・エルデの会の活動として実施してきたことから、スタッフがいない余暇活動をしてもよいのか気になっていたらしい。ただ、仲間同士での遊びも興味の微妙な違いや「友だち」に対する考え方のズレから、相手への不満や誤解が生じやすくなるので、メンバーだけで余暇を過ごすという機会もなくなってしまった。

　自分たちは障害があるから、納得できないことや我慢を強いられることがあるが、健常者と呼ばれる人たちは友だちとの遊びでは、そうした不満などはなく、すべて全員が完璧に余暇を楽しく過ごすことができていると思っている人もいる。しかし、誰でもうまくいかないことはあり、「今度はこうしよう」「これはやめておこう」など修正しながら、それでも楽しく過ごしている。折り合いをどのようにつけて、その状況を納得したり、解消したりしているのかということも知っておくとよい。また、そうしたことを失敗の経験としないようにすることも大事なことである。このようなことを確認できるような機会も必要である。

3 ── 就労を支える余暇支援

　このように余暇活動をしてきたなかで，就労においても余暇の必要性を感じている。余暇活動に向けて，お金を貯めておくこと，集合時間に間に合うように行動することなども，同じ困難さを抱えたメンバーだからこそ，その大切さをしっかりと実感できるようである。こうしたことが仕事への意欲につながったり，約束を守ろうという姿勢につながったりしている。また，一人で活動することも悪くはないが，友だちと一緒に余暇を過ごすことによって，自分だけでは不安やわからないことがあり躊躇してしまうことでも，他に誰かいると，安心できたり，その人が見本になったり，頼ったりして，できなかったことができるようになる。

　余暇活動の時間は，仕事のことを考えず楽しむことでリフレッシュになる。余暇のために睡眠時間を確保したり，時間に合わせて起床したり，移動したりなど生活にメリハリを生み，生活のリズムを整えることにもなる。図1のように，就労と生活と余暇のそれぞれのバランスが取れるようにすることが大切になる。

　特に他のメンバーと一緒に活動するなかで，それぞれの働き方について知り合うことができるのは重要である。全員が思い通りの仕事に就いているわけではないことや，仕事の楽しさややりがいのこと，失敗体験など，多くの人のさまざま仕事での経験を知ることで，一般就労だけを考えていた人が障害者雇用を選ぶようになったり，転職を考えていた人がそのまま今の仕事を続けようと前向きな気持になれたり，失敗したときや苦手なことへの対応の仕方などを知る機会にもなっている。安定した就労を維持していくためにも，余暇はとても重要であると考えられる。だからこそ，充実した余暇を過ごすことができるようにしていきたい。

　発達障害の人たちは，何が必要なのかがわかりづらかったり，わかっていても「い

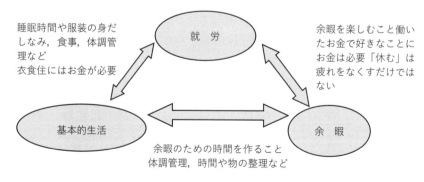

図1　生活のバランス

つ」「誰に」「どのように」といったことがわからず行動に移せなかったりする。単独行動はできるので，集団でも交流がなく無言のまま過ごすということもある。ただ，それがよくないということもわかっているので，余暇活動に対して失敗した感覚にもなってしまう。余暇活動のなかで成功体験を作り，次の活動へとつなげたり，他の場面でもその成功体験が強みになって，さまざまな課題に取り組んだりできるようになるということも考えられる。

　そのためには，発達障害者を集めてレクチャーするだけでなく，個別で活動を計画したり，事前の準備に対する支援や実際に余暇活動の場にアウトリーチしていき，一緒に活動に参加し，一人ひとりが楽しく遊べるように，またお互いのやりとりが適切にできるように，個別や集団でのサポートしていくことが必要になってくる。つまり，①活動の機会を選ぶことができる支援，②活動に参加するための支援，③楽しい活動にするために自分たちで計画することの支援，④仲間と一緒に遊ぶことの支援，⑤継続して遊べるように次の予定を立てるための支援，というように各プロセスにおけるアウトリーチの支援が必要になってくるのである。

　そして，このような支援だけでなく，自己理解と他者理解，感情のコントロール，コミュニケーションの取り方などのソーシャルスキルトレーニングや，活動中にわからないことや思い通りにならないことがあったときにどうすればよいのか，そのときに混乱してしまったらどう対処すればよいかなどを，グループワークで事前に学ぶことも有効だと考える。

　図2のように，余暇は，時間や場所は流動的で，そうした活動に向けた学びの場を設けたり，活動の場に出向いて支援する仕組みがあるとよい。そして，多くの発達障害者が活用できるようにするためには，基本となるプログラムや支援のあり方

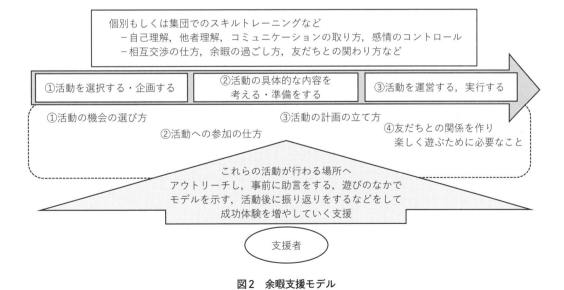

図2　余暇支援モデル

などをもとに，多くの地域で多くの支援者が必要になってくる。何よりも，このような支援者との関係性を築くことから必要だと考えると，余暇支援というものは，すぐにできる支援ではなく，時間をかけながら取り組む必要があるのかもしれない。

◉文献

田中尚樹（2010）成人期の支援．In：辻井正次・氏田照子＝編著：思春期以降の理解と支援——充実した大人生活へのとりくみと課題．金子書房，pp.174-175.

田中尚樹（2014）記念講演 大人になった自閉症スペクトラムの人たち——その生活と課題．小児の精神と神経 54-2；135-142.

田中尚樹（2016a）将来の準備としての生活設計とライフプランニング．アスペハート 14-3；14-18.

田中尚樹（2016b）対人関係 若い成人——社会で働くというところで，自分をどう捉えなおすのか．アスペハート 15-1；54-58.

田中尚樹・辻井正次（2006）青年期・成人期のアスペルガー症候群の人への生活支援．教育と医学 54-12；1127-1133.

辻井正次（2013）アスペの会から．そだちの科学21；48-52.

4 高次脳機能障害のある人々に対する アウトリーチ支援

　本章では高次脳機能障害のある人々へのアウトリーチ支援として3つの代表的な状況の支援を紹介する。

　1つ目は一人暮らしへの移行ケースに関する支援である。高次脳機能障害では記憶障害が生じている場合があり，生活スキルの定着に時間がかかることも多い。ここではそれに対して「生活版ジョブコーチ」を利用した実践例が紹介されている。

　2つ目は訪問型家事支援によるケースである。本人の家事スキルやアセスメントを行いながら具体的に家事を成り立たせていくためのプロセスや，通常の支援につなげていくための流れが詳述されている。

　3つ目は身体健康管理に対する支援のケースである。本セクションで紹介されるのは高次脳機能障害の事例だが，他の障がいでも食生活や身体健康管理にサポートが必要な事例は少なくない。具体的に食生活の乱れをどのようにアウトリーチ支援によって改善していくのかを実践例を通じて見ていこう。　　　　　　　　　　（吉田光爾＝編）

1 親が抱える生活から
地域での一人暮らしに移行した事例
アウトリーチによる生活版ジョブコーチ支援

●阿部順子

1 ─── はじめに

　高次脳機能障害は，「頭部外傷，脳血管障害等による脳の損傷の後遺症として，記憶障害，注意障害，遂行機能障害，社会的行動障害などの認知障害が生じ，これに起因して日常生活・社会生活への適応が困難になる障害である」と2005年に行政的に定義され，精神障害に含まれることになった。

　高次脳機能障害者のリハビリテーションは，まずは身体機能へのアプローチから始まり，認知訓練，そして生活訓練・就労移行訓練を経て，地域生活支援へとステージが移行していく。認知機能の回復は受傷後2年程度を要求するとされているが，適応能力はその後も生活のなかで長期間かけて改善がみられることが多い。一方，本人の障害の認識は難しい。身体障害は目に見えるが高次脳機能障害は見えにくいため，以前と同じようにできると思っている場合が多い。受傷以前のプライドもあり，福祉サービスの利用など支援を拒否することも往々にして起こる。支援が必要なこと，支援があるとうまく生活できるようになることを，本人に納得してもらうプロセスが重要であり，それが支援の要ともいえる。

　高次脳機能障害者は受傷以前の知識や技術が部分的に残っているとはいえ，それらをつなげるように支援していかなければ，生活場面でできる行動にはならない。支援は本人のつまずいているところを明らかにして，そこをつなぐ代償手段や環境設定を考えていく必要がある。また，記憶障害があるため，教えたときにはうまくできても，次回は全く忘れているということも珍しくはない。筆者らは支援者が生活する場にアウトリーチによる訪問を行い，本人のもっている力を活用しながら繰り返し行動の定着を支援し，自立させるための方法として「生活版ジョブコーチ支援」を開発した。

　近年，地域支援体制──相談支援システムの整備や，サービス等利用計画の策定，サービス管理（提供）責任者による個別支援計画（居宅介護計画）の策定に基づく支援の実施など──が整備され，サービスが質的にも充実してきた。そこで，生活版ジョブコーチ支援をこのような地域支援システムのなかに位置付けることで普及できないかと考えるようになった。まずは，研修によって高次脳機能障害の障害特性に対応できる知識と技術をもった人材を育成し，次いでサービス等利用計画や居

宅介護計画の策定，実施において支援手順書を活用すること，さらに福祉専門職の連携により専門職のアセスメントとアドバイスを生かした地域生活支援を実施することを目指した。これらの詳細は阿部（2017）を参照してほしい。

　ここではこれらの支援の結果，親が丸抱えの生活から地域での一人暮らしに移行した事例について紹介する。

2 ── 事例の概要

　本事例は現在40歳，事故から14年が経過。大学の理学部を卒業後，地図製作の会社に勤務していたがバイク事故で外傷性脳損傷を負い，意識不明が2カ月続いた。主な後遺症は右片マヒと高次脳機能障害であったが，受傷当初は車イス利用で，重篤な記憶障害や失語症，独特のこだわりがあった。入院中にリハビリを受けていた頃はスタッフへの暴言・暴力がたびたびあり，不穏状態が続いた。在宅生活になって徐々に落ち着いてはきたが，集団のなかに入ると対人トラブルが起きるという状況があった。事故から数年後，高次脳機能障害に特化した就労継続B型のM事業所に通所するようになり，大声を上げることも減って，精神的に安定してきた。公共交通を利用して，杖歩行で自宅から事業所まで単独通所もできるようになった。

3 ── サービス提供に至った経緯

　本事例にインタビューをした折に親の高齢化に伴う介護力の低下が明らかになっている状況を知り，今後について本人に問うたところ，「（親亡き後は）施設で暮らすしかないかなあ」と漠然と答えた。そこで，一人暮らしという道もあることを紹介し，一人暮らしに挑戦した事例のDVDを見てもらうなどしてイメージ作りをしたところ，一人暮らしをしてみたいとの気持ちが強まってきた。それに伴いM事業所に新たに併設された生活介護を利用するようになり，地域生活支援試行のモデル事例になった。

　支援の経過については実際に支援を担ったN区障害者基幹相談支援センターの相談支援専門員，および菜の花訪問介護事業所が，名古屋市総合リハビリテーション事業団（2017）に記載した内容を参考に紹介する。なお筆者は研究者としてモニタリングを中心に半年間かかわった。主なポイントは，①支援体制が稼働するための働きかけ，②担当者会議に参加して支援者との情報共有，③本人の生活の様子を観察しLASMIを用いた聞き取り調査，④本人・家族・支援者へのインタビューの4点である。

　筆者がかかわった半年の間に担当者会議は5回開催されている。なお相談支援専門員によるモニタリングは毎月1回，現在も継続的に実施されている。

4 ── 支援の経過① ── アセスメントと支援計画の作成

一人暮らしを開始する前に実施した主なことは，次の3点である。

① 住まいの確保とそれに伴う制度上の調整

本事例には通所しているM事業所の近くに住みたいとの希望があり，それまでの通所経路上にある徒歩10分のマンスリーマンションを確保した。第1回の担当者会議には本人・家族，N区相談支援センター，N訪問介護事業所，M生活介護事業所が参加したが，それまでサービス利用計画を作成していた相談支援事業所にも参加してもらい，引き継ぎを行った。この会議を通じて住民票やサービス受給者証の異動が必要となること，余暇活動のための移動支援のサービスを利用するために精神障害者保健福祉手帳の取得が必要になることなど，制度上の調整が必要であることが明らかになった。それまでのサービスは身体障害者としての利用範囲だったため，精神障害の認定は受けていなかった。これらの制度上の課題の解決と新たな住まいで必要となる日常生活物品の準備は家族に依頼した。

支援のエコマップは図1のようになった。

② 一人暮らしにおける新たな支援計画作成のためのアセスメント

相談支援専門員とヘルパーが事前に本人および家族に聞き取り調査を行うとともに，住まいとなるアパートに関係者が集まって担当者会議を開催しながら，確認し

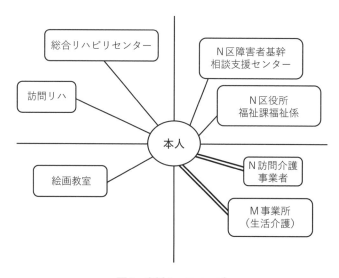

図1　支援のエコマップ

ていった。

　その結果，身体障害によりアパートでの入浴が難しいことがわかり，シャワーチェアを導入してシャワー浴に変更した。コミュニケーションでは「物忘れやこだわりがある，経験していないことでもできると発言する」ことが懸念された。移動は慣れたところでは杖と装具を使用して自立していたが，慣れない場所では行き先を間違えることがあった。買い物はコンビニで好きなお菓子やパン，飲み物を買う程度であった。何よりも調理，洗濯などの家事全般にわたって事故後に経験がないことが多く，本人が何をどこまでできるのかわからなかった。事前に専門職連携によりM事業所のアドバイザー（作業療法士）に簡単調理と買い物についてアセスメントをしてもらったところ，ご飯を炊くことはでき，食材の選択にアドバイスがあれば買物も何とかできることがわかった。

③ 具体的なサービス利用計画，個別支援計画の作成と確認

　作成されたサービス等利用計画の内容（一部抜粋）は表1のようになった。本人の希望により週3日をマンションで，残りの日を実家で生活することにした。

5 ── 支援の経過②──一人暮らし開始後にわかった課題と改善策

　食事見守り，洗濯，調理，整理整頓，入浴，買物，外出などを「支援手順書」で評価して課題を確認したところ，おおむね良好な生活ができていたが，いくつかの課題も明らかになってきた。主な課題と改善策は下記の4点である。なお，訪問介護事業所が用いた支援手順書と記録の一例（一部抜粋）は表2のようである。

① 食材のストックが苦手

　ホワイトボードを冷蔵庫の前面に設置し，「冷凍ご飯の残り」「ダブり食材」「その他」に3分割して記載し，本人とヘルパーで確認するようにしたところ，買い忘れや買いすぎが減った。

② 買物に時間がかかりすぎる

　メニュー決めや食材の選択に時間を要していたため，ヘルパーがアドバイスを繰り返し行ったところ，ある程度自分で判断し，バランスのよい食材をスムーズに選べるようになっていった。またレジでの支払いに時間を要したため，カードチャージを導入したところチャージも自分でできるようになり，スムーズになった。それ以外に，使用した買物カートを戻す際，乱雑に置かれた他のカートを見ると並べ直

表1 サービス等利用計画

| 優先順位 | 解決すべき課題
(本人のニーズ) | 支援目標 | 達成時期 | 福祉サービス等 | | 課題解決のための本人の役割 |
				種類・内容・量 (頻度・時間)	提供事業者名 (担当者名・電話)	
1	M事業所に通って自立するための支援を受けたい。	毎日生活介護に通えるように支援をする。	6カ月	生活介護 月の日数-8日/月	M事業所 (担当K)	スケジュールを確認したうえで事業所に通う。
2	食事見守り・片付け、洗濯、調理、整理整頓を頼みたい。	家事全般を支援することで安心して生活ができるようにする。また本人ができる内容が増えるよう支援をする。	6カ月	家事援助 30時間 (月 17:30～18:00) (火 18:30～20:00) (木 19:30～20:00)	菜の花 (担当N)	本人が、できることとできないことを確認する。どのようにサポートしてもらうとよいかヘルパーと確認する。
3	入浴を手伝ってもらいたい。	ヘルパーを利用することで安全に入浴ができるよう支援をする。	6カ月	身体介護 10時間 (月 18:00～18:30) (火 20:00～20:30) (木 20:00～20:30)	菜の花 (担当N)	安全に入浴するためにどのようにサポートしてもらうとよいかヘルパーと確認する。
4	買い物に行くときに手伝ってもらいたい。	ヘルパーを利用してスムーズに買い物ができるように支援する。	6カ月	通院等介助 10時間 (月 16:30～17:30) (木 18:30～19:30)	菜の花 (担当N)	ヘルパーと買い物をする内容と買い物先の確認をする。
5	野球やサッカーのチケットが当たったら見に行きたい。	安全に外出ができるように支援をする。	6カ月	移動支援 その他36時間 不定期	菜の花 (担当N)	行先を見つける。

表2　「支援手順書」兼「記録用紙」

利用者名	●●●●	提供日	平成28年○月○日	作成者	N
事業所名	菜の花訪問介護事業所	時間	16:30～19:00	提供者	N

活　動	サービス手順	留意点	チェック	様　子
M事業所からスーパーまで	①場所や目的の確認，②信号の確認（危ないときは「次の信号で渡りましょう」の声かけ）	歩行がゆっくりなため急かさず，ご本人のペースで同行する。移動は自立している。	①＝◎ ②＝△	信号が変わりそうだと思い，急に速度が速くなる。
買物	①目的の確認（何食分を購入するのか），②バランスの良い食材を購入（メインと野菜が選べているか確認），③自分で必要なものが選べているか（買い忘れがないか，不要なものを選んでいないか）	基本的には，最後までご自分で選んでいただき，会計前に忘れていた場合に「サラダは食べないのですか」や「朝食のパンは買いましたか」など声かけをする。	①＝○ ②＝△ ③＝△	同じものを購入しようとすることがある。何を買ってよいかわからないためヘルパーの助言が必要と思われる。
夕食	①ご飯（米）のストックを確認（冷凍ご飯があるかを確認する。なければセットしていただく。炊き上がり後は分けて冷凍保存），②夕食の配膳（本日のメニューを伺い，盆に配膳。温めが必要か聞いて行う），③下膳（基本的に自分で行われる）	ラップをかけることが苦手なので配膳時はラップをかけておく。	①＝△ ②＝△ ③＝◎	ご飯のストックがないのにあると言っていた。見てもらってないことを確認した後，ご飯を炊いた。

※◎＝自立，○＝見守り，△＝声かけ，×＝困難

すというこだわりがあったが，自分が並べ直してもすぐ元に戻るので店員に任せておけばいいと思えるようになり，こだわり行動がなくなったことも時間短縮に効果があった。

③ 金銭管理が苦手

　生活費として一定額を母親からもらっていたが，いつの間にかなくなって不足分を母親からもらうということがあったので，ノートにレシートを貼って残りの金銭を確認できるようにした。その結果，自分が無駄使いしていることに気づくようになり，お金が余る月もあるようになった。

④ 後先考えずに行動してしまうことがある

　インターネットの契約や新たなサービス事業所との契約を勝手に結んでしまったり，出会い系サイトの利用料請求が来るなどのトラブルがあった。関係機関が情報

共有することで早期に対処するとともに，事前に家族や相談員に相談してから行動することを本人と確認した。

6 ——— 支援の経過③ ———現在の様子

　一人暮らしを開始して10カ月が経過した現在の様子について，担当の相談支援専門員は下記のように報告している。

　生活のリズムができたようで，入浴の時間など自分で計画を立てて生活することができている。ベッドメイキングや洗濯たたみも行っている。ヘルパーのサービス時間の把握もできており，予定についても自分で事業所に連絡することができる。ヘルパーに頼みたいことが伝えられるようになってきた。

7 ——— おわりに

① 本事例の成果と課題

　本事例は受傷後，親丸抱えの生活が10数年続いており，家事全般について経験がなかったため，一人暮らしに移行して果たして本人がどこまで何ができるのかわからなかった。ところが，やってみると当初支援者が予想していたよりもできることがたくさんあった。受傷以前の経験や知恵が生かされていることもあったし，一人暮らしのなかで，経験を通して学習していくこともあった。

　とはいえ本人の障害認識は乏しく，受傷後経験をしたことがないことについては「できる」と思っており，ヘルパーの必要性を感じていなかった。受傷以前は社会人として一人暮らしをしていたので，そのこともできると思う範囲の判断に影響していたと思われる。ただ，ヘルパー利用を拒否することはなかったので，相談支援専門員はサービス等利用計画の作成において，「本人ができることとできないことを判断し，できない部分をヘルパーに依頼できるようになる」という短期目標を設定し，本人と合意形成をした。半年後に本人にインタビューしたところ「ヘルパーにずいぶん助けてもらっている。今後はヘルパーの手を借りずに自立した生活ができるようになりたい」と話しており，経験したことについては支援の必要性を認識していた。

　LASMI（精神障害者社会生活評価尺度）を用いて一人暮らし開始時（1カ月経過後）と追跡時（半年経過後）にヘルパーに聞き取りを行い，評価した結果は表3のようである。

　追跡時には「持続性・安定性」を除いてすべての項目で改善が見られ，1（だいたいできている）に近づいている。これは平成27（2015）年度の「訪問における自立訓練（生活訓練）を活用した地域移行及び地域生活支援のあり方」で調査された高

表3　LASMI（精神障害者社会生活評価尺度）による評価

サブスケールごと 平均点	D／日常生活	I／対人関係	W／労働または 課題の遂行	E／持続性・ 安定性	R／自己認識
開始時	1.75	1.46	1.70	3.00	1.33
追跡時	1.08	1.00	1.20	3.00	1.00

次脳機能障害者の平均値とほぼ同様の結果を示している。対人関係では以前はトラブルがみられたが，ヘルパーとの関係では「気遣いのできるやさしい人」と好感をもって評価されるような変化がみられた。「持続性・安定性」は「保護的な環境では適応」という基準なので，変化がないのは当然のことである。「自己認識」では，妄想的な内容（事故に遭わなかった自分があちらの世界にいるというパラレルワールドのような世界観）を口にすることがなくなった。これは現実の生活に目が向いて現実の生活の占める割合が大きくなったためではないかと考えられた。

　本事例の今後の課題としては，社会活動におけるトラブルがあげられる。現在の支援の体制のなかでは，家族を含めた支援者間での情報共有により，小さなトラブルのうちに解決されている。また，トラブルを経験するなかで，支援者に相談をする，支援を依頼するということが少しずつできるようになってきている。

② 支援者のかかわり

　本事例の一人暮らしを支援した相談支援事業所も訪問介護事業所も，高次脳機能障害者の支援は初めての経験であった。かかわりについて振り返ってもらったところ以下のような内容があげられた。

　モニタリングや必要に応じて連携をすることで，相談支援事業所，訪問介護事業所，生活介護事業所，家族が課題に対応することができた。支援手順書は訪問介護事業所が元々使用していたものがあったので，当初はとまどったが，徐々に移行したところ，月毎のモニタリングがしやすく，評価や課題も把握しやすかった。また支援においては支援方法の検討や課題分析，モニタリングに時間をかけた。

　支援する上で大切にしたポイントもいくつか挙げていたが，それらは高次脳機能障害のある人の支援において有効に機能したと考えられた。心がけたこととして，自立を妨害しないように時間をかけて待つこと，助言を最小限にすること，自己決定ができるように答えやすい二択の質問や具体的な質問をすること，本人の生活リズムや嗜好に配慮することなどがあった。また，本人が苦手なこと，できないことに気づいて，何が必要かを考えてもらうことを大切にして，本人の発言を否定しないかかわりをした。例えば，買い物で前日と同じものを購入しようとしたときに，「それって昨日も買ったよね」と言うのではなく，「今どうしても必要なものでなければ帰って一度確認してから考えよう」と声をかけていた。記憶障害によって同じ

ものを購入してしまうといったミスはよく起こるが，本人に確認して考えさせるという対応は，一人の社会人として尊重したかかわりと言えよう。

③ 高次脳機能障害者の地域生活支援に共通する課題

　高次脳機能障害者は障害認識が乏しいうえに，先を見通す力が弱いため，親が高齢化して今までのような親丸抱えの生活が早晩破綻すると思われる状況でも，あまり不安を訴えることがない。また親は親亡き後の不安を訴えはするが，長年かかって少しでもうまくいくようにと，親なりに工夫してきた生活パターンを変えることに躊躇し，なかなか一歩を踏み出せない。

　本事例の成長ぶりを目の当たりにしたほかの親が自分の息子も家を出して自立させたいと考えるようになり，相談を受けた。本人同席で面接したところ，本人は「支援は必要ない，必要になったときにやればできるので今の生活で問題ない」と強く主張した。そこで「できることを実際の行動で示して親を安心させる」という目標を設定したところ，納得が得られ，一人暮らし体験に移行することができた。このように，地域での一人暮らしのニーズは自然に生まれるのではなく，一人暮らしに向けた合意形成のプロセスを支援することが必要であり，実際に経験した後で初めてそのことの意味を理解するのだということを改めて知った。

　もう1点，一人暮らしを家族が懸念する理由は社会活動におけるトラブルの発生である。本事例でもあったように，家族を含めた支援者の情報共有による早期の介入と同時に，支援者に相談しながら行動するパターンを学ぶ機会とすることが大切である。地域での一人暮らしにおいてトラブルは起こりうるととらえ，本人が対処法を学ぶための経験となるようなかかわり方を，支援者が工夫することが必要になると思われる。

◉文献

阿部順子＝編著（2017）チームで支える 高次脳機能障害のある人の地域生活──生活版ジョブコーチ支援を活用する自立支援. 中央法規出版.

名古屋市総合リハビリテーション事業団（2017）平成27・28年度 高次脳機能障害地域生活援助者養成研究事業 事業報告書.

2 訪問型家事支援をした事例

●揚戸 薫

1 ── はじめに

　高次脳機能障害者の社会復帰や社会適応は，医療機関での支援後，速やかに次の支援体系の機関利用に至るとは限らない。千葉県千葉リハビリテーションセンター高次脳機能障害支援センター（以下，支援センター）は，こうした次の支援体系に繋がりにくい高次脳機能障害者を，次の支援体系に繋いでいくことを役割としている。高次脳機能障害支援の基本は，地域に帰り地域住民として生活や活動できる力を当事者が身につけられるよう援助していくと同時に，環境調整していくことである。したがって地域支援機関と協働で当事者を支える活動は不可欠である。支援センターは，相談支援機能や個人の適応力を高める活動援助機能，および訪問支援機能をもち，支援を展開している。ここでは，訪問型家事支援の結果，家事の一部が自立した事例について紹介する。

2 ── 事例概要

　30歳代女性，専業主婦，夫と子ども（幼児）の3人暮らし。X年，10代後半での交通事故による脳挫傷で入院加療，高次脳機能障害（遂行機能障害，記憶障害，注意障害）の診断を受けた。自宅退院後アルバイトをするも，仕事を覚えられないという理由でいずれも数カ月で退職。その後，結婚，出産。既往歴は特になし。X＋10数年後から障害福祉サービス（居宅介護）でヘルパー支援を開始した。

3 ── 介入と経過

1 サービス提供に至った経緯

　X＋10数年，居住地の役所より支援センターに相談があった。内容は「本人より『出産後家事が上手くできない，家族の理解がない』と相談があったが，家族への支

援はできるか？」というもので，支援センターでの個別支援を開始した。

２ 支援の内容と経過

　支援は4期・7つのステップを経て，計1年7カ月間実施。支援スタッフは，全期にわたり当支援センターの理学療法士（筆頭著者），臨床心理士が，地域移行の福祉的手続きはソーシャルワーカーが担当した。

（1）第Ⅰ期──支援の導入とアセスメント（支援センター初回面談～2カ月目）

　支援内容：面談（本人1回，夫1回）／支援センター内での作業アセスメント2回

　ステップ1－問題点の把握：夫と本人から聞き取りを行ったところ，「1日の予定が立てられない。夕飯が作れない。部屋が散らかったまま片づかない」などが挙がり，夫と本人はほとんど同じことで困っていた。周囲から「前より物忘れが悪くなっている」と言われるなど，出産後，子どもの成長に伴って，自分のパターンで行動することが難しくなり，臨機応変の対応が求められる環境に変化したなかで，問題が増えていた。そして，これらの原因について，夫は「妻（事例）の元々の性格」と答えた。

　ステップ2－障害特性のアセスメント：生活のしづらさは何から来るのか，夕飯が作れないのはなぜか，支援センター内で簡単な調理評価，生活の聞き取りをして原因を見極めた。すると，同時に複数の課題をこなそうとすると抜けが出る，やるべきことの優先順位が付けられないなどの遂行機能障害や注意障害の影響が大きいことがわかってきた。

　ステップ3－障害特性の説明と支援目標の提案：夫の障害理解を得るため，文書を作成し，"見える化"して，夫と本人に障害特性の説明を行った（表1）。「遂行機能障害がある」「注意障害がある」と専門用語だけを突きつけるのではなく，「複数の作業に優先順位をつけることが難しく，それは高次脳機能障害のひとつの遂行機能障害から来ています。1日に複数の用事が重なると，どう計画してよいかわからなくなり混乱するという特徴があります。日常生活では洗濯，掃除，食事の支度など，どれからやればよいかわからなくなり，結局何もできていない，ということが起こるかもしれません」というふうに，生活での具体的な困りごとを障害にからめて説明することを大切にした。その結果，夫から「なぜ妻が1日中家にいても何もしないのか，できないのかよくわかった。説明を聞いてよかった」という言葉が聞かれ，障害理解を得ることができた。そのうえで夫と本人に目標を確認し，「夫の帰宅に間に合うように夕飯を作れるようになる」こととした。目標達成のために，スタッフの自宅訪問による生活場面のアセスメントを提案した。

表1　障害特性の説明文書

（具体的に日常生活の困りごとを例に出し，障害に起因した行動であることをわかりやすく説明する）

	障害の特徴	具体例	日常生活で起こりうること
1	• 複数のことに優先順位をつけることが難しい（遂行機能障害）	•「免許センターへ行く」「子どもを保育園に初めてバスを使って送る」「自分の病院へ行く」という複数のことが重なった日に，どうしてよいかわからなくなりパニックになって電話がかかってきた。	• 大事な予定を中心に計画を立てる，自分の体調ややれることと照らし合わせて予定を減らす，優先順位を決めて計画をする，ということが難しい。 • 洗濯・食事の支度・掃除……どれもできていないが，どれからやればよいのかわからなくなり，結局何もできていない。 • 同じ日に複数の予定が入ってしまって，どれをやればよいのか，あきらめればよいのかわからず，パニックになる。
2	• ひとつ気になることがあると，それに熱中し，他のことを忘れてしまう。または切り替えられない。 •「○○しながら〜する」ことができない。 • 注意が散りやすい。（注意の分配・切り替え困難）	•「14：00になったら声をかけてください」の指示を忘れてしまう（他の作業に熱中してしまう）。 • 面談終了後，折り紙で鶴を折る。「次の会議があるので終わりにしましょう」とスタッフから伝えられても，止めることができない。	• ひとつのことに熱中していると，「今やるべきこと」に気付けない（優先順位，状況判断）。 •「今やるべきこと」に取りかかれても，他のことに注意が散りやすく，「今やるべきこと」を忘れてしまう，戻れない。 • 家庭では，「気づいたらこんな時間‼」ということになりがちで，時間通りに行動することが難しい。
3	• 言われても忘れてしまう。（記憶障害） • メモを取れと言われても，何をメモすればよいのか，必要なことは何なのか選択できない。（遂行機能障害）	•「ご主人との面談時同席するかどうか，判断はご本人に任せますよ」とお伝えしたが，どうすればよかったか，複数回，確認の電話がかかってきた。 • 面談の時間は何時からか，2回確認の電話がかかってきた。	• 忘れてしまうからメモを取るように言われても，書けない。 • 約束を忘れてしまう。 • その場では覚えていても，子どもに話しかけられたり，電話がかかってきたり，他の刺激が入ると，すっかり忘れてしまう（記憶の入れ物が小さい。たくさん入るとこぼれてしまう）。
4	• メモや指示書を見て行動することが難しい。（遂行機能障害）	• スイートポテト作り，種蒔き，を「指示書通り」に行う，という課題をやっていただいた。 ⇒何をやればよいのか自分で推測できてしまうと，指示書をじっくり見ずに（または指示書の存在を忘れてしまい），自分のやり方でやってしまう。 結果，指示書通りに作れなかった。	• 日常生活内のことであれば，「何となくできてしまう」ことが多いが，仕事や保育園・幼稚園の提出書類など，決められた通りに行うことを求められたときに，誤解や思い込みで行ってしまい，失敗につながりやすい。

（2）第Ⅱ期――**自宅訪問によるアセスメントとツールの導入（3〜8カ月目）**

支援内容：自宅訪問7回／夫へ訪問結果報告の電話7回／地域関係機関との連携会議1回

ステップ4－実際の生活場面のアセスメント／自宅訪問：自宅訪問時，「夕飯を作ってください」と提案したところ，あらかじめ献立を決めていたこともあり，調理工程はスムーズに行え，同時に食器を洗うなど大きな問題は見られなかった。そこで，食事を作る工程（「献立を立てる」「買い物をする」「調理する」）を詳細に分け，どの工程が問題なのかを明らかにした。「献立を立てる」ことは，訪問時にあらかじめ献立を決めておくように伝えていたため達成できたが，普段はなかなか献立が立てられず，ようやく立てても同じ献立が続いていた。例えば，同じ週の夕飯にカレーが2日，うどんが3日連続したり，同じ日の夕飯にカボチャのサラダ，カボチャの炒め物，カボチャのスープと食材の重複した献立となっていた。「買い物をする」ことは一人でできたが，すでに食材があることを忘れて同じものを買うことがたびたびあった。「調理をする」ことは，献立さえ決まっていればレシピを見て調理し，片づけも同時にするなど比較的スムーズに行えた。しかし，調理を開始する時間が遅くなり，結果，夫の帰宅に夕飯が間に合っていなかった。

アセスメントの結果，問題は調理自体ではなく，①献立を立てられない，②いつ調理を始めればよいかわからない，という2つの問題点が明らかとなった。

ステップ5－ツールの導入：これらの問題に対してツールの導入を行った。

- **問題点①：**献立が立てられない（食材を重複して購入する）→「食材リストアップ表」「1週間の献立表」の導入

冷蔵庫の中身を見ながら1週間分の献立を作ってもらったところ，同じ献立を載せたり冷蔵庫の食材を見落とし，自力で献立を立てられないことがわかった。そこで，冷蔵庫の食材を書き出し"見える化"する「食材リストアップ表」（表2）と「1週間の献立表」（表3）を導入した。「食材リストアップ表」は，まず枠のない白紙を使用したところ，冷蔵室の食材をリストアップしている途中で，冷凍室，野菜室を見てしまうなど，集中して1部屋を完了してから次に進むことが難しく，食材の見落としが多々あった。そのため，食材リストアップ表を冷蔵庫の部屋ごとに，冷蔵室，冷凍室，野菜室と枠を分けたところ，今見る場所が限定され，注意・集中が逸れることが減った。「1週間の献立表」も，日付と曜日だけの枠で行うと，1日に主菜だけ，副菜だけ，というふうになかなか浮かばず，自力で献立を完成できなかった。そこで主食・主菜・副菜・汁物と項目を分け，考える手がかりを示した。その結果，冷蔵庫にある食材の見落としが減り不要な食材の購入が減った。また，献立作成は項目が分けられたことでそこを埋めればよいとわかり，支援者の介入が減っ

1週間の献立に使えそうなものをメモしましょう
（消費期限が迫っているものに線を引きましょう）

冷蔵室　　具体例　　・たまご

冷凍庫　　具体例　　・ももにく

野菜室　　具体例　　・ハクサイ
　　　　　　　　　　・にんじん

　　　　　　　　　　　　　　　　月　　日　現在

表2　食材リストアップ表

（冷蔵庫にある食材を書き出すツール。冷蔵庫の部屋ごとに区切り、今見る場所が限定されることで、注意集中が逸れることを防ぐ工夫をした）

表3　1週間の献立表

(考える手がかりとして，主食，主菜，副菜，汁物と項目を分けたことがポイント。見える化することで献立の重複を避ける)

献立表

日付（月／日）		／　（月）	／　（火）	／　（水）	／　（木）	／　（金）
夕飯の メニュー	主食					
	主菜					
	副菜					
	汁物					
買い物リスト ★「買い物に行 く日」に買う物を 書きましょう！						
夫の帰宅時に できていたか （○　×　△）						

た。1週間分の献立が見えるため，同じ献立を載せることがなくなった。ただし，献立の作成には，適宜，支援者による作成開始の促しやアドバイスが必要だった。

- **問題点②**：夫の帰宅に夕飯が間に合わない→「1日のスケジュール表」の導入

　事例は1日をどのように過ごしているのか，1日のスケジュールを"見える化"したところ，午前中に洗濯を済ませた後，昼から保育所のお迎えまでの3時間が何もしていないことが判明した。この時間帯に何をすればよいか聞くと，「掃除をして，洗濯物を取り込んで畳んでしまって夕飯を作る」と，やるべきことはわかっていたが，「何をどの順番でいつやればよいのかわからない」と答えた。その結果，保育所の迎えに行ってから慌ただしく動きはじめ，子どもが家にいる夕方に家事が集中していることがわかった。洗濯物は畳んでも，しまう前に子どもがその場から散らかしてしまうという状況だった。夕飯の支度が間に合わずに惣菜を購入していたことも頻繁にあった。そこで，夕方に集中していた家事を，子どもを保育所に預けている時間帯に済ませるという効率的な1日のスケジュール表（表4）の確認を提案した。それを見ることで，「13時に夕飯作りを始めて，14時に洗濯物を取り込み，畳んでしまえばいいんだ」とわかり，時間通りに家事が行え，夫の帰宅に夕飯が間に

表4　1日のスケジュール表

（遂行機能障害を補うツール。いつ，何を，どの順番でやればよいか，見える形にすることで行動しやすくする）

時間	やること予定
6：00	起床
	洗濯物スイッチON（1回目）
	夫のお弁当づくり（おにぎり・お茶）
6：30	子どもを起こす
7：00	朝食　　←　薬を飲む
	洗濯物を干す（1回目）
	洗濯スイッチON（2回目）
9：00	保育所へ送り
	洗濯物を干す（2回目）
	片付け（食器洗い・部屋の片づけなど）
12：00	昼食
13：00	夕飯づくり（ご飯のタイマースチッチON）
14：00	洗濯物取り込み・畳んでしまう！
15：30	保育所お迎え
	お風呂
	片付け
18：30	夫帰宅
	夕飯　　←　薬を飲む
	夕飯の片付け・明日の準備
22：00	就寝

合うようになった。本人からは「1日のスケジュール表があると，何時に何をすればよいかわかるからとても良い」との感想が聞かれた。

　しかし，このスケジュール表を次回の訪問時（8週間後）には紛失しており，それを防ぐため，必ず1日に何度も見る冷蔵庫のドアに貼った。しかし冷蔵庫のドアにはすでにたくさんの不要な書類が貼られており，支援者と一緒に掲示物は必要最小限に整理した。その結果，スケジュール表の紛失は避けられ，本人だけでなく夫も見るようになり両者で共有することができた。

(3) 第Ⅲ期——ヘルパー引き継ぎ期（9カ月目）

　支援内容：自宅訪問2回

　ステップ6－ヘルパーの導入：ツール（食材リストアップ表，1週間の献立表）の

表5 支援の手順書（支援者が統一した支援を行うことで行動の定着を図るための手順書）

面	障害特性	➡ ヘルパーさんに支援してもらうこと
①食材リストアップ用紙の記入	・注意が逸れることが多いため，時間がかかる。 ・最後までやりきれない。	・「記入」を優先するよう助言してください。 ・考えが逸れてしまった場合，「今は何をするべきか」確認してください。
②献立表作成 ・1日ごとに「主食」「主菜」「副菜」の欄を埋める ・1品献立が決まったら ⇒食材リストアップ用紙のなかの「使用する食材」を線で消す	・優先順位を考えて，献立を立てることが難しい。 　例）「傷みはじめた食材をいつ，どのように使うか」を一人で考えることは難しい。 ・注意が逸れることが多いため，時間がかかる。	・「傷みはじめた食材をいつ使うか，どう調理するか」について ⇒修正が必要な場合，一緒に考え助言してください。 ・食材リストアップ用紙の食材を消す作業を忘れている場合は促してください（忘れると計画が混乱します）。 ・考えが逸れてしまった場合，「今は何をするべきか」確認してください。
③買い物リスト作成	・優先順位を考えながら計画を立てることが難しい。 　例）何を，いつ買い足したらよいか，一人で計画するのが難しい。 ・献立を作成しながら買い物リストを作成するなど，複数のことを同時にこなすことが難しい。	・作成した献立から，①何を新しく買うか，②いつ買うか，を一緒に決める。 ・「いつ買うか」については，忘れないように献立表の所定の枠（いつも同じ場所）とホワイトボードに書き残す。

導入は有効だとわかったが，自立して使いこなすには至らなかった。食材リストアップ表への記入や献立の作成を自分からは実行に移しにくく，実行したとしても食材リストアップ表への記入は集中力が続かずに完成できず，献立もすべて自分一人で考えることは困難だった。ツールの有効活用には，一緒に取り組む支援者による助言が必要であった。そこで，継続した支援を行う地域の支援者として相談支援事業所，ヘルパー事業所による支援を開始した。ヘルパー導入にあたっては，「支援の手順書」（表5）を作成し，事例の障害特性と具体的支援方法について説明を行った。ヘルパーが障害特性を理解し，ツール活用の支援ができるまで複数回自宅訪問に同行し，具体的な支援方法を伝達した。ヘルパーの支援は週2日，1日2時間で，献立作成支援と掃除支援を行い，結果ヘルパー支援によって，支援目標の「夫の帰宅に間に合うように夕飯を作れるようになる」を達成できた。

（4）第Ⅳ期──フォローアップ期（10〜19カ月目）

支援内容：ヘルパー事業所へ状況確認の電話3回／夫へ状況確認の電話1回／自宅訪問4回／連携会議1回

ステップ7－フォローアップ：ヘルパーへ支援を引き継いだ後，1・2・5・9カ月後にフォローアップを実施した。目的は支援状況の確認と適宜修正のためのアドバ

イスである。そのなかで，本人が行うはずの食材リストアップ表の記入や掃除をヘルパーが行っていたり，ヘルパーからは自身の支援内容についての不安が聞かれ，課題も見えてきた。そこで支援計画の振り返りを書面で行い（表6），本来の目標，本人がすること，ヘルパーがすることについて再確認を行い，支援の修正を行った。

4 ── 介入の最終結果

家族と地域支援者に対して，本人の障害特性が理解できるように書面をもとに説明を行い，ツールの導入とヘルパー導入という環境整備を行った。その結果，支援目標を達成することができた。

1 献立作成の変化について

介入前は同じ週に同じ献立が数回続いたが，介入後は賞味期限を考えながら献立を立て，重複することなくレパートリーも増えた。献立を立てる時間も短くなり，携帯で献立を検索するなど工夫もできるようになった。夕飯の支度が間に合うようになったため，急遽お惣菜を購入することも減った。

2 精神面の変化について

介入当初，本人はうまくいかないことにストレスを感じ，どうしてよいかわからず，支援センターに電話をたびたびかけてきた。ヘルパー利用が開始されてから身近な相談役ができたことで不安が減り，安心して落ち着いて行動できるようになり，支援センターへの電話が減った。本人からは「家事ができるようになり自信がもてた。友人から明るくなったと言われる」という前向きな言葉が聞かれた。

3 行動の定着について

電話や訪問でのフォローアップによって，支援状況の確認と適宜修正，アドバイスが実施でき，行動の定着が図れた。

5 ── おわりに

訪問型家事支援におけるポイントを以下に挙げる。

表6 支援計画の振り返り（行動の定着のため、本人と支援者で、目標と課題について再確認し、行動や支援の修正を図る）

課題	支援内容	開始時	今（結果）	これから
段取り良く家事が行えるように、ヘルパーを利用する。	ホームヘルパーについての情報提供と利用手続きの支援を行います。		・ヘルパー支援を週2日、2時間程度導入しました。 ・月曜日は掃除、金曜日は献立作成、と決め、継続して利用できています。	ヘルパー利用を継続し、自立できるように練習していきましょう。
	ヘルパーへ具体的支援内容について情報提供と打ち合わせを実施します。			
夕飯の献立を作り、計画通りに実行する。	献立の立て方、食材リストアップ表の記入ができるように支援します。	献立を決めることができず、同じ献立が重複していました（同じ週にカレー2回、うどん3回など）。	ヘルパーさんと一緒に、食材リストアップの記入・献立作成ができるようになりました。おつまみが1品増えました。料理本を利用するなど工夫され、メニューが増えました。	食材リストアップ表の記入は、自分で冷蔵庫を見ながら書き出しましょう。
	食材の買い足しの内容とタイミングについて支援します。	冷蔵庫には食材がたくさん！同じ食材もたくさんありました。	食材リストアップ表に書き出すことで、買い足す食材がわかり重複は減りました。	ヘルパーさんと一緒に考えていきましょう。
やるべきことの優先順位を決め、1日を計画的に過ごすことができる。	やるべきことの優先順位をつけ、スケジュールを計画します。	洗濯（取り込み・畳む・しまう）、夕飯づくり、掃除、などやることとはわかっていました。いつどの順番にやればよいかはわからず、ぼーっと時間が過ぎてしまい、結果何もできていませんでした。夫の帰宅に夕飯が間に合っていませんでした。	1日のスケジュール表を導入。何時に何をすればよいか"見える化"しました。スケジュール表を見て家事を開始できるようになりました。夫の帰宅に夕飯が間に合うようになりました。	月曜日にヘルパーさんと、火～木3日間の掃除メニューを考え、実際の掃除は○○さんが行いましょう。
	スケジュール通りに実行できたかと振り返ります。			夕飯づくりは、計画通り13：00にはスタートして夫の帰宅に間に合うようにがんばりましょう。

やる内容	○○さんが自分でがんばること	ヘルパーさんにしてもらうこと
食材リストアップ表作成	自分で冷蔵庫の食材を見て書き出す。	冷蔵室1部屋ごとに終わるまで見守り、最後に見落としがないか確認をしてもらう。
献立作成	自分で献立を立てる。	決まらなかったら適宜アドバイスをしてもらう。
夕飯作り	決められた時間に夕飯作りをスタートする。	決められた時間にできたか、確認してもらう。
掃除	火・水・木　3日間 決めた内容の掃除を自分で行う。	火・水・木　3日間の掃除内容を一緒に決めてもらう。 3日間できたか確認してもらう。

1 家族の障害理解を得る

　第三者が家庭に入って支援する訪問型家事支援は，本人のみならず家族に，生活での困りごとが障害ゆえの行動であること，支援を受ける必要性があることを理解していただくプロセスが重要である。介入時，夫の障害理解が乏しかったため，夫に対し障害説明を丁寧に行い，理解を得た後で支援目標を提示し課題を明確にした。これは支援の第一歩として重要であった。支援開始後は，夫に電話などにより支援内容の報告と日々の関わりのポイントも含めアドバイスを行った。夫の関わりで上手くできていることをフィードバックするということを大事にしながら進めた。本人からは「夫が優しくなった」と聞かれ，夫の関わりの変化が窺われた。

2 本人の障害特性に合った代償手段を活かす

　障害が残っても，その方に合った代償手段を取り入れることで，できることは増える。達成したい行動のプロセスを工程に分け，背景にある障害特性との関係で評価を行うことが重要である。

3 繰り返しによる行動定着

　高次脳機能障害の方は，一度できても次にできるとは限らない。易疲労性により，時間帯や状況に応じて同じことでも，できたりできなかったりする。遂行機能障害により，一度できたことでも勝手にやり方を変えたり，やらなくなってしまうこともある。さらに記憶障害でやったことを覚えていられないこともある。このような障害特性から，繰り返しによって行動を定着させていくことが必要になる。

4 ヘルパーが自身の役割を理解する

　ヘルパーは，本人に代わり調理や掃除をすることではなく，本人が自分でできるように適した助言をすることが役割である。高次脳機能障害者は，遂行機能障害や発動性の低下などにより，自ら行動を起こすことが難しく，実生活で自立できないことがある。しかしヘルパー訪問により，生活のなかで，自分でできる部分が増えることがある。しばらく訪問を続けて，目指した調理や掃除を利用者が自分でできるようになると，ヘルパー支援は終了できると判断することが少なくない。しかし，ヘルパーの見守り（来てくれるから，行動が起こせる，軌道修正ができる，繰り返しによって定着する）の上に，自立が成り立っている段階があることを，ヘルパーが理解することが重要である。

◉**注記**

初出論文──揚戸薫ほか（2016）高次脳機能障害を持つ主婦への訪問型家事支援の実践例──高次
脳機能障害支援センターの取り組み．脳科学とリハビリテーション 16 ; 25-33.

3 身体健康管理に対するアウトリーチ支援
食生活の乱れによる脳梗塞再発の危険性を指摘された事例

●野々垣睦美

1 ── はじめに

　本セクションでは脳梗塞再発の危険性を指摘された事例に対する支援を通じて，身体健康管理についてのアウトリーチ支援を紹介する。

　高次脳機能障害に限らず，障がいのある人々が地域生活をしていく場合に，毎日の食事や，セルフケアの習慣に課題があり，そのことが生活習慣病やその他の疾患につながっていくことは少なくない。しかし食行動や生活習慣の問題は，医療機関の外来や相談場面の支援の中だけでは解決しにくい問題でもある。本セクションでは，アウトリーチによる日々の食事と金銭管理のアセスメントを通じた，本人の食生活のアプローチについて紹介をしていく。

2 ── 事業所の概要

　横浜市障害者自立生活アシスタント事業は「施設の専門性を活かし，障害の特性を踏まえた生活力，社会適応力を高めるための支援を行うことにより，単身等で生活する障害者の地域生活を維持することを目的とした事業」であり，平成13（2001）年度から知的障害者，平成19（2007）年度から精神障害者，平成22（2010）年度から発達障害者，高次脳機能障害者への支援を開始した。

　当事業所では，平成22（2010）年4月より高次脳機能障害者を対象とした障害者自立生活アシスタント事業を開始した。単身者や将来ひとり暮らしを希望している高次脳機能障害者を対象に，地域で自立できるようになるために必要な「生活の構築／維持」への支援を実施している。

　日常生活全般にわたる「助言」が中心で，生活上の課題に対して本人が「自分で気づける」よう場面を設定したり，不安やつまずきをいち早くキャッチする予防的対応を行なっている。本人の生活している地域に出向き，生活のなかから障害のアセスメントを実施し，環境調整や代償手段を用いることで自立できるのか，もしくは福祉サービスの利用を検討するのかなどを判断していく。

　利用相談で多いものとしては，①金銭管理・買い物助言，②健康管理・服薬，③

通院同行，④障害年金・傷病手当金・障害者手帳などの申請手続き，⑤公共交通機関の利用，⑥日常生活の様子（生活リズム・体調など）の確認などが挙げられる。

　この事業では，実際の生活場面で本人のアセスメントや助言，支援を行なうと同時に，地域の支援機関と連携を図りながら，地域生活へのサポートを担っている。

3 ── 事例

　本節ではアウトリーチ支援によって身体健康管理を行った事例について紹介する。

1 事例の概要

　50歳代後半の男性。X年に多発性脳梗塞で保存的治療を受け，約半年の入院期間を経て在宅生活となる。軽度右片麻痺（T杖歩行），注意障害，遂行機能障害，固執が残存。既往歴として糖尿病あり。

　退院時より単身生活，生活保護受給。介護保険は要介護1，障害支援区分3．週1回の訪問看護，週2回（1回1時間）の家事援助を利用。日中は週1回のリハビリ教室と週2回の介護保険デイサービスで入浴を中心とした支援を受けている。

2 サービス提供に至った経緯

　退院時よりケアマネージャー，区保健師が中心となり，再発予防に向けた支援を実施。食生活の乱れが顕著であったため配食サービスを導入したが，本人が必要性を理解できずに解約，その後，再度必要性を説明して配食サービスを導入，ふたたび解約を繰り返していた。解約後は近隣のコンビニエンスストアで炭水化物中心の食事を続けていた。

　X＋4年後，食生活の乱れから再発の危険を指摘され，区保健師より自立生活アシスタントに食生活の改善などについての依頼があった。

3 アセスメント

　経過の確認と情報収集：カンファレンス開催を依頼。ケアマネージャー，保健師は「再発予防のため食事の偏りが気になっているが，配食サービスを導入しても本人が相談なく解約してしまうこと」を課題と捉えている。解約の理由について，本人は生活費が不足することを気にしている様子とのこと。生活保護課に保護費の支給額を確認した。

　本人からの聞き取り：本人の希望と課題の整理を行う。本人の希望は「もう脳梗塞にはなりたくないから健康を維持したい」，課題については，食事に限らず生活全

般において「困っていると感じることはない」と話す。また，会話のなかに「みんな（支援者）が心配してくれているんだけど，大丈夫なんだよな」という発言も聞かれる。

生活状況：アパート2階部分（エレベーターなし）のワンルーム。台所には1口タイプの電磁調理器と冷蔵庫（ホテル型の小さなもので冷凍機能はなし），調理器具として片手鍋とフライパンを1つずつ所有している。徒歩5分のところにコンビニエンスストアはあるが，スーパーマーケットへはバスを利用し片道30分を要する。麻痺があるため，片手で持つことができる分だけの買い物をしている。

4 支援計画の立案

本人の希望：今の生活を維持する（脳梗塞再発せず，健康を維持したい）。

支援方針：買い物状況を確認しながら食生活（健康管理）の見直しを行い，健康を維持できるよう支援する。

支援目標①（長期目標）：自分の健康状態に合わせた食生活ができる（短期目標：自分が食べたもの・量を把握する／支援内容：食べたものや購入した食品を確認し，フィードバックを行なう。関係機関と連携し，共通した助言・環境設定を行なう）。

支援目標②（長期目標）：1カ月に何にどのくらいお金を使っているのか把握する（短期目標：レシートを集めることができる／支援内容：レシートの保管場所を決め，レシートを確認しながらお金の使い方の振り返りを行なう）。

5 支援の経過

（1）第Ⅰ期──支援の導入（契約～2カ月目）

支援内容：訪問4回／電話3回／関係機関との連携3回／カンファレンス1回

区役所から支援依頼が入った段階で，これまでの支援経過確認のためのカンファレンスを設定し，まずは情報共有を行なう。経過としては，病前より食生活の乱れがあり，糖尿病も未治療のままになっていた。発症後より区保健師，ケアマネージャー，訪問看護師が食生活について再三指導し，配食サービスの導入を行なってきたが，本人は「普段からバランスを考えて食事をしている」「配食は高く，生活費を圧迫する」などの理由から配食サービスを繰り返し解約している状態だった。調理のため週2回ヘルパーを利用しているが，毎回食材が「うどん，ラーメン，そうめん」などの炭水化物しか準備されておらず，栄養バランスを考えた調理をすることはできていない。また，ヘルパーの時間数が毎回1時間であり，近くにスーパーマーケットがないことから買い物へ行く時間を取ることは困難だという。カンファレンスの結果，支援は必要なケースであるが，本人が困っていない状況で支援者を増やすことは本人の同意が得られにくい可能性を考慮し，「本人の味方になるような導入を行ない，継続的な支援を探る」方向に決まる。具体的には，本人はバランス

を考えて食事ができていると認識していること，みんなが心配していることには気づいていることから，「バランスよく食事できていることをみんなに証明しましょう」と伝えることにした。

支援開始時，本人には生活上の困り感や具体的なニーズのない状況であったが，「もう脳梗塞にはなりたくないから健康を維持したい」という目標に対し，経過を追うことで承諾を得る。食生活について確認すると，カンファレンス時と同様の内容が挙がる。また，これまで食事のことを支援者から指摘され続けていたが，それ自体を「きちんとできているのにうるさい，うっとうしい，必要ない」と感じていることがわかる。本人と相談し，「バランスよく食事できていることをみんなに証明する」ことを目標に支援を開始することとなる。

(2) 第Ⅱ期──日々の食事と金銭についてのアセスメント・支援（3〜6カ月目）

支援内容：訪問14回／電話15回／関係機関との連携9回／カンファレンス1回

食事の内容とお金の使い方について確認するため，本人に日々のレシートを取りためておくよう依頼し，レシート入れを作成。最初の2週間はほとんどレシートを入れることができなかったため，財布やポケットに入っているレシートを探す作業を行なう。その後，徐々にではあるがレシートを保管する習慣が定着し，手持ちの金銭とレシートがほぼ一致するようになる。

自立生活アシスタントはレシートから一覧を作成し（表1），食事内容について炭水化物，たんぱく質，野菜，嗜好品に色分けを行なった。レシートから菓子パンや麺類などの炭水化物が中心の食事内容であり，野菜は1カ月で2個のみ購入していることがわかる。本人へは毎回一覧を提示し「何色の食べ物が多いですか？」と食事内容について視覚的に提示し，食に対する理解を促すよう支援した。繰り返すことで本人から「俺って野菜食べてないんだな」という発言が聞かれるようになる。それ以降，外食では野菜の入っている献立を選ぶよう意識できるようになっている。

また，食費についてレシートから割り出すことで，食費に1日1,500円以上（外食した日は2,000円以上）使っていることが判明する。本人と振り返りをするなかで「案外，食費高いな」と気づく場面あり。このタイミングで配食サービスについて本人へ説明し，これまで配食サービスを解約してきた経緯について確認すると，「食事バランスは考えてるつもりだったけど，野菜が少ない」「お金が高いと思っていたけど自分で買い物したらもっと高かった」などの発言が聞かれるようになった。また，バランスについてどのように捉えていたのか聞き取りを行なうと，「朝パンなら昼は麺，夜は米」「洋食の次は中華」など，栄養バランス以外の認識をしていたことが明らかとなり，支援者が考えていたバランスとの相違を見出すことができる。

これを機に再度配食サービス導入の検討を行なうことになる。以前使ったことのある業者は味に不満があったとのことで，今回は普段食べなれているコンビニエンスストアの配食サービスを利用してみることとし，手続きや注文方法についての練習を開始した。

表1 食事内容一覧

配食	日　付	時間	店　　舗	栄養	商　　品	金額
あり	7月14日	12:07	コンビニエンスストアA		卵4個	156
					海鮮お好み焼き	178
					おにぎりワサビのり	100
					おにぎり梅	100
					コーヒー	110
					おさかなソーセージ	198
なし	7月15日	14:24	コンビニエンスストアA		みそラーメン	95
					しおラーメン	95
					おにぎりすじこ醤油漬け×2	200
					手巻きおむすび焼豚	100
					から揚げ	198
あり	7月16日	18:19	コンビニエンスストアA		おにぎり明太子	100
					おにぎりワサビのり	100
		19:43			そうめん	198
あり	7月17日	19:57	コンビニエンスストアA		卵4個	156
					そば	198
					絹豆腐 150g×3	98
					みそラーメン	95
					しおラーメン	95

■=嗜好品　　■=主食（ご飯・パン・麺）　　■=副菜（野菜・きのこなど）
■=主菜（肉・魚・卵・大豆）　　■=牛乳・乳製品　　■=果物

（3）第Ⅲ期——献立の選び方と買い物についてのアセスメント・支援（7〜9カ月目）

支援内容：訪問7回／電話5回／関係機関との連携4回

　配食サービスの注文，受け取りは安定して行えるようになり，次の課題としてヘルパーに調理してもらう際の献立の選び方についての検討を始める。この段階でも購入する食材は麺類が中心であり，野菜の含まれる献立について，どのようにしていくか本人と相談する。本人からは「病前より一人暮らしで調理をしたことがないから，何を作ってもらってよいのか見当もつかない」という。所有している調理器具と照らし合わせ，フライパンや鍋ひとつでできる調理の本から，本人と一緒に野菜の含まれている食べてみたいメニューを選び出す。自立生活アシスタントはそのメニューを，できあがり写真とレシピ，材料としてまとめ，1つの料理につきA4用紙1枚のレシピとして複数の料理分を作成した（図1）。このレシピの材料部分にB7サイズのクリアポケットを貼り，そのなかに材料を記載したカードを入れ，買い物時にはこのカードを持っていくことで，買い忘れがないよう工夫した。カードの大

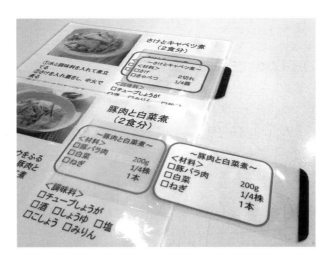

図1　レシピ例

きさについて，最初の段階では財布に収まる大きさとしたが，買い物の際にカード
の存在を忘れる（持ってはいるが見ない）ことが続いたため，カードを一回り大き
くし，財布から少しはみ出すようにしたことで忘れは減少した。本人は「邪魔だか
ら意識しやすくなった」と話している。

　食事についてのアセスメントの際に使用したレシートから，本人の行動範囲を確
認し，交通アクセスのよいスーパーマーケットについて助言。ヘルパーが入る日の
前日に買い物をするよう，カレンダーに日程の記載を行なった。買い物日に雨が降っ
ているときには本人へ電話し，無理して買い物へ出かけないよう伝えるなどの対応
を実施した。

　ケアマネージャーへ連絡し，レシピと買い物の件を報告した。ヘルパーの調理時
間に立ち会い，直接ヘルパーへの説明を行なった。

（4）第Ⅳ期──支援の振り返りとモニタリング，関係機関への引き継ぎ（10〜12カ月目）

　支援内容：訪問2回／電話4回／関係機関との連携4回

　配食サービスの注文忘れもなく，献立を選んで買い物へいくことも定着してきて
いるため，自立生活アシスタントの直接的支援を意図的に減らし，関係機関への引
き継ぎを行なった。配食サービスの注文については，訪問看護の際に注文忘れにつ
いて確認してもらうことになる。

6　支援の終結

　本人の「脳梗塞再発せず，健康を維持したい」というニーズについて，食事面を
中心に支援を実施した。支援初期は日々の食事と金銭について確認を行ない，視覚

的に本人へ提示し，フィードバックしたことで，食事に対する認識に変化が現れた。その後，配食サービス導入，調理のための献立選びなどの支援を行なうことで食生活に広がりが見られるようになった。

本人より「配食サービスの味に飽きたから，業者を変えたい」と相談があった。自立生活アシスタント導入前は，本人が誰にも相談なく解約してしまっていたが，今回の支援を通し配食サービスの必要性を理解できたと考えられる。ケアマネージャーに引き継ぎ，契約から1年で支援終了とした。

4 ── まとめ──訪問訓練活用のポイントなど

食生活に対するアウトリーチ支援についてのポイントをまとめよう。

まず，本人ができることを増やすための支援では，導入時のかかわりが重要であり，課題の認識を促しながら「どうすればできるのか」提示していく必要がある。

次に，本人への関わり，方向性にずれが生じないよう，関係機関との連絡をこまめに行なうことを意識することも重要であろう。

また，訪問による直接的支援だけではなく，電話などのツールを使いながら「本人からのSOS発信が可能か」も評価していくことが大切である。

このようなこまめな支援を行いながら，支援の終結に向け，訪問回数，頻度の調整を行なう。障害をもつ人の支援においては，障害による生活の直接的な困難だけでなく，身体健康管理も重要である。アウトリーチを通じて，日常の食生活を見守っていくことが，その後の健康な生活をサポートすることになるということを意識したい。

アウトリーチ事業運営のヒント
失敗しないための事業モデル

前部ではアウトリーチ支援の実践を紹介したが，では具体的に，これらの支援をどのように事業として運営したらよいだろうか。

障害のある人々に対するアウトリーチ支援は，必ずしも万全な制度が法的に整備されているわけではないことは第1章でも述べたが，地域の実践者はさまざまな制度を組み合わせる中でアウトリーチ支援を展開している。ここでは生活訓練（訪問・通所・宿泊），相談支援，就労移行支援，地域移行などの制度を活用した事業の運営形式を紹介する。

1 相談支援事業との連携の重要性

●松尾明子

この章では，相談支援事業と訪問による生活訓練（以下，訪問生活訓練）の連携について，その必要性と重要性にふれるとともに，アウトリーチの事業運営に役立つと思われる事項についても考察する。なお，ここでの「相談支援事業」は，サービス等利用計画を作成する「指定特定相談支援事業」を指すものとする。

1 ── アウトリーチの必要性

指定特定相談支援（以下，計画相談）において，対象者と関わりアセスメントを深めるための方法として，アウトリーチによる支援が有効であることを改めて述べてみたい。

これから先の計画を本人と一緒に作っていくためには，より深く本人とその状況を理解すること（見立て）が必要である。時間をかけて面談し，生活歴などを聴くこともその人を知る方法ではあるが，本人の生活の場面に出かけていくことのほうが，事務所での面談の何倍も何十倍もの情報を得られることは間違いない。百聞は一見に如かず，である。住まいのある環境，部屋の状況などは，その場に行くことで正確に把握することができる。

また，訪問するだけでなく，いわゆる同行や並行ということをすると，椅子に腰かけて話を聴いているだけではわからなかった本人像が見えてくる。買い物で支払いをするとき，バスに乗るとき，役所で手続きの書類を書くとき，さまざまな場面でどのような行動を取るのか等々をつかむことができる。外出はアセスメント機会の宝庫といえる。

その後の支援の組立て（手立て）に結びつけるためには，来ていただくのではなく，「こちらからお伺いします」「ご一緒します」というスタンスでいることが，関係性の構築のためにも役立つことが多い。

どのような場面でどのような反応をするのか，どのような場面で笑顔が見られ，どのような場面で緊張するのかなどのアセスメントを含め，その体験を共有できることは互いに知り合う当然のステップであろう。

一方で，自宅への訪問は相手のホームに踏み込んでいく行為でもある。お邪魔させていただくという謙虚な姿勢で伺うことを忘れてはならない。こちらの過剰な「知

りたい」姿勢は，相手の負担になることも多い。

　計画相談は，一人ひとりの希望や課題を言語化し計画に文字として落とし込むことで，本人，家族，支援者，関係者がそれを共有し，ともに同じ目標に向かって進んでいくための重要なツールである。

　しかし，ともすれば固定化，定型化しやすい側面があるのも否めない。特に同じサービスを継続して利用している場合，同じ職員，同じプログラムという環境で，いわゆる「安定している」とみなされる利用者ほど，多くの利用者のなかに埋没してしまい，安定した状態の維持・継続という目標が計画に記されることになりがちである。これをいかに形式的でなく，本人（家族），支援者双方にとって実際に役に立つ有益なものとするか。相談支援専門員の力量が試されるところでもある。

　繰り返しになるが，そこではアウトリーチで関わるという姿勢が基本となる。生活上の希望あるいは解決・改善したい困りごとは，生活の場において生じるものである。他の場所では，たとえ言葉によって語られたとしても実態と離れたものになってしまう可能性もある。

　アウトリーチでの支援は，一人ひとりに異なる生活があるという当たり前のことを私たちに気付かせてくれる。

　当事者は疾病や事故などにより何らかの形での生きづらさという障害を抱えている場合が多い。言うまでもなく，障害や疾患が同じであっても，その状況，環境などにより障害が及ぼす影響は大きく異なる。それぞれが固有の人生を歩み，固有の希望をもっていることを，支援者は忘れてはならない。同時に，希望を失い目標を見出せずにいる場合も少なくはないことから，希望をもつことの大切さを本人が再認識できるような支援を心がけたい。

2 ── 計画相談と訪問生活訓練の連携の必要性

　平成24（2012）年に，障害福祉サービスを利用する人全員にサービス等利用計画（以後，計画）の作成が法律で定められて以降，原則としてどのサービスについても計画のもと提供されることとなった。

　本人と相談支援専門員が相談しながら共に作り上げる計画，サービスを利用するために必要な一書類として作られる計画，または，利用者自身が希望やそれを実現するための課題を分析して作るセルフプラン等々，さまざまな計画が作られている。

　計画には（セルフプランは除き）モニタリングが位置付けられているため，どのサービスにおいてもサービスの提供状況，本人の状態，満足度などを定期的に確認することになる。どのような形であれ，サービス事業所とは本人を介してつながっている。

　しかし，そのなかでも訪問生活訓練と計画相談の連携は，特に次のことから必須といえる。

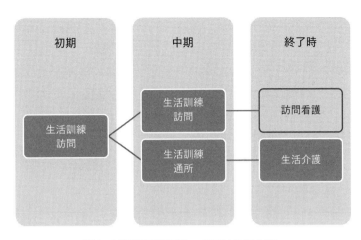

図1 訪問は訪問看護に，通所は生活介護に

- 生活訓練は有期限（標準利用期間2年）のサービスである
- 訪問生活訓練の支援は個別性に富む
- 訪問生活訓練の支援は柔軟で臨機応変である
- 訪問生活訓練の支援は生活という幅広い範囲をカバーする
- 「生活」の範囲は幅広く，同時に変化の幅も広い
- 生活訓練の目的の大きな柱はアセスメントであり，そのアセスメントは随時更新される

　短期間の関わりで本人が変化することもある。例えば，ひきこもっていてそれまで支援や他人との関わりのない環境で暮らしていた人のところに，アウトリーチで新しい風が入ることになれば変化があって当然である。本人が変化すれば，支援も変化する。その時その時の必要に応じたオーダーメイドの支援ができるのが，訪問生活訓練の強みである。

　関わりにより別のニーズが生まれ，生活訓練以外のサービスや支援が必要になることもあるかもしれない。そのようなときに，計画相談と生活訓練が連携していることで，的確に本人に合う支援を検討し導入することが可能になるのである。

　図1〜6には，生活訓練のさまざまな利用パターンと経過の例を示した。「後期」は，生活訓練利用の最終期であり，次のサービスなどと併用する場合もある。「終了時」は，併用の必要性がなく，いわゆるのりしろの部分を作らずに次のサービスなどに切り替える例である。いずれにしても，本人や環境の変化に生活訓練と計画相談が近い距離で伴走することになる。

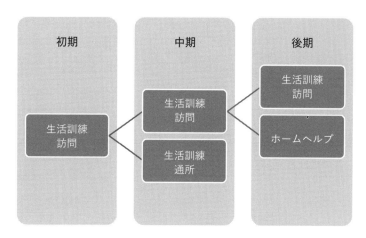

図2　通所のニーズがなかった場合

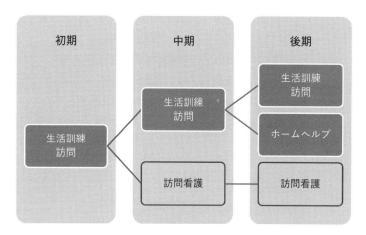

図3　訪問は訪問看護とホームヘルプに

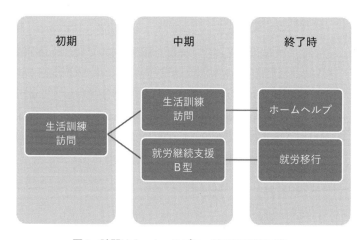

図4　訪問はホームヘルプに，通所は就労支援に

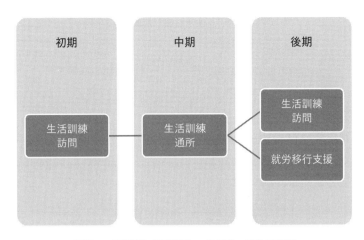

図5　一度通所に切り替え，その後一時的に訪問

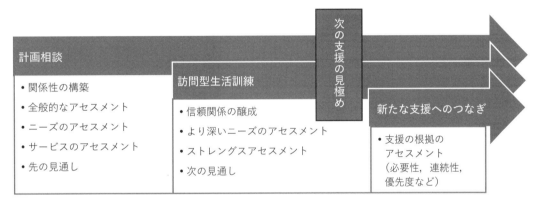

図6　（計画相談，訪問型生活訓練）関わりの経過とそれぞれの役割

3 ── 計画相談と訪問生活訓練の連携の強み

次のようなことから，双方が連携することで支援上の効果が表れやすいといえる。

- 一定期間，重点的・包括的なアセスメントが可能である
- 利用者の変化にタイムリーに対応できる
- 利用者を俯瞰的にとらえられる
- 期間限定ゆえに目標設定がしやすい
- チームアプローチが可能
- フィードバックがしやすい
- 自己評価を高める関わりができる

表1 生活訓練のさまざまな利用パターンとニーズ例

ニーズの例＼利用のパターン	訪問のみ	訪問から通所に移行	通所と訪問を併用	通所のみ
生活習慣・リズム	○	○	○	◎
生活スキル	◎	○	◎	○
環境変化	◎	○	○	○
ひきこもり	◎	○	○	○

　訪問生活訓練との連携は，計画相談にとって心強い伴走者と一定期間，共に確実な支援が行えるということでもある。

　ニーズが言語化しにくい人に対して，訪問生活訓練が介入した場合，家事など必要な支援を行いながら本人との関係性を深め，本人自身の言葉で必要な支援を表明できるようになることが期待できる。このことは，ニーズ（デマンド）が多く，的が絞りにくい場合にも同様のことがいえる。買い物，掃除などの家事や，電車に乗る，手続きをするなどのことを共に行うことで，サポートの必要度を把握することが可能となる。何よりも，そのことを本人とその場で確認し合えることは効果的であろう。

　反対に，ニーズが明確な人には，期間限定で必要な支援を集中的にすることが可能である。

　退院・退所後の住環境の整備や，新しい土地に慣れるまでの同行，公共交通機関の利用に課題がある場合のアセスメントとチャレンジなどは，一定期間集中的に支援することで次のステップへと進んでいけるようになる例であろう。

　また，ひきこもり，対人関係に課題のある人へのアプローチとしても訪問生活訓練の支援は有効である。本人のペースに合わせ訪問の時間や頻度は調整可能であるし，ゆっくりと信頼関係を築きながら，関わる人を少しずつ増やすこともできる。家から一歩出るタイミングを外さずに背中を押したり，一緒に出かけたりすることもできるだろう。

　これらの支援は，計画相談の相談支援専門員が行うこともできなくはない。しかしながら，相談支援専門員一人がすべて行うよりも，多くの視点が入ることにより深いアセスメントが可能となり，効率性や採算性を考えても効果的であることは明らかである。

　このように，計画相談と訪問生活訓練の連携は，アウトリーチで本人と関わりをもつことのできる支援チームだからこそできることで，本人にとって的確で有効な支援を提供するうえで必須のものといえるだろう。

　なお，ニーズの例と生活訓練の利用のパターンを示したのが表1である。あくまでも私見ではあるが，本人のニーズ・状態に応じて柔軟にアウトリーチ支援の利用パターンを変更できるのも生活訓練の利点である。

4 ─── 運営としての連携の強み

　同一法人のなかで，計画作成とサービス提供を行うことは，先行する介護保険でも指摘されているように抱え込み（囲い込み）とみなされることがあるかもしれない。一般的には，抱え込みという表現は良い意味で使われることは少ない。というより，本人支援よりも利益を優先するような印象となりがちである。

　けれども，計画相談のあるべき像をきちんと理解した相談支援専門員が，独立性を保てる場合には，同一法人内で計画作成と訪問生活訓練がチームを組むことは，以下のことから非常に有効であると思われる。

　1点目は，先に述べたように支援上の連携が取りやすいということである。

　さまざまな状況の報告・連絡・相談は，まさに顔の見える関係でのやりとりが可能であり，またタイムリーに行うこともできる。

　同一法人内であれば，それぞれの事業の目指す方針などを把握できているうえ，さらにスタッフ同士も互いの考え方や価値観などを知ったうえでの連携であるから，方向性のすり合わせも容易であろう。

　2点目は，運営上，利用者を確保し，ある程度先の見通しを立てやすいということである。

　計画相談が，サービス（この場合は特に訪問生活訓練）の効果をPRし，サービス利用が望ましいと判断した人を利用に結びつけることが可能である。生活訓練というサービスのなかに訪問型があるということも，またその運用方法もまだ広く知られているとは言いにくい。未知のサービスを，必要と思われる人や周囲の関係者にとっていかに役立つものであるか知ってもらうこと，説明し同意を得て利用につなげること，これは計画相談の大きな役割である。

　この際の対象者の選定は，アウトリーチというマンツーマンの支援を実施するうえでたいへん重要となる。便利で役立つからと，アウトリーチ支援の必要性の少ない人にまで訪問生活訓練を導入していては訪問するスタッフが足りなくなり，本当に必要な人に支援が行き届かなくなる可能性があるからだ。

　また，利用者数の動向を把握しやすいこともあげられる。

　生活訓練のサービスは，2年間という標準利用期間は決まっているが，それは卒業に要する期間ではない。その間に目標が達成されたり，生活訓練サービスの利用によりニーズの変化が生じたりして，もっと短い利用期間で終了する場合もある。計画相談は，ある程度その状況を予測することができるため，それを見越して次の利用者の受け入れを検討することもしやすいのである。

　3点目として，新しい資源・サービスの創出につながるという大きな効果がある。

　計画相談は，個別の事例を通して地域課題を把握し，不足している社会資源の開発を行うことが役割として求められている。

　相談支援専門員は利用者への支援を通して，また自立支援協議会などの連携を図

るための会議などを通して地域の資源に明るい。そのため，既存のサービス，社会資源での対応の可能性をある程度判断しやすい。対応できる場合にはもちろんそこにつなぐが，ニーズに応えられるサービスや資源が見つからない場合には，新しい資源の創出を検討することになる。

　計画相談と訪問生活訓練でのアセスメントの結果，例えば通所サービスへの送迎の必要性があればその導入を，加齢による身体能力などの低下がみられる一定の層の存在があれば生活介護サービスの立ち上げを検討する。計画相談は，地域ニーズのアンテナとしての役割を担っているといえよう。

　その場合にも，計画相談だけの視点ではなく，共にアウトリーチで支援してきた生活訓練のチームの意見がバックにあるため，実践から集積された必要性の根拠を示すことが可能になるのである。

◉文献

増田樹郎（2013）ケアマネジメントの構成と課題──介護保険におけるケアマネジメント事情をとおして．障害者教育・福祉学研究 9；65-70．

野中 猛（2008）図説 精神障害者リハビリテーション．中央法規出版．

野中 猛（2009）図説 ケアマネジメント．中央法規出版．

チャールズ・A・ラップ＋リチャード・J・ゴスチャ［田中英樹＝監訳］（2008）ストレングスモデル──精神障害者のためのケースマネジメント．金剛出版．

品川眞佐子，吉田光爾，武田牧子（2012）訪問による生活訓練事業の進め方．コンボ．

社会福祉法人豊芯会（2015）訪問による自立訓練（生活訓練）を活用した地域移行及び地域生活支援の在り方に関する研究 平成27年度 総括・分担研究報告書 平成27年度厚生労働科学研究費補助金 障害者政策総合研究事業．

特定非営利活動法人ほっとハート（2009）障害者保健福祉推進事業 地域における訪問型生活訓練事業のニーズ把握とサービス内容・コスト分析に関する調査研究事業報告書 平成20年度厚生労働省障害者保健福祉推進事業調査研究報告書．

吉田光爾（2014）精神科臨床サービス（特集＝相談支援とケアマネジメント）14-2．

「生活訓練」単独型
訪問＋通所

●遠藤紫乃

　一般社団法人スターアドバンス（以下，「当法人」）は，千葉県船橋市，市川市で活動している，主に精神障害者の地域生活を支援する法人である。

　2014年12月に法人を立ち上げ，2015年4月から船橋市において，多機能型の生活訓練・生活介護事業所（定員20名），相談支援事業所を，市川市において居宅介護事業所を実施している。2016年からは就労継続支援B型事業も行っている。

　生活訓練事業としては定員14名で，職員は管理者・サービス管理責任者1名，常勤職員2名（1名は兼務），非常勤職員（ピアスタッフ）4名の体制で，日中の通所と訪問による支援を行っている。

　利用者数は，通所10名，訪問10名の計20名位の状態である。

1 ── 当法人設立の背景

　千葉県市川市で同様の事業を行っていた法人から，目指す支援の方向が同じ職員6人が独立し，2015年度4月に当法人を立ち上げた。生活訓練事業の訪問型をメインに，障害をもっていても，地域で暮らしている人が「その人なりに」暮らしつづけるためのサポートを行い，障害があってもなくても，誰もが住みやすい街づくりを行うことを当法人の理念としている（図1）。

　　経営理念　：障害があっても，地域で「その人なりに」暮らし続けられる地域
　　　　　　　　を創ります（どのような経営スタンスを貫くかという基本的な経
　　　　　　　　営スタンスを明確化するもの──「行動のもととなる考え方」）。
　　ビジョン　：地域生活のための「断らない福祉」を実現し，「ソーシャルアク
　　　　　　　　ション」を起こします（経営姿勢のもとに，自社の目指す将来の
　　　　　　　　姿を，職員や利用者，そして社会に対して表したもの──「なり
　　　　　　　　たい姿」）。
　　ミッション：障害をもつ人のリカバリーの支援を行います（社会における自社
　　　　　　　　の存在意味や果たすべき使命を普遍的な形で表した，基本的価値
　　　　　　　　観を表明したもの──「果たすべき役割」）。

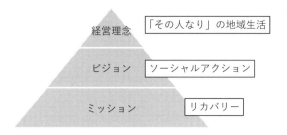

図1　当法人の理念

　上記のような当法人の姿勢のもと，地域における生活支援を行い，整備されていない資源は自分たちで作っていきたいと考えている。

2 ─── 生活訓練での通所事業

　生活訓練事業所「コン」は，11〜15時まで，月曜日から金曜日まで開所している。生活訓練のプログラムである「介護職員初任者研修」を開講している間は，日曜日も開所している。

　開所時間の前後，朝と夕方には利用者宅に訪問に行っており，職員は「朝の訪問→朝礼→通所→夕礼→夕方の訪問」という流れで1日の仕事をしている。

　通所では，午前は各自自由に過ごし，自分たちで持ってきた昼食を食べ（週に2回は調理実習のプログラムがある），午後はまず掃除のプログラムを行ったのち，各曜日毎のグループワークのプルグラムを行っている。通所には利用者6〜10人に対し，職員2〜4人の手厚い配置をしている。現在の課題としては，主に精神障害者を対象に始めた生活訓練ではあるが，実情として知的障害者の方が多く，精神障害と知的障害という障害の違う人たちが同じプログラムに参加することは難しくなってきている。

3 ─── アウトリーチの必要性

　千葉県船橋市・市川市は，江戸川を越えればすぐ東京都という場所に位置する，比較的社会資源の豊富な市である。しかしながらアウトリーチによる支援は，いまだ十分とはいえず，当法人以外に福祉サービスでのアウトリーチ支援を積極的に行っている法人は，数箇所しかないという現状がある。

　当法人に寄せられる訪問の依頼は，基幹型相談支援センターからが一番多く，次に市役所の福祉担当課から，そして相談支援事業所からの順である。通所を基本とする障害福祉サービスでは関わることの難しい人への支援として，ヘルパーではな

く，訪問型の生訓訓練への依頼が来るのである。

4 ── 訪問による生活訓練

現在，当法人が訪問している人には以下のような特徴がある。

①リワークを目指している人
②自らの課題を解決したいと希望している人
③地域移行から関っている人
④生活環境に課題があり，まずはアセスメントをする必要が大きい人（元はホームレスだった，ホームヘルプでは支援できないニーズがある，など）
⑤長い間，ひきこもり状態にある人
⑥他機関から生活訓練による訪問での支援が適切ではないかと紹介された人（就労移行支援事業者や就労継続支援B型事業所に通えなかった人）
⑦母子支援施設などで暮らしている人
⑧緊急に頻度高く訪問を行う必要のある人

訪問型による生活訓練を利用している人で，当初は訪問型のみの単独利用で「コン」に通所して来る人はいない。また，サービスは訪問型利用のみという人と，デイケア，地域活動支援センター，就労継続支援B型事業所など他のサービスを併用している人がいる。

訪問を重ね，関係性ができ，本人の希望に合えば通所に通う場合もあるが，生活訓練のための通所という選択肢だけを考えるのではなく，相談支援事業所や他機関（訪問看護や他の障害福祉サービス事業所）との連携のなかで，本人の自己決定を尊重して，本人が決められるように支援をしていくことが基本である。

5 ── アウトリーチが必要

上記の①〜③までの人は，本人の希望により訪問に入る群である。④の人は本人が希望する場合もあれば，そうではない場合もある。⑤〜⑧の人たちは，本人の希望というよりも，関係機関や家族や，周囲の誰かが強く訪問を希望している群である。

どの場合においても，通所からでは支援に入ることができない人たちを対象に，アウトリーチという手法を通じて，関係性を結んでいく。従来の通所によるサービスでは，ニーズが引き出せないばかりか，関係性も結ぶことができなかった層の人たちである。

6 ─── 相談支援事業所との連携

上記の①〜⑧のどの場合においても，相談支援事業所がまずサービス等利用計画を作成し，そのうえで生活訓練に繋ぐという流れは共通している。

当法人内では法人の成り立ちによる経緯から，生活訓練と相談支援事業所の連携が大切であることを十分に理解していたため，常に協力関係にあった。

相談支援事業所には，基幹型相談支援事業所や相談支援事業所，行政などからのオファーが多いのだが，当法人の相談支援事業所への依頼の特徴として，他の障害福祉サービス事業所からの紹介が多いことが挙げられる。

当法人の相談支援事業所「クルー」で，サービス等計画相談を立てている他法人の事業所が，「自分たちの事業所に通所できなくなった利用者」を紹介してくるということがよくある。

通所ができなくなったために，誰も関わらず，支援からこぼれ落ち，調子を大きく崩す。そして日常の暮らしがままならなくなる。通所するまでには，なんだかまだ時間がかかりそうだ。であれば，その間訪問というサービスを受け停滞期（？）を乗り越え，復活の機会を待ち，再び通所できたら……という思いから，紹介をしているのである。

相談支援事業所「クルー」でその人に合わせた個別の相談支援（リカバリーの支援）を行っていることで，他法人の障害福祉サービス事業所から信頼を得て，生活訓練が適切だと思われる利用者を紹介してもらえるのだと思っている。相談支援事業所との連携とは，相談支援事業所側から捉えるならば，単なるケース（個別支援）での連携にとどまらず，地域でどのように関係機関との関わりをもち，自分たちの理念を地域で実践していけるかという側面が大きいのではないかと考えている。

7 ─── 事業所間ネットワーク

生活訓練という事業は，他の多くの障害福祉サービスとは違い，利用期限がある。その期限には意味や価値があると思っている事業所の人たちと，ここ数年「通過型の可能性を拓実践研修」を企画して実行している。東京都生活訓練事業所ネットワークという団体に，千葉・神奈川・山梨など近県の事業所も参加し，2日間の研修を行っている。自分たちの事業の特性を理解し，同じ事業を行う人たちとの研鑽の機会は大変重要で，生活訓練事業の歴史的な流れ，アセスメントの重要性，地域移行における役割，個別支援計画の立て方，グループスーパービジョン，経営についてなど，その時々自分たちが知りたいことを，研修という形を取り学んできた。研修を実施するためには，研修の企画委員となっている私たち自身が，自分たちの課題や，知りたいことを明らかにし，多くの同業者たちとの対話を繰り返す。そのなか

から得るものは大変大きく，研修を作り上げる過程のなかからこそ，学ぶべきもの
が多いということを実感している。全国的にみても，生活訓練に特化した研修を行っ
ているのは，東京での研修と，大阪での請訓ネットでの研修だけだと認識している。

　他の障害福祉サービスに比べ，行っている事業所数自体が少ないうえに，期限が
あることや，自ら進んで利用するようなサービスではあまりないために，同事業を
行う者同士の貴重な情報共有，研鑽の場に研修がなっていると言える。

　それにより他の事業所の実践を知り，自分たちの事業に取り入れていくなどの工
夫もでき，なにより生活訓練事業を行う者同士ならではのシンパシーを十分に感じ
ることのできる場になっている。私たち障害福祉サービス事業所の職員においても，
他の人との共感や共有，一人ではないと感じることは，利用者への支援同様に大切
なことだからである。

3 「生活訓練」単独型
訪問＋通所

●福岡 薫

　社会福祉法人みつわ会（以下，「当法人」）は，大阪府寝屋川市にある小規模社会福祉法人である。主に精神障がいのある方の地域生活を支える活動を行っており，市内に4拠点，6事業（相談支援事業・就労継続支援B型事業・就労移行支援事業・共同生活援助事業・地域活動支援センターⅠ型・生活訓練事業）を実施している。

　当法人は，2008年に障害者保健福祉推進事業による「生活訓練（訪問型）調査研究プロジェクト」に参加したことをきっかけに生活訓練事業を知り，2011年に就労継続支援B型事業との多機能型としてスタートした。その後，法人内の事業所移転と再編に伴い，現在は定員30人（生活訓練事業10人・就労移行支援事業20人）の多機能型事業として運営している。

　当法人は家族会立の無認可共同作業所から出発しており，障害者自立支援法（現障害者総合支援法）施行前に，すでに小規模通所授産施設を3施設運営していた。生活訓練は，こうした日中活動の場に通いにくい人や病院から退院したばかりの人を対象に，アウトリーチができる事業として始めた経緯があるため，現在もひきこもりの方，退院されたばかりの方，多人数の活動は苦手な方などが利用されている。現在（2017年4月1日）の利用者数は24名，職員配置は常勤職員4名（うち兼務1名），非常勤職員1名である。

1 ── アウトリーチが必要

　当法人は，2005年から大阪府の退院促進支援事業を受託し，退院支援を始めた。退院支援を始めてわかったことは，当事者の「少し先を行く先輩」の存在と，当事者の家に出向き，生活の組み立てを一緒に考え，試行錯誤していくサポートの必要性であった。前者は「当事者の体験を生かす活動をするグループ」の発足につながり（後に精神科病棟訪問や，ピアによる退院促進の個別支援，語り活動へとつながっていく），後者がアウトリーチ事業（生活訓練事業の訪問型）へと発展した。福祉職によるアウトリーチ事業であるホームヘルプサービスを選択しなかったのは，生活訓練事業が有期限であったからである。

　当事者の家に出向くサポートは，当事者のプライベートな領域に踏み込んでいくことになる。殊に長期入院からの退院の場合は，失われた体験の機会を取り戻そ

として，多くは支援者の善意からさまざまな機会の提供が行われる。それはフォーマル・インフォーマルな資源の紹介であったり接触であったりするのだが，退院当初にこうした資源を組み立ててしまうと，当事者の生活が専門職のサービスによって取り囲まれてしまうリスクがある。本来の地域生活支援は，より生きやすくする直接支援とともに，当事者があらゆる場面で自己選択できるよう，その意思決定をサポートすることこそが重要であるが，現行の制度は前者のメニューのほうが多いため，我々が提供するサポートもどうしてもその比重が多くなってしまう。このような支援におけるバランスの危うさを考え，卒業のないホームヘルプサービスではなく，生活訓練事業を選んだ。

　また，当法人の実践地である大阪府寝屋川市は，大阪のベッドタウンであり，現在でも古い木造集合住宅の密集地が残っており，低所得者にも住みやすい地域である。さらには地域生活支援に熱心な診療所や，退院支援に積極的な精神科病院を有しており，多くの当事者は入所施設やグループホームではなく，訪問看護やホームヘルプサービスなどのアウトリーチ支援を受けながら一人暮らしを営む生活スタイルがほぼ定着している。当法人は，こうした地域状況のなかに，先述のような意志をもち，あえて有期限であることを特性として，後発組のアウトリーチ支援を開始した。

2 ——— 相談支援との連携

　しかし，開始当初は訪問看護やホームヘルプサービスとどう違うのかわかりにくいという声がよく聞かれた。そこで同一法人内にある相談支援事業所が退院支援ケースを受けるとき，生活訓練事業と一緒にサポートし，実績を積んでいくことを試みた。しかしここでもまた同じ疑問が，今度は相談支援事業所から上がった。ホームヘルプサービスは支援内容が明確だが，生活訓練はなんでもできる半面，何が特徴であるかということを利用者に説明しづらい，といったものであった。なんでもできるという部分が拡大解釈され，「なんでもいいからご本人の力をアセスメントしてほしい」といった丸投げのような依頼や，「ご本人がお金をきちんと計画立てて使えるようにしてほしい」といったピンポイントのトレーニング機能のみを求めるような依頼が相次いだ。そうなると生活訓練事業側も「相談支援がご本人の力をアセスメントして，苦手な部分に関して生活訓練で関わってほしいと示してくれないと受けられない」といった非主体的な発言をするようになった。「当事者の主体性を損なわない有期限の生活支援」というフレーズだけでは，たとえ同一法人内であってもその事業特性を共有することは困難だったのである。

3 ——— 共通概念をつくる

　そこで取り組んだのが，生活訓練事業と相談支援事業との連携会議である。両事業の職員が定例で集まり，紹介ケースの支援方針の検討などを行うなかで，生活訓練がサポートする内容は，お金をきちんと使えるようにトレーニングすることではなく，当事者と一緒にさまざまなことにチャレンジしながら，お金の使い方において当事者は何が得意で何が苦手なのか，どこにアプローチをしたらどのような変化が見込まれるかといった細かなアセスメントを行っていくことである，ということが明らかになっていった。こうした細かなアセスメントは，実際に当事者の自宅を訪問したり，同行支援を行ったりするなかで，さまざまな場面において行われる。また，当事者の現在だけでなく，過去の経験や生活状況，当事者の好みなどを把握し，連続した線として彼らの人生をとらえることでアセスメントの厚みが増す。そして何より大事なことは，アセスメントした内容を専門職間だけで共有するのではなく，当事者や家族に返し，対話のなかですりあわせをすることである。このすりあわせを丁寧に行うことで，サポートが当事者本人のものになっていく。生活訓練はこのようなサポートを2年間行い，当事者が主体的に自分の生活の組み立てを考え，必要なサポートを知るようになる事業であるという共通概念が生まれるようになった。

　こうした共通概念ができると，初期の「訪問看護やホームヘルプサービスとの違いがわからない」といった声にも返答ができるようになった。下記は，相談支援と生活訓練事業の連携会議のなかから抽出された「生活訓練事業と他のアウトリーチ支援との違い」である。

- 生活訓練事業は，訪問・通所・同行支援などさまざまなシチュエーションで，ご本人を多面的にアセスメントできる
- 生活訓練事業は，ご本人へのピンポイントの関わりから始まり，当事者の希望にあわせて就労や他の場面への関わりに広げていくことができる
- 生活訓練事業は，当事者ができないことの代行支援ではなく，できるようになる方法を考え，一緒に並行支援を行う事業である

　また，両事業の職員の相互の異動を行い，相談支援と生活訓練のどちらも経験することで，両方のアプローチを学んだ。生活訓練が2年間，当事者に密着してサポートするのに対し，相談支援は頻度こそ少ないが長期間にわたるサポートを行う。侵襲性の高低や当事者との距離感の違い，あるいは当事者がそれぞれの支援者に見せる別々の顔などに実際に触れることで，お互いの事業における支援スタンスや効果の違いを体得していった。

　さらには，「就労継続支援B型事業との多機能」から「就労移行支援事業との多機

能」へと再編を行うことで，有期限のサポートを行う事業体としてその完成度を高めた。事業所全体が2年のサイクルのなかでサポートを組み立て，プロセスをマネジメントしていく。このサイクルは，事業所に一定のリズムと緊張を生み，またどちらもアウトリーチを積極的に組み込むことによる機動性の高さともあいまって，滞留のない循環的な空気が事業所を満たすことになった。そしてこのような空気感は，事業所内だけではなく事業所外にも伝播する。人の出入りがあるということは事業所の開放性を高め，そこでどのようなサポートが行われているかということが外部から見えやすくなる。おかげで利用者の紹介や見学希望は途絶えず，結果として，経営の安定にもつながるようになった。

4 ── 事業所間ネットワーク

　相談支援事業所とのこうした共通概念をつくるにあたり，大阪生活訓練NETが果たした役割は大きい。大阪生活訓練NETは，大阪府下で生活訓練事業を実施している事業所のネットワーク団体である。生活訓練に携わる支援者が情報交換や勉強会を行い，元気になってスキルアップできる場をつくる目的で結成した。

　活動内容は，定例会と研修開催の二本立てである。定例会は，毎回，会員の事業所持ち回りで，事業所見学を兼ねて意見交換や勉強会を実施する。テーマは事前に会員から希望を募って行う。研修は例年1月に開催しており，この研修のために，定例会と並行して会員有志による研修事務局を組織し，約半年をかけて企画を進めていく。この3年間は，大阪精神障がい者自立支援事業所連絡会との合同企画による「実践技術研修会」を実施した。研修テーマは「生活アセスメントと利用者主体の個別支援計画」「アセスメントと発信」「生活訓練の価値」など，その時々に応じたものを取り上げ，事業の目的や効果などを見つめなおす機会としている。

　大阪生活訓練NET加盟事業所のうち，アウトリーチ支援を行っている事業所はまだ少ない。全国調査においても訪問を実施している事業所は，生活訓練実施事業所の約3割弱である（社会福祉法人豊芯会，2014，p.11）。生活訓練事業は，地域ニーズに基づいて展開される傾向の強い事業であるため，必ずしもすべての事業所がアウトリーチ支援をしているわけではなく，むしろその事業特性を生かし，障害種別や性別，年齢などによって対象者の限定を打ち出すことで，利用者側の事業所選択の利便性を高めているところもある。

　そもそも，生活訓練事業は通所・訪問・宿泊の3類型があることで，事業スタイルもバラエティに富んでいる。そうした多様な事業スタイルを知ることで，職員は常に新しい刺激を受ける。今，自らの事業所が行っているスタイルが唯一なのではない。事業とはあくまでも制度にのっとった形式であり，真に当事者に必要な，あるいは求められるサポートをしていくには，事業形態はどんどん変更していってもよいものである。大阪生活訓練NETの定例会や研修で，数多くの他事業所の活動に

触れることで，単なる支援上の知恵や工夫を身につけたり，テクニックを覚えたりするだけではなく，職員は生活訓練事業に限らず，新たな事業展開を考える芽を養うことにもなる。

　事業運営を考えるとき，我々は事業のマネジメントや経営コスト，また職員の実践技術の向上だけではなく，こうした未来に向けたビジョンを構築できる職員の育成を視野に入れる必要がある。そのためには，こうした機会を意図的に事業運営のなかに配置していくことも管理者の役割として重要であろう。

　最後に，生活訓練事業を利用した当事者と行政の声を紹介する（大阪生訓NET, 2016）。

当事者の声

- 自分はこれまで苦手なことは避けてきました。これまで人に相談することも苦手だったけれど，生活訓練を利用して常にサポートがあることで安心できるようになりました。生活訓練を利用して一番大きかったことは，人は変われると思ったことです。
- 生活訓練は自分にとっての原点です。自分が考えていることと人が考えていることの区別がつかなかったのが，区別がつくようになりました。いつも声をかけてくれたスタッフの存在は大きいです。わたしの基本を作ってくれました。

行政の声

- 生活訓練事業は当事者のニーズをくみ取りながら柔軟に対応してくれます。当事者との距離の取り方が絶妙で，ニーズを反映しやすい事業だと思います。アウトリーチを駆使しながら，自宅での支援から通所までのステップがスムーズに行われるところも魅力だと感じています。

　我々の行うサポートが，当事者の未来をつくる手助けになることを祈りたい。

◉文献
大阪生訓NET（2016）自立訓練（生活訓練）実践技術研修会資料.
社会福祉法人豊芯会（2014）「訪問による自立訓練（生活訓練）を活用した地域生活支援の在り方及び有期限の施設入所を活用した退院支援に関する研究について」研究結果報告書.

4 「生活訓練」単独型
訪問＋宿泊

● 牧野 笑

1 ─── 元気村の概要

　社会福祉法人うぐいす会障害福祉サービス事業所こころの風元気村（以下，元気村）は，2004年に生活訓練施設として千葉市緑区に開設された。2011年に障害福祉サービスへ事業移行し，宿泊型自立訓練，自立訓練（生活訓練）の事業を行っている。同法人内に相談支援事業所，就労継続B型事業所，就労移行事業所を展開している。元気村の定員は，宿泊型自立訓練20名（全室1人部屋），自立訓練（生活訓練）20名である。職員数は，11名（常勤8名・非常勤3名）のうち2名が専属で訪問支援にあたっている。施設内では，退所後に利用者が希望する生活を明らかにし，それを実現するためのプログラムを日中活動として提供している。具体的には，リカバリープログラム，生活スキルアッププログラム，支援活用力アッププログラム，ストレスマネジメントプログラム，余暇活動などの各種プログラムを実施している。元気村でのプログラムの大きな目的は，日常生活能力の維持，向上であり，利用者が希望する地域で暮らしつづけられるようになることである。暮らす地域の社会資源や生活スタイルによって必要な生活スキルは異なるため，利用者一人ひとりの希望や訓練の進捗に応じて取捨選択が可能である。各プログラムはおおむね3カ月を1クールとし，入居している利用者の傾向や希望に応じて内容を検討している。そのほか，共有の場所の掃除当番や給食の配膳当番，個別支援計画に沿った個別プログラムを提供している。通所によるプログラムの参加も可能であるが，施設の立地により公共交通機関での通所が難しいため，通所によるプログラムの参加者は少ない。また，利用者はそれぞれのニーズに応じて地域の活動場所に通っている。

2 ──── プログラムの紹介

次に，元気村で実際に行っているプログラムを3つ紹介する。

①生活力！：簡単にできる調理法の紹介やお掃除講座，地域生活で必要となるマナー
　講座，余暇の楽しみ方などを提案。入所後に，身の回りのことを自分で行うこと
　に自信がない方でも，講座への参加と実際にスーパーに行ったり，調理や掃除を
　行う体験学習を組み合わせ，参加しながら生活力アップを図り，無理なく日常生
　活を行うことができるようになることを目指すプログラム（表1）。
②そこを何とかやってみよう：心理教育，福祉サービスや制度の知識，心身の健康
　管理などについて，他利用者やスタッフとの意見交換を通して理解を深めること

表1 「生活力！」プログラム計画

1	オリエンテーション	9	食品の管理
	（プログラムの趣旨説明。退所後に必要となる生活力について意見交換を通して検討する）		（食中毒の危険性なども考慮しながら食品にあった保存法について知る）
2	新米を食べよう	10	映画館に出かけよう！
	（普段の食事に準備を振り返り，レトルト食品や冷凍食品の紹介と調理を行う）		（障がい者手帳を持って映画館へ。その他手帳を活用できる近隣の施設を紹介）
3	できてたつもりの身だしなみ①	11	地域生活講座①
	（身だしなみチェックや季節感，色合い，素材，場面に合わせた服装選びを提案）		（近隣苦情とゴミ捨ての関係を知り，ゴミの分別を実際に行う）
4	できてたつもりの身だしなみ②	12	地域生活講座②
	（女性向けプログラム。女性らしい身だしなみやTPOに合わせたメイクの仕方を提案）		（いる？　いらない？　ご近所付き合い。地域生活における必要なマナーについて話し合う）
5	掃除の基本①（水回りのお掃除）	13	地域生活講座③
	（普段の掃除の頻度や困っていることなどなどを振り返り，水回りの掃除を行う）		（悪徳商法の種類を知る。電話や玄関口での断り方のロールプレイなど）
6	掃除の基本②（洗濯）	14	100円ショップを活用しよう！
	（素材に合った洗濯の仕方，干し方・たたみ方，洗剤の種類や洗濯グッズの紹介）		（お掃除グッズや便利グッズ，調味料など，活用できる100円グッズを見てみる）
7	スーパーへ行ってみよう！	15	整理整頓攻略法
	（スーパーに行き，便利なレトルト食品や調味料を購入する）		（各自の工夫を共有し，洋服の整理，書類の整理などの方法を紹介）
8	イージークッキング	16	カラオケに行こう
	（前回購入したレトルト食品を使った調理法を紹介。また保存食品，冷凍食品の活用法を提案）		（好きな歌を歌ってストレス発散。普段の余暇の過ごし方の振り返りと，関心のある余暇活動について話し合う）

を目指すプログラム（表2）。

③退所デモクラシー：主に入所後6カ月以降の利用者が対象。退所後の生活や退所準備に必要なプロセスを具体化し，知識の獲得や退所準備の進め方を座学やロールプレイ，体験を通して学び，不安なく退所することを目指すプログラム（表3）。

　元気村では「宿泊」「訪問」「通所」の3つのパターンによる自立訓練（生活訓練）プログラムを行っていることが特徴であり，宿泊型自立訓練の利用を経て，地域での単身生活に移行した方への訪問支援を提供するケースが多い。開設した当初は入所による支援が主であり，利用者の多くが宿泊型自立訓練を2年間の期限一杯利用して次の生活に移行していた。その後，訪問による支援の可能性に着目することにより，宿泊型の利用を経て，地域生活を始めた後も継続して支援することができ，退所後に利用者が実際に生活する場所で自立訓練（生活訓練）のサービスを提供す

表2　「そこをなんとかやってみよう」プログラム計画

1	オリエンテーション （プログラムの趣説明）	9	心理教育④ （各自の再発の「注意サイン」を見つけて共有し，その対処方法を話し合う）
2	心理教育① （ワークブックに記入しながら，病気や症状との付き合い方について学ぶ）	10	生活保護制度Q&A （生活保護制度の概要と金銭管理の具体的な方法を伝える）
3	心理教育② （ワークブックに記入しながら，薬とリハビリの効果について学ぶ）	11	障がい者手帳を活用しよう！ （障がい者手帳が利用できる場所やサービスを知り外出時に利用してみる）
4	栄養バランスのとれた食事って？ （普段の食生活を振り返り，栄養バランスのとれた食事について考える）	12	知って得する福祉サービス （さまざまな福祉サービスを紹介し，自分の希望する生活に向けて，退所後に利用できるサービスを考える）
5	糖尿病ってなぁに？ （糖尿病の危険について伝え，健康的な食生活について考える）	13	ストレッチde身体を伸ばそう （辛くないけど意外に運動になるストレッチや簡単なヨガを提案）
6	歯の健康について考えてみよう！ （歯磨きの頻度や虫歯予防，歯磨きの正しい方法について知る）	14	生活リズムと再発予防① （生活リズムと再発予防のために大切なことについて知る。また，具体的な行動計画を立てる）
7	心理教育③ （主治医や支援者への相談の仕方について意見交換を通して考える）	15	生活リズムと再発予防② （行動計画に沿って1週間過ごしてみた結果の報告）
8	間食について （間食や清涼飲料水のカロリーや糖分，油分について知り，適量摂取について考える）	16	SEASONS （夏バテ予防や感染症対策など，季節に応じた内容を盛り込む）

表3 「退所デモクラシー」プログラム計画

1	オリエンテーション	9	身の周りの社会資源
	（プログラムへの参加理由について発表し合う）		（福祉サービスやその他の社会資源を紹介退所後に利用したいサービスについて考える）
2	さぁどこに住もうか？	10	アパート探しのノウハウ①
	（住みたい地域や希望する住まいの条件や優先順位を考え，発表し合う）		（不動産屋で聞かれることや自分自身についてどう伝えるかを考え実際のやりとりを想定した練習）
3	住まいのカタチ	11	アパート探しのノウハウ②
	（チラシの間取り図を元に家具の配置などを考え，発表し合う）		（間取り図の見方，不動産屋で伝えるべきこと，身だしなみや受け答えの練習など）
4	買いものリストを作成しよう！	12	お宅訪問
	（一人暮らしに必要となる物を考え，買い物リストと予算を作成）		（元気村退所者の方のお宅に訪問し，地域での生活についてお話を聞く）
5	価格調査①	13	グループホームを見学してみよう
	（家電量販店へ行き，自分の購入したい家電の金額を確かめ，各自で予算表に実際の価格を記入）		（近隣にある数カ所のグループホームを見学し，退所先を検討する際の参考にする）
6	価格調査②	14	新生活が始まって困ったら？
	（家具店へ行き，自分の購入したい家具などの金額を確かめ各自で予算表に記入）		（使っているサービスや支えになっている人や物をリストアップし，自分の「安心リスト」を作成する）
7	一人暮らしのお金①	15	ご近所付き合いについて
	（実際の請求書を参考に，生活費の予算を立ててみる）		（あいさつの仕方をはじめ人の印象について，地域生活のマナーなどについて考える）
8	一人暮らしのお金②	16	まとめ
	（アパート探しから引っ越しまでの一連の流れや初期費用について知る）		（プログラムを振り返って，自分の住まいについて考える）

ることができるようになった。2013年4月より，訪問支援のみを行うスタッフを2名選任し，対象を元気村を退所した利用者に限定せずに地域で生活している方々への訪問支援を開始した。現在は，訪問支援を行っている利用者の約4割が元気村の退所者であり，約6割がさまざまなニーズをもって地域で生活している利用者である。訪問支援の内容は多岐にわたる。利用者の希望を丁寧に聞き取り，利用者の意向に沿って一人ひとりに合った個別支援を提供している。いくつかの関わりのなかから，宿泊型自立訓練の利用を経て，単身生活を始め，退所後に訪問による自立訓練（生活訓練）を利用した方の支援経過を紹介する。

3 ──── 訪問による自立訓練の事例

　Aさんは60代の女性で，統合失調症の診断を受けている。高校卒業後に事務の仕事に就き11年間勤めるが，人間関係のストレスがあり次第に眠れなくなった。家族に対する被害妄想などの症状が出現し，精神科病院へ入院する。短期間で退院しその後は自宅で過ごしていた。30代頃より，寝てばかりいる生活になり何もしなくなった。継母に殺されるのではないかという不安があり自室から出られなかったと話している。身の周りのことをしてくれていた父が他界したことをきっかけに大きく体調を崩し，40歳のときに兄弟の勧めで精神科病院へ入院。その後20年以上の長期入院となる。入院後，妄想などの症状は消失し，入院後期には週5回デイケアに参加し病院内で自立した生活を送っていた。

　退院先として元気村が候補にあがり，数回の体験利用を経て入所となる。"自分で選択しながら自由な生活をしたい"という希望があり，アパートでの単身生活を目標に生活訓練に取り組んだ。日常生活や金銭管理において自立度が高く，支援者から見て単身生活が可能という判断であったが，社会経験の少なさから不安が強かった。入所中より公共交通機関利用の練習や各種手続きの同行支援などを行いながら1つひとつ経験を重ねていった。

　約7カ月で元気村を退所し，単身生活へ移行し訪問による支援を開始した。退所後の支援体制は，訪問による自立訓練のほかに，入所中より利用していた，就労継続支援B型事業所への通所を継続した。また，ご家族が遠方にお住まいのため，緊急時の対応に備え，24時間電話相談や緊急訪問が可能な地域定着支援の利用を開始した。自立訓練では，週に1回訪問し，家具や家電製品の買い物同行（主に退所直後），家賃の支払い，銀行手続きの同行，自宅に届く郵便物の確認，アパートの管理会社とのやりとりの支援，訪問業者や勧誘への対応の支援，不安や困ったことの相談，ご家族への支援経過報告（本人からは手紙で報告）など，約1年間訪問支援を続けた。長期入院を経て，初めての単身生活であったが，宿泊型自立訓練の利用から，訪問の支援に移行し，継続して関わることや支援体制を整えることで安心して単身生活へ挑戦することができた。

　また，ご家族からは，単身生活後の病状悪化への不安はあったものの，同事業所で継続して訪問支援を行い，ご本人が利用している他のサービス事業所と連携して支援することで，単身生活を始めることへの理解を得ることができた。訪問による支援では，施設内での支援に比べ，より個別的かつ具体的な支援を提供することが可能である。Aさんのケースでは，単身生活後のさまざまな初めての経験をサポートしながら，地域で生活することへの自信をつけていくプロセスへの支援が必要であったため，入所期間は比較的短く，早い段階で訪問支援へ移行した。Aさんは現在，就労継続支援B型事業所に週4回通所しながら単身生活を続けている。

4 ——— 地域移行という目的

　自立訓練（生活訓練）の利用目的のひとつに地域移行がある。精神科病院や障害者施設などに長期入院，入所している方の地域移行を進める役割は重要である。病院や施設などで長く生活することで失われた生活能力を維持，向上させる目的においては，宿泊型自立訓練は有効であり，「入院生活」「施設生活」「家族との同居」からの移行など，生活全体の変化や，移行期には一旦生活の場で受け止めるからこそ，一歩踏み出せるケースも多い。利用相談の段階で，宿泊，訪問，通所の自立訓練（生活訓練）のなかから利用者に適した支援を選択したり，組み合わせたりしてサービスを提供することにより，一人ひとりの希望により近い生活を目指すことが可能となる。元気村での宿泊型自立訓練・自立訓練（生活訓練）は，アセスメント，コーディネイトの場であることを意識している。自立訓練の利用を通して必要な支援，在宅サービスが明らかになるため，スキルを身に付けてから次のステップへという支援ではなく，利用者の求める地域生活に最低限必要なスキルを身につけて，できないこと，苦手なことは，地域のサービスを活用し生活することを大切に考えている。また，生活のスタイルは千差万別であり，提供するサービスに利用者をあてはめないことも大切である。

　入所による支援を主に行ってきた事業所が，訪問による生活訓練を実施することで，これまでの，施設内で利用者の生活を支援する視点から，実際に地域で暮らしている利用者の生活を支援することを通し，地域での生活に対するアセスメントが大きく変わった。2年間の利用期限終了後に，次のサービスに引き継ぐスタイルから，利用者を中心に，地域で生活する利用者が活用するサービスのひとつとして相談支援事業所，他のサービス事業所，医療機関と協力者の立場で連携して支援することの重要性を改めて実感している。また，支援の選択肢が増えることで，支援者としても地域生活へのハードルが確実に下がり，2年間の有期限のサービスを宿泊型自立訓練だけで費やさず，訪問により実際の生活の場での訓練を有効に使おうという意識が新しく生まれた。宿泊，訪問，通所の支援のなかで，どの方法がその人にあったスタイルなのか吟味し，一人ひとりに合わせた個別支援を提供することが重要と考えている。

5 就労移行支援事業と生活訓練事業の多機能型

●倉知延章

1 ───── 就労支援におけるアウトリーチの歴史

　障害者の地域生活支援において，就労支援は欠かせない支援のひとつといえる。日本における障害者就労支援機関は，障害者雇用促進法に規定されている機関と，障害者総合支援法に規定されている機関に大きく分けられる。障害者雇用促進法に規定されている機関には障害者職業センターと障害者就業・生活支援センターがある。また，障害者総合支援法に規定されている機関には，就労移行支援事業，就労継続支援事業A型（雇用型），就労継続支援事業B型（非雇用型），就労定着支援事業および障害者地域活動支援センターがある。

　本稿では障害者総合支援法に規定されている就労移行支援事業について，そして同法に規定されている生活訓練事業を組み合わせた多機能型障害福祉サービス事業所の事業運営について記述することとする。

　さて，就労移行支援事業は，利用者を企業就労へと移行させることを目的とした事業である。事業についての詳細は後述し，ここでは就労支援におけるアウトリーチの意義について述べる。就労支援では長らく通所中心による支援が行われており，現在も通所型支援が主流となっている。この支援は，利用者が支援機関に通所し，支援機関に設定された模擬的雇用場面，または作業が用意されており，そこで作業訓練という名目で作業を行う形態である。通所支援の目的は，作業経験を積むことで仕事に慣れ，職業生活リズムを身につけ，多くの利用者と一緒に作業することで対人関係能力を身につけるなど，職業能力を高めることにある。さらに作業を行うことで得られるわずかな工賃が収入となり，そこで働くことの意義を体験できるということもある。しかし，この通所型支援では，職業能力を高める効果を得ることができず，通所型支援機関から企業への移行はわずか1％にすぎなかった。また，通所型支援機関は，作業による工賃を得ることに支援の重きを置き，利用者が自然に職業能力が高まったら就職してもらうというように，はじめから職業能力を高めて雇用に移行させることに支援の重点を置いていなかったこともあるといえよう。「障害者は企業で働けない」「そもそも企業は障害者雇用に理解がないから雇ってくれない」「支援者に移行させる知識も技術もない」ことがその理由であろう。そのため，これらの通所型支援方法は，授産モデルともいわれている。

就労支援にアウトリーチが取り入れられはじめたのは，1980年代に米国で取り入れられるようになった援助付き雇用モデルである。これは，支援機関で作業などの訓練は行わず，最初に職場開拓を行って雇用契約を結んでもらい，その後にジョブコーチといわれる支援者が本人の働く場に出向き，その職場の仕事，従業員，ルールや職場の文化に適応できるように職場で支援するという支援方法である。障がい者支援と同時に企業（従業員）支援も行い，さらに働きはじめる前に職場環境をジョブコーチがアセスメントし，その障害者が働きやすいように職務内容などの職場環境を調整するのである。

　援助付き雇用モデルが取り入れられてから，米国では知的障害者や精神障害者の雇用が著しく伸びた。これが日本に取り入れられはじめたのが1990年代である。米国とは職業文化や雇用制度の違いがあることから，日本では援助付き実習を経て雇用に移行し，そのまま継続的に支援を継続するという支援モデルとなったのである。これがジョブコーチモデルといわれている。

　ジョブコーチモデルは障害者職業センターなど障害者雇用促進法関連の就労支援機関では積極的に取り入れられ，職場適応援助者事業が始められた。職場適応援助者事業は，障害者職業センターの職場適応援助者（ジョブコーチ）だけでなく，地域の就労支援機関に委託するような形で職場適応援助者を地域に根づかせていった。授産施設や地域生活支援センター，障害者雇用支援センターなどもこれらの支援モデルを取り入れ，アウトリーチによる支援を積極的に取り入れ，成果を上げている機関が出てきた。このように，ジョブコーチモデルの実践により，多くの知的障害者や精神障害者の雇用が進んでいる。

　2006年の障害者総合支援法によって就労移行支援事業が制度化され，アウトリーチによる支援が積極的に奨励されるようになった。現在ではさほど制度上の工夫をすることなく，就労移行支援事業でジョブコーチモデルによるアウトリーチ支援ができるようになっている。しかし現状としては，積極的にジョブコーチモデルを取り入れている就労移行支援事業所は少数である。科学的に実証されているジョブコーチモデルを取り入れている機関が少ないことから，今後は支援者側の意識の変化が求められる。

2 ── 就労におけるアウトリーチ支援の意義

　就労支援におけるアウトリーチ支援に効果があることは明確で，ここではその意義について述べる。

1 障害のある人が安心して相談できる

　就労支援において最初に行うことはインテーク面接である。これは障害者と支援者の初めての出会いでもある。これは双方にとって不安や緊張感がある。通所によるインテーク面接では，支援者は安心できる場で行うことになり，障害者にとっては普段と違う場所となり，いつも以上に不安や緊張感が増すことになる。通所の相談支援では，支援者はつねに安全な場で行い，障害者は不安と緊張が高い場で行うことになるのである。これを改善するために，障害者本人が安心して相談できる場（自宅など）に支援者が出向くほうが良い相談ができることはすぐにわかる。

　また，自宅に訪問して相談支援を行えば，同時に家族とも相談できるし，家族と障害者本人の関係，障害者本人や家族の生活状況も把握することができる。

2 正確なアセスメントができる

　今後の支援計画を立てるにあたり，障害者の能力や取り巻く環境を正確に把握する必要がある。前項で述べたが，障害者本人の暮らしぶりや家族関係を自宅訪問により把握できる。

　また，職業能力のアセスメントは，実際の働く場を活用することで可能となる。福祉事業所で働く様子をアセスメントしても，企業の場とは大きく違っており，障害者本人の能力を正しく把握することはできないといわれている。そのため，アセスメントが可能な職場を支援者が探し，そこでの職場体験を通して本当の能力・適性をアセスメントすることができるのである。また，障害者本人も自分の能力・適性を実感できることになる。

3 職場探しができる

　アセスメントを行うには職場が必要であり，実際に障害者が就職するのも職場である。このような場を確保するには受け入れられる企業を開拓しなくてはならないが，支援者が自分の支援機関にいては企業開拓はできない。企業の場に出向き，状況を説明し，職場環境をアセスメントし，障害者を受け入れてもらえるように交渉し，障害者が働ける環境を作り上げるという支援が必要となる。これはアウトリーチ支援でなければできないことといえる。

4 職場に適応する支援ができる

　米国において援助付き雇用の実践が知的障害者や精神障害者の雇用を大幅に増やしたことはすでに述べた。知的障害者や精神障害者が援助付き雇用の支援を受けることで，なぜ就職できたのであろうか。援助付き雇用の特長は，支援者が福祉事業

所内で訓練を行うのではなく，障害者が就職を希望する企業で行うことにある。つまり，知的障害者や精神障害者のように，認知機能に障害がある障害者に有効な方法なのである。認知機能障害の特徴のひとつに「般化が不得手」ということがある。

これは，ある特定の場所で学んだことを別の場所で発揮することが不得手ということである。つまり，福祉事業所で作業を行って身につけたことを，企業の場で発揮することが不得手ということである。だとすれば，はじめから就職する企業の場で訓練したほうが良いというのが援助付き雇用の発想である。企業の場で支援を行うには福祉事業所内ではできないので，ここでも必然的にアウトリーチによる支援が必要となる。

⑤ 従業員に対する支援ができる

障害者が就職し，働きつづけるには，働きやすい環境の実現が重要である。支援者は，障害者の能力や適応性を高める支援だけでなく，彼らが働きやすい環境を整備するという支援が必要である。就労支援でいえば，企業・従業員への働きかけである。企業の従業員は専門職ではないので，個々の障害者への関わり方や接し方，潜在的能力の引き出し方などは知らない。そのため，支援者が従業員に教えるなどの支援が必要となる。そうなると，支援者は自分たちが勤務する場ではなく，障害者本人が実際に働く企業に出向いて支援しなければならない。

①から⑤で述べたことから，支援の基本はアウトリーチであることがわかる。

3 ── 就労移行支援事業におけるアウトリーチ支援の展開

本節では，就労移行支援事業における就労支援の展開過程に沿って，アウトリーチ支援の活用について述べる。

① 就労移行支援事業の概略

就労移行支援事業は，一般就労などを希望し，知識・能力の向上，実習，職場探しなどを通じて，適性に合った職場への就労などが見込まれる65歳未満の者を対象としている。そして，一般就労などへの移行に向けて，事業所内や企業における作業や実習，適性に合った職場探し，就労後の職場定着のための支援などを実施する。通所によるサービスを原則としつつ，個別支援計画の進捗状況に応じ，職場訪問などによるサービスを組み合わせる。

上記の強調部分についてさらに解説する。「一般就労などへの移行に向けて」とあるように，企業就労（自営業も含む）のみを目指す支援を行うことが支援者の役割である。この一点に絞っているのが就労移行支援事業の特徴である。

次に「事業所内や企業における作業や実習」とある。事業所内の作業は「働く」「稼ぐ」ためのものではなく，企業で働くための持久力や集中力，働く生活リズムを身につけるための活動であり，模擬的職場環境による就業準備である。

また，企業における実習は支援のなかに組み込まれている。これは，授産施設でいくら作業訓練を行ってもなかなか雇用に移行できないという経験，企業現場での経験が雇用移行に有効であるという研究や実践の成果から取り入れられたものと考えられる。雇用移行予定の企業で個別に実習を行い，そのまま雇用へと移行できるよう，支援者は企業に出向いて支援するという方法が推奨されている。

さらに，「適性に合った職場探し」とあり，実習先を積極的に探す支援が求められている。このように，従来の授産施設とは違った機能と役割が求められていることに留意する必要があろう。そのために，就労支援員という就労移行支援事業だけに割り当てられているスタッフがいるのである。

最後に，「職場訪問などによるサービスを組み合わせる」とある。先ほども述べたように，福祉事業所内の支援だけでなく，積極的に施設外に出て支援することが推奨されているのである。

支援体制は，サービス管理責任者のほか，職業指導員などが利用者に対して6：1以上，就労支援員が15：1以上と定められている。支援期間は24カ月以内であり，最大1年間の延長が認められている。就職した場合は6カ月間のフォローアップが義務づけられているが，報酬は就職した時点で打ち切られる。なお1日あたりの報酬額は8,000円程度であり，職員体制や定員，雇用移行定着実績によって加減算となる。アウトリーチでの支援が推奨されており，年間180日まで認められている。ただし，自宅へのアウトリーチ支援は，欠席対応以外は算定が認められていない。

② 就労移行支援事業における展開とアウトリーチ支援

（1）プログラムの開始

利用開始と同時に，就職に向けて支援が始まる。就労移行支援事業所において通所による集団プログラムとともに，個別支援が展開されることになる。個別支援で活用されるアウトリーチ支援は就職に向けたアセスメントである。障害者本人が希望する仕事に就けるよう，希望が達成されるための支援を検討するために行う。また，障害者本人の自己理解を深めるためにも有効である。知的障害者や精神障害者には認知機能障害があることが多く，「般化」が困難であることが特徴である。そうなると，実際の職場体験が本人自身のアセスメントにとって有効な情報となるのである。その場合，体験による評価結果を企業の担当者から受けることが重要となる。支援者はここで得られたアセスメント結果をもとに，本人の希望を達成させるための支援計画を障害者本人と一緒に策定する。

（2）職場開拓

　企業は，アセスメントの場であり，就業準備の場でもあり，実際に就職する場でもある。そのため，職場開拓は重要な支援となる。

　職場開拓はアウトリーチで行われる。そのためにはハローワークの活用が効果的である。それは，①信用できる求人情報が多数ある，②ハローワーク職員は企業情報に詳しい，③障害者窓口に求職登録し，職業紹介を受けて就職すると助成金制度が利用できる，④障害者担当者という新たな支援仲間が増えるからである。

　まず，ハローワークに障害者本人と一緒に出向き，企業を選定する。次に行うのは見学訪問である。企業見学で作業および職場環境の分析を行う。そして事業主（採用担当者）に対象となる障害者の情報について本人や支援者が説明する。その後，できれば支援者が職場体験を行って，①作業内容および職場環境のアセスメント，②従業員との良好な関係作り，③支援者の熱意の表明を行い，職場での支援に備える。

　これらのことを行って，事業主（採用担当者）の了解を得られれば，就職に向けた援助付実習（職場での就業準備）に移る。なお，このときにハローワークの助成制度である障害者試行雇用（トライアル雇用）の制度が利用できたら，就労移行支援事業を併用しながら行うことができる。

（3）職場での就業準備と雇用への移行支援

　障害者本人が希望し，受け入れの可能性がある企業で援助付実習（またはトライアル雇用）が始まったら，支援者はアウトリーチ支援として職場に行き，障害者本人および従業員に支援を行う。支援内容は，①障害者も従業員も大きな不安や緊張を抱えているので，安心感を与えるために，一緒にいて見守る，②モデリングやロールプレイ，手を添えて教える，メモや絵・写真を活用するなど本人にわかりやすく教える，③支援者がいなくてもできるよう，少しずつ従業員がサポートしてくれるように働きかける（ナチュラルサポートの確立）である。

　なお，初期は集中的に支援するが，少しずつ支援の量を減らしていき，支援者がいなくても問題がなくなったら，実習から雇用への移行に向けて事業主（採用担当者）と話し合う。その際はハローワークを中心に置くことが肝要である。

（4）就職後のフォローアップ

　就職後のフォローアップがなく，職場不適応となって離職へとつながるケースは多い。また，就労移行支援事業では，就職後は報酬はついていないが，6カ月間は継続的にフォローアップ支援を行うことが義務づけられている。就職者を多く輩出し，継続して働いている障害者が多い就労移行支援事業所には，高い報酬額が設定されることになっている。

　就職した後に不適応となり，離職へとつながるケースの多くは，大きな問題およびトラブルを起こしたことが理由ではない。小さな問題が積み重なり，限界を超え

たときに「辞める」「辞めてもらう」という発言として表面化してくるのである。こうなると感情的な問題となっているために，ほとんどの場合，収拾がつかない。そのため，表面化する前に問題をキャッチし，未然に防ぐ手だてが必要なのである。つまり，不適応になる兆しを早い時期にキャッチし，不適応状態を未然に防ぐことが必要となる。

フォローアップの対象は事業主・従業員と障害者の双方である。事業主・従業員に対するフォローアップの方法は，職場訪問，つまりアウトリーチが原則である。ここで事業主・従業員の思いを十分に聞いて受容し，精神的負担の軽減を図り，就職後の職場での支援方法についてアドバイスする。

障害者本人に対するフォローアップは，勤務終了後に面接し，障害者本人の思いを聞くことが挙げられる。面接場所は福祉事業所もあるが，外で会ったり自宅を訪問するなど，アウトリーチで行われることもある。場合によっては早急に職場および医療機関に行き，調整することもあるだろう。これもアウトリーチとなる。

なお，6カ月経過後は就労定着支援事業の利用へと移行すれば，さらに最大3年間の報酬が得られる。

以上述べてきたように，個別支援の場合は基本がアウトリーチ支援となる。また，就労移行支援事業においては，通所を基本としつつも，報酬上でもアウトリーチが柔軟に行える制度になっている。精神障害者・知的障害者など認知機能に障害がある障害者にはアウトリーチによる支援が効果的であることがわかる。特に就労移行支援事業利用者の半数を占める精神障害者には外せない支援方法といえる。

4 ─── 生活訓練事業および就労定着支援事業と就労移行支援事業の組み合わせ

アウトリーチによる就労支援は就労移行支援事業で多くをカバーできるが，さらに生活訓練事業や2018年度から新設された就労定着支援事業と組み合わせることで，就労移行支援事業だけではカバーしきれない部分を補うことができる。

① 生活訓練事業と組み合わせる

生活訓練事業は，障害者総合支援法に訓練等給付として規定されている障害福祉サービス事業である。地域生活を営むうえで，生活能力の維持・向上などのために一定の支援が必要な知的・精神障害者が対象となっている。食事や家事などの日常生活能力を向上するための支援や，日常生活上の相談支援等を行うことが支援内容である。通所による訓練を原則としつつ，個別支援計画の進捗状況に応じ，訪問による訓練を組み合わせることが可能となっており，アウトリーチ支援が可能な制度

である。支援期間は原則2年間で，長期入院や入所から地域移行した障害者は3年まで実施可能である。

報酬単価は，通所においては基本ベースでは1日7,000円程度であるが，訪問（1時間以上）では通所の75％程度の単価となってしまう。また，基本は通所であり，訪問による支援を行う場合，事業経営上は効率の悪い制度設計でもある。

就労移行支援事業と組み合わせると，地域による格差はあるが，以前は就職後のフォローアップとして活用できていた。しかし，2018年度からは就労定着支援事業が新たに始まり，生活訓練を就職後のフォローアップに活用する意義はますますなくなってきた。

むしろ，就労移行支援と組み合わせることで，就職まで長期になる可能性が高い障害者への支援に意義がある。特に精神障害者に対しては活用できるのではないかと思われる。具体的には，精神疾患や発達障害のために，自宅に引きこもり状態となり，または精神症状に悩まされ，家を出るところからの支援を要する，60歳以下の精神障害者への支援である。彼らは年齢的に働くことを支援内容から外すことはできない。疾患回復への支援，生き方などの気持ちの整理，対人不信からの脱却，身の回りの生活の整理などから支援を始めると，24カ月で就職までたどりつくのは容易なことではない。かといって通所による支援では彼らのニーズに応えられず，アウトリーチによる支援は必要となる。そして「いずれは働きたい」という気持ちがあれば，就労支援の一環として自宅訪問による支援活動が必要になるのである。

残念ながら，就労移行支援では自宅への訪問支援は報酬対象とみなされていない。だからこそ，生活訓練事業による自宅への訪問支援から就労支援を始め，その後に就労移行支援事業につないでいくなど，時間をかけて就職まで結びつける支援が彼らには必要なのである。

② 就労定着支援事業と組み合わせる

就職後のフォローアップとしての機能は，生活訓練ではなく就労定着支援事業が適しているであろう。就職後6カ月間は就労移行支援事業として無報酬でフォローアップ支援を行い，その後に就労定着支援事業として実施するという制度設計である。支援のほとんどはアウトリーチによる支援となるであろう。

就労定着支援事業で懸念されるのは，就職して6カ月後に利用契約を結び，就職して障害者に収入が入るようになると，自己負担額が上がることである。就職後の現状維持のための支援を，果たして負担金を出してまで障害者が利用するであろうか。よほど目に見える支援を行わなければ利用契約に至らないか，途中で契約を解除することが起きないかが懸念される。

6 「相談支援＋地域移行＋生活訓練」複合型

●田中洋平

1 ── 精神科へ長期入院している人へのアウトリーチ支援の必要性

　今，日本にはさまざまな理由で精神科病院に長期間入院している人がおり，そうした人たちが退院して自ら選んだ場所で暮らし，自分らしさを発揮した人生を送ることができる社会を私たちは目指している。退院を阻害するさまざまな理由には，例えば，①心理社会的なケアが欠如した薬物療法中心の医療，②病気や障害に対する理解の乏しい地域社会，また社会資源の不足，③福祉施策が遅れてきた行政，④病気からくる社会生活の困難さ，⑤家族に課されてきた重い保護責任などが挙げられ，これらが複雑に絡み合って退院をさらに難しくしている（表1）。

　こうした退院を阻害する要因に対して，障害者総合支援法においては「地域相談」という福祉サービスが用意され，入院中から地域の相談支援事業所が病棟に訪問して本人に出会い，そのニーズに対して病院や行政などと連携した「地域移行支援」をおこなえるようになっている。さらに，「自立訓練（生活訓練）」（以下，生活訓練）という福祉サービスは多様なニーズに対応した多様な支援方法が可能になっているため，長期間の入院生活によって奪われてきた本人がもつ生活力を取り戻すための支援を細やかに実施することができる。薬物療法中心の治療や病棟内で保護的

表1　退院を阻害する主な要因

医療要因	薬物療法中心の治療 心理社会的なケアの欠如
地域要因	精神障害に対する偏見 社会資源の不足
行政要因	福祉施策の遅れ
患者要因	ホスピタリズム 病気からくる社会生活の困難さ
家族要因	重い保護責任

※「これからの退院促進・地域定着支援をより効果的にするための実践セミナー」記録報告書より（財）精神神経学振興財団／国立精神・神経医療研究センター 髙橋清久氏の資料を参考に一部改編して作成。

な生活習慣に長く置かれてきたことで，急性期に出るような幻覚妄想などの陽性症状は治まっていても，自閉や抑うつといった陰性症状が残り，退院後すぐに仕事など社会的な活動をすることが難しい人も多い。そうした人が地域で暮らしつづけることができるためには，訪問による生活訓練を活用した支援が考えられる。

　しかし，現に精神科病院に長期間入院している人が，自分自身で地域移行支援を導入し，退院後に訪問による生活訓練を活用して自らの望む生活を実現しようとするのは想像しにくい。各病院で入院中の人に対する教育プログラムがおこなわれ，退院後に活用できる社会資源について学ぶことは多いが，前述のようにさまざまな要因が複雑に絡み合うことで入院が長期化している。そのため，退院して地域で暮らしつづけるためには解決すべき課題がどこにあるのかを適切に評価し，必要なサービスなどをマネジメントすることが重要になる。これはまさに相談支援事業所がおこなう計画相談支援であり，相談支援専門員の役割である。精神科病院という本来は日常生活を送る場所ではないところにいる人たちのもとへ，また長期入院から退院した人たちのもとへ，本人らしい生活を取り戻すための専門的支援をもって出向いていく，「相談支援＋地域移行＋生活訓練」という複合型アウトリーチが求められている。

2──── 地域の実情を踏まえたアウトリーチ支援の展開

① 豊島区の実情

　社会福祉法人豊芯会のある豊島区は，精神科入院病床のある病院はなく，入院が必要な人は近隣の自治体にある精神科に入院することとなる。さらに療養型の入院病床の多くは豊島区を含む特別区より市部にあり，入院が長期化するとより遠くの市部に転院していく傾向があると筆者は実感している。厚生労働省社会・援護局障害保健福祉部精神・障害保健課が，毎年6月30日付で都道府県・指定都市に報告を依頼している調査に基づいた「精神保健福祉資料」によると，令和2（2020）年6月30日に都内の精神科病院に入院する豊島区民は340名おり，そのうち1年以上の入院となっている豊島区民は184名いる。1年以上の長期入院となっている184名のなかでも，隣接する5つの区にある精神科へ入院している人が57名（30％）である一方，電車で1時間以上かかる東京都西部の2市だけでも31名（16％）という多くの豊島区民が入院している。しかし，豊島区内には相談支援事業所が18カ所あるものの，指定一般相談支援を実施している事業所は3カ所（2020年4月現在）となっている。

　こうした状況を受けて豊島区では，精神科に長期間入院している人に対しては，専門職が連携した取り組みが必要となってくる。「相談支援＋地域移行＋生活訓練」という複合型アウトリーチ支援は，地域の課題に対応していると考えられる。

② 社会福祉法人豊芯会の取り組み

（1）法人の理念とアウトリーチ支援実践の課題・工夫

　社会福祉法人豊芯会では，計画相談支援，地域移行支援などをおこなう地域生活支援センターこかげと生活訓練などをおこなうマイファームをはじめ，そのほかにも就労移行支援事業，就労継続支援事業，共同生活援助事業などの障害福祉サービスなどを運営している。法人理念として「一人ひとりの自己実現のために」を掲げており，「一人ひとりが生活者としての自分に誇りと責任を持ち，お互いが地域住民として地域で支え合いながら暮らすということに価値を置いて活動する。そうした取り組みが地域に浸透していくことが『地域づくり』につながっていくのではないか」（豊芯会ホームページより引用・一部修正）としている。地域移行支援および退院後も自らの選んだ場所に安心して暮らすことができるよう支援することも，理念に合致するものとして実践している。また，こうした理念を職員が1年間かけて検討したのだが，そのこと自体も重要と考えている。アウトリーチ支援を実践するとき，出向いている職員以外にはその支援の効果が見えにくくなることがある。出向いている職員と出向いていない職員とでアウトリーチ支援の効果の感じ方に温度差が生じてしまうと，「出向く」後ろめたさや「事業所に残る」負担をそれぞれが感じてしまい，事業所全体がアウトリーチ支援に対するネガティブな印象を抱えてしまう。そのため，こうした理念を職員が自ら考えることが，法人全体で事業の必要性を共有することに繋がったと考えている。

　また，事業所の外に出るという意味では，出向いた職員が業務記録を作成する時間や，その業務（支援）の内容を他の職員と共有し，支援方法を検討するような時間も必要となる。記録の作成については，一つの案としてはモバイルPCやタブレット端末の活用なども考えられる。その際に一番注意が必要なことは個人情報保護であると思うが，「アウトリーチ支援」とは本人の居場所に出向くのである。本人の病室や，自室で本人と一緒に支援内容を記録することも，一つの情報保護対策になると思う。難しい場合は，病院などの協力を得て，個室を利用するなどの工夫が考えられるが，どちらにしても，ご本人との契約内容として，ご本人が納得できる形を整えることが必要である。

　記録の共有と支援方法の検討については，現在は各職員ごとに携帯電話を支給し，オンタイムで共有する方法と，定期的なミーティングの場を設けている。こうした場がないと，アウトリーチ支援を行う職員は疲弊し，職場に定着しなくなってしまうと感じる。

（2）地域生活支援センターこかげ

　地域生活支援センターこかげ（以下，こかげ）は，1997年に東京都のモデル事業として開設されて以来，精神障害者に対する日常生活支援，相談支援，地域交流を柱とした活動をおこなってきた。1999年に精神保健福祉法において精神障害者社会

表2　豊島区障害者地域生活移行支援事業概要（事業要綱より）

対　象	1.　豊島区に住民票があるか，豊島区の生活保護を受けている人 2.　精神科への入院期間が概ね1年以上である人 3.　退院後に豊島区及び近隣区での生活を希望している人 ※上記1〜3のすべてに当てはまる人 ※その他，区長が本事業の利用を適切と認める者
事業内容	1.　豊島区民がいる病院への地域移行支援状況の聞き取り 2.　退院する意思を持たない者に対する退院の動機付け 3.　地域のネットワーク体制構築のための会議の開催 4.　ピアサポーター学習会の開催 5.　地域生活移行支援へのピアサポーターの活用

復帰施設として法定化され，2006年10月からは障害者自立支援法の施行に伴い，相談支援事業（一般相談支援＋指定相談支援）＋地域活動支援センターⅠ型という形態に移行していった。さらに2012年には障害者自立支援法の改正に伴い，相談支援事業（一般相談支援＋指定特定相談支援（計画相談）＋指定一般相談支援（地域移行））＋地域活動支援センターⅠ型という形態へ移行した。職員は2020年4月現在，専従・常勤1名，兼務・常勤3名，専従・非常勤1名，兼務・非常勤2名（合計で常勤換算2名となっている），そのうち相談支援専門員が7名という体制である。2020年4月末時点での一般相談および地域活動支援センターⅠ型の登録者数は133名であるが，豊島区という場所柄もあり区外や場合によっては都外からの利用者も多く，登録に至らずに相談のみで終結する人もいる（登録まで約1カ月の体験期間があり，その間も相談は可能）。一方で，同月末の指定特定相談支援事業の利用者数は144名，指定一般相談支援事業の利用者数は4名（2020年4月現在）となっている。

　また，豊島区では前述の精神科病院への入院状況から，アウトリーチ支援の必要性を感じており，「豊島区障害者地域生活移行支援事業」として区の独自事業を実施しており，この委託を社会福祉法人豊芯会で受け，こかげで実施している。豊島区には精神科入院病床がないという実情から，精神科病院と定期的に顔を合わせるようなネットワークがなく，地域移行支援の実施についても，担当職員レベルでの連携はあっても機関レベルとしての取り組みにはなりにくかった。そこで表2のような取り組みをおこなうことで，ピアサポーターによる病棟訪問や作業療法プログラムへの参加，患者・病棟職員に対しての地域移行に関する情報提供という全体への働きかけから，入院患者それぞれの退院阻害要因に対する働きかけまでを可能にした。また，そこから見えてきた課題を地域の課題として障害，保健，高齢，生活保護の行政の各分野に加えて，障害者自立支援協議会の相談支援部会など民間事業者も参加する関係機関連絡会を開催している。アウトリーチ支援の特徴として出向いている職員以外には，その支援効果が見えにくいということを挙げたが，それは機関同士でも同じであり，また所属機関によっても感じられる課題が異なる。「支援効果が見えにくい」ということは予算化が難しいとも考えられ，そうしたことからア

ウトリーチ支援の実践を「見える化」して課題や成果を共有し，官民協働で課題解決に向かうことが事業運営をおこなううえでも重要だと感じている。

（3）多機能型事業所マイファーム

　多機能型事業所マイファーム（以下，マイファーム）は，2013年に「自立訓練（生活訓練）事業所」として開設され，2016年に「生活介護事業」と併せた多機能型事業所として運営している。定員はそれぞれ生活訓練が10名，生活介護が10名となっている。利用者には，長い間ひきこもっている方，病院や施設からの地域移行支援で地域生活を始めた方，通所や社会参加が季節や症状によって不安定な方，地域活動支援センターや就労継続支援事業，またグループホーム（共同生活援助）などの他の福祉サービス事業の利用が終了して新しい生活を始めた方など，さまざまな人がいる。通所については「教養」「自立」「余暇」「健康」という4つの領域にわたるプログラムをおこなっている。訪問については常勤換算で0.4名分の職員が配置されており，1〜2週に一度のペースで1名（2020年4月現在）の方におこなっている。

　筆者は主に相談支援事業所に所属しているため，その立場に限ってのことではあるが，「生活に必要な能力」を「生活の場」で取り戻すことができるのは，地域移行を推し進めるうえでとても重要なことだと感じる。入院中にさまざまな退院準備プログラムに参加したとしても，実際の生活の場で得る体験に勝ることはないのではないか。地域移行支援を実施し，入院中から自立訓練（生活訓練）を体験利用したときには「障害福祉サービスの体験利用加算」として「1日につき＋500単位もしくは250単位」が付くことになっている（2021年4月現在）。このように入院中から自立訓練（生活訓練）事業所の職員と出会い，退院後に円滑に支援を開始することができることは，サービス利用者にとってとても大きなことだと感じる。また，標準支給期間が2年と定められている自立訓練（生活訓練）事業にとって，訪問を開始するまでのアセスメントなどを入院中から報酬を得たうえで実施できることは運営上も役立つと思われる。

3 ─── 相談支援と連携したアウトリーチ支援の実践

① 生活ペースが障害福祉サービスの支給期間と合わない人への支援ケース

　病院や入所施設の長期利用ではないが，ショートステイを活用した支援ケースをまず紹介したい。

　Aさんは，自宅に引きこもりがちで新聞や書籍などが片付けられずに積み重なってしまい，どこから手を付けたらよいのかわからずに体調を崩し，保健師の助言で自治体独自の「短期宿泊事業」を利用して生活を立て直すことにした。短期宿泊事

業利用中に自身で自宅に訪問し，保健師とともに自宅を片付けて落ち着いたところで自宅に戻ることにした。その際に保健師からの連絡が相談支援事業所にあり，自宅に戻ってからの生活にとって，どういった支援が必要なのかを考えたときに，「部屋を片付ける支援ではなく，自身で生活に必要なことの順位を決められるようになる」という生活ニーズが浮かんできた。そのため自立訓練（生活訓練）事業所による訪問支援を導入し，一緒に片付けをしたり，時には買い物の代行をすることもあるが，それらが主たる支援目標ではなく，あくまで訪問による相談を通してどこから自身の生活を作っていくのかを考える支援をおこなった。

　このことは病院への長期入院をしている人や施設に長く入所している人にとっても有効な支援ではないか。退院を阻害する要因として病棟での保護的な生活習慣を挙げたが，それは自身の生活にとって「今，必要なこと」を考える機会を奪われてしまうことだと考える。そのことに対して，地域での生活の場面で一緒に考え，実践する後押しができるのは生活訓練の利点であろう。

　実際に，こかげの計画相談，地域移行・退院後にマイファームの生活訓練を利用した人は1名である。その人以外に見学や体験を繰り返したが利用には至らなかった人もいる。長期間の入院で症状が固定化し，再び「できるようになる」には標準支給期間だけでは難しいとも感じている。しかし，決まったルーティンとしての支援ではなく，大きな目標に沿ってその都度支援内容を工夫することができるのは，長期入院してきた人の個人としての尊厳を守りながら支援することに他ならない。こうした細やかなことが，事業運営をするうえでも役立っていると感じている。

② 計画相談支援と地域移行支援を同じ事業所でおこなう支援ケース

　一般的にはこちらの支援ケースの方が多いと思われるが，計画相談支援と地域移行支援を同じ事業所で担当することでより密な連携を図ることができる。後述の異なる事業所での支援ケースの場合は，ケア会議の開催など日程の調整に難しさがあるが，同じ事業所内で担当している場合は，毎日相談支援専門員と地域移行支援に関する打ち合わせが可能となる。アウトリーチ支援に出向いている職員以外には支援効果が見えにくいと前述したが，日々の打ち合わせにより細やかに支援状況を共有し，支援方針を確認することができることがこの場合の利点である。また，こうした日々の細やかなアセスメントを実践すると病院への訪問の必要性も増える。地域移行支援は月6回以上の支援を行った場合，「集中支援加算」として「1月につき＋500単位」が付くことになっており，標準支援期間6カ月という地域移行支援においては運営上大切なことである。いずれにしても，こうしたサービスの組み合わせやマネジメントは指定特定相談支援事業所が要となっており，連携を密に取りながらの支援が大切だと思う。

　地域移行支援については，毎月必ず2回以上の対面での支援に加え，必要に応じたサービス提供状況のモニタリングも必要となる。それだけ出向く回数が多くなる

ことも考えると，同一病院で複数の人へ地域移行支援を提供できるほうが，移動時間を節約できる。また，同じ病棟で地域移行支援を利用している人が増えると，地域生活のため情報が増え，より一層サービス利用による退院が促進されると思われる。豊島区のような病床のない地域には，非常に重要な効果があると感じている。

③ 計画相談支援と地域移行支援を異なる事業所でおこない，退院後に生活訓練を利用した支援ケース

前述のように，豊島区内には指定一般相談支援事業所が少なく，地域移行支援の実践が少ないという課題がある。そこで，計画相談支援と地域移行支援を別々の事業所で担当した支援ケースがある。病院職員からよく聞く話として，「計画相談支援にしても地域移行支援にしても事業所がとにかく見つからない」という声がある。どの事業所と契約をするのかということは当然サービス利用者自身が決定するのだが，「計画相談支援だけなら担当できる」「地域移行支援だけなら担当できる」という事業所であれば，「両方とも担当できる」という事業所より選択肢が増えるのではないか。また，結果として計画相談支援をおこなった事業所と地域移行支援の実践を共有することができ，新たに地域移行支援を実施する事業所が増えることに繋がることも期待できる。本稿の目的の一つは，事業のモデルを経営的視点も含めて提示することではあるが，事業所ごとの縦割りの支援ではなく，地域全体で支援を実践できることも重要なことと思う。

こかげでは2012年以降，3名の支援ケースで別々の事業所が担当することがあった。そのうちアパートへ退院した1名が自立訓練（生活訓練）事業所の訪問支援を利用することになった（マイファーム以外）。入院前は買い物などには行くものの自宅に引きこもりがちで，近隣とのトラブルがきっかけで医療保護入院となり，10年以上入院していた人である。当初は家族の希望としてグループホームへの退院も検討されていた人だが，地域移行支援により病院から外出する支援を積み重ね，本人の希望するアパートでの生活のために必要な支援を院外で検討したところ，通所など昼間の社会的な活動は可能であるが，長期入院によって身の回りのことへの関心が少なくなっており，時々は生活訓練による訪問をおこなって自宅での生活で困っていることを相談する支援が必要ということになった。標準の支給決定期間が6カ月となる地域移行支援のなかで，ご本人の家事遂行能力の全てを見極めることは難しく，場合によっては「できること」もホームヘルプで代行してしまうこともありうる。入院生活から地域生活へと移っていくなかで，ご本人が「できること」を退院後に生活訓練を利用することで，ご本人と確認していくことが期待できる。こうした柔軟なサービスの利用には相談支援事業所によるケアマネジメントが不可欠である。計画相談支援と地域移行支援を別々の事業所が担当することで，より多くの視点や社会資源が集まることになり，サービス利用者にとって希望する生活の実現に役立つこととなった。

4 ── おわりに

　地域移行支援を必要とする長期入院者や長期入所者には，希望する生活に対して
それぞれ異なる阻害要因がある。そのためには個別性の高い，訪問による支援が有
効である。しかし，訪問による支援には支援による効果や必要性が出向いている職
員以外には見えにくいという難しさがある。そこを解決するためには地域をアセス
メントし，必要性を地域全体で共有することが大切である。また，その必要性を理
念として事業所全体，法人全体で共有することも大切である。こうした事業運営の
土台の上にこそ，支援サービスを利用する人も支援サービスを提供する人も安心し
て関係を築くことができ，その先に「自分らしさを発揮した人生を送ることができ
る社会」があるのではないかと考えている。

　障害者自立支援協議会の活用について，自治体によって上手くいっているところ
と，試行錯誤しているところに分かれていると筆者は感じている。「精神障害にも対
応した地域包括ケアシステム」の構築が急がれ，保健・医療・福祉関係者の協議の
場の設置も必須となっている。今までの地域の社会資源のなかで支援しきれなかっ
た人たちが，長期入院から退院し，地域で当たり前に暮らせるように，今後は障害
のある当事者も含めたアウトリーチ支援のあり方が発展していくことを願っている。

7 「生活訓練＋生活保護」複合型

●久保田彩子

1 ─── 「社会福祉法人ひらいルミナル」の理念

　　わたしたちは利用者の方たちとかかわりを持ち，支援を実践していくが，その支援では，必ず，地域のニーズと向き合うことになる。利用者一人ひとりは障害者である前に地域住民にほかならず，利用者のニーズは地域住民のニーズともいえる。わたしたちは，利用者のニーズに十分に応えられないことに必ず直面するが，そこには地域の課題があると考えられる。わたしたちは，利用者とかかわり，そのなかで十分に満たされないニーズがあったとき，どうするだろうか。「こんなことができたら」「もっとこうできたら」「こんなものがあったら」というようなさまざまな思いを巡らせながら，その壁を乗り越えようとする。利用者一人ひとりのニーズから地域の課題に取り組むことは，必ず利用者の支援にも還元されると考えている。わたしたち「社会福祉法人ひらいルミナル」（現在，「特定非営利活動法人ヒーライトねっと」の理念を引き継ぎ，改組されている）はこうした考え方に基づき，「一人ひとりの自己実現と誰にとっても暮らしやすい地域づくり」という理念を掲げた。

2 ─── 「アクティビティサポートセンターゆい」立ち上げの経緯

　　さて，東京都のグループホームは，"通過型"と"滞在型"と大きく2種類に大別され，事業の指定を受けるときにこの種別を選択しなければならない。滞在型は通常の設置基準等が適用されるが，通過型は，2年（1年の延長あり）の有期限，世話人は専門職（精神保健福祉士または社会福祉士など）必置，さまざまな加算があるなどの差がある。

　　わたしたちは障害当事者とのかかわりから，福祉になかなかつながらない方，病気や障害を理由にサービスを断られてしまう方などに出会い，それは地域の課題であることに気づいていった。こうした状況のなかで，"通過型"のサービスに対し，期間集中的に支援することにより，専門性の高い意図を持ち，地域でその人自身が求める生活を実現できるあり方ではないかと肯定的に捉え，"ケアマネジメントを提供する居室サービス"として，「グループホーム遊牧舎」を立ち上げた。ケアマネジメント，

つまり相談支援としてのはたらきかけを積極的に行うグループホームである。

　グループホームを立ち上げてからは，入居申し込みは途切れることなく，待機者数も増加していった。私たちは，地域のニーズに応えはじめたという実感を持つ一方で，居室をいくら増やしていっても多くのニーズに応えることはできない，支援を必要としている利用者に手を差し伸べられない状況があるのではないかとジレンマを抱えはじめた。そこで，力のある人，どのような支援が必要かというマネジメントが比較的容易に展開できる人たちに対しては，入居期間は年単位でなくともよいのではないかという考えに基づき，"ケアマネジメントを提供するショートステイ"として，「地域生活体験室遊牧舎」を立ち上げた。

　さて，わたしたちはこうしてグループホーム，ショートステイと住まいのサービスを展開し，障害のある方の地域生活における課題に向き合ってきた。しかし次第にわたしたちは，地域生活には，日中の活動や地域社会に所属先などを得るというニーズも多様にあり，そのニーズに対しては，住まいのサービスだけでは充足することが難しいということにも直面していった。また同時に，利用者の日中活動や社会的所属に対するニーズは多様であり，既存の地域に存在するサービスだけでは応じきれないこと，あるいは，そもそも日中活動や社会的所属に対するニーズとは抽象的で，自身のそれに気づいていない，考えたことが少ないという方も多く，それを引き出すことを支援するサービスも必要ではないかということも考えはじめた。

　わたしたちは，日中の過ごし方，どのような所属先がその人にとってよりよいあり方かなどを一緒に模索していく機能が地域に必要ではないかと考えた。そうした経緯から，グループホームやショートステイにも共通したケアマネジメントの技術を生かした日中活動系事業所として，「生活訓練事業所アクティビティサポートセンターゆい」を立ち上げた。

3 ── これまでの実践 ── 失敗と立て直し

　以上のような経緯を経て生活訓練事業を開始したが，わたしたちは大きな失敗を幾度か乗り越えて今に至っている。いわば，試行錯誤の連続であった。

　ただ，わたしたちの失敗からは，生活訓練事業における課題も浮き上がるのではないかと考えている。そして立て直しの経過には，運営・経営のポイントもあるのではないかと考えている。

　以下，わたしたちの失敗と立て直しについて述べたい。

① 設立当初

　わたしたちの生活訓練事業所では設立当初，「とにかく楽しい場所」「人が集まるような場所」を，地域の方たちの協力を得ながらつくっていった。具体的には地域

の方の仕事や趣味を生かしたプログラムなどを展開した。マネジメントのノウハウを活かした日中活動場所として立ち上げたつもりではあったが，立ち上げたばかりということもあり，生活訓練事業を終了した後，つまり卒業後のことは，ひとまず棚上げにし，利用者を獲得することを優先的に考えた。

　半年ほど事業を運営すると，事業所に慣れた利用者から2年間という有期限のサービスに否定的な声が上がり，楽しい場所だからこそずっと通いつづけたいという"卒業"とは正反対の意見が上がり続けた。利用者にも職員にも生活訓練終了後の具体的なビジョンがないことを裏付けるような出来事だった。また設立当初は「楽しい」と肯定的な感想を返してくれていた利用者が，少しずつ事業所離れをしていった。生活訓練のプログラムなどを含めた日中の過ごし方に新鮮味を感じられなくなってきているなどの状況が周囲からの情報でわかった。

　こうした状況のなか，職員は，より楽しい場所，充実感を得られる場所づくりに，力を注いでいた。しかし取り組みに対して結果が伴わない状況が続き，職員は葛藤を覚え続けた。職員がいくら頑張っても状況は変わらず，利用者離れから，経営は赤字となっていった。

　わたしたちは，生活訓練事業に対して持っていたイメージと実態とがかけ離れていく状況に，生活訓練の価値も，経営的な安定も見出せず，立て直しへと舵を切った。

② 第1立て直し期

　わたしたちは，自分たちの実践を俯瞰して，生活訓練事業所をアセスメントした。具体的には，職員による意見交換や，経営層からの意見集約，利用者への意向などの確認をした。

　その結果，利用者の多くがいつでも気軽に出入りできる居場所としての機能を求めていたことがわかった。また職員も，そうしたニーズに対し，より充実した，安心感を得られるような居場所をつくろうと努めていたこともわかった。

　これは，たとえば地域活動支援センターⅠ型のようなサービス種別であればそれでよいかもしれない。収入も包括的であり，経営的なリスクも給付事業と比して課題とならないからだ。しかし，生活訓練は給付事業である。ましてや，わたしたちは，ケアマネジメントを提供することを目的として生活訓練を立ち上げたはずであった。

　ニーズアセスメントはデマンド中心であり利用者の要求に応じてサービスを提供していたにすぎなかった。支援する立場の職員における支援の見立ては不十分であり，手立ても曖昧であるという状況が浮き彫りになった。わたしたちはどのような生活訓練のあり方がよいかを考え直した。

　改めて利用者の状況を確認すると，たとえば生活基盤が不安定な方に対しても，その方が「楽しさ」を求めればそれに応じるというようなスタンスで取り組んでいたことに気づいた。利用者がどんな状況でも自己実現を目指そうというような解決志向，未来志向型のニーズの捉え方であり，それは決して間違えた捉え方というわ

けではない。

しかし，「安定した通所利用」という観点において，この考え方が通用するだろうかという疑問を持った。たとえば，Maslowの欲求5段階説を振り返ってみれば，第1階層に生理的欲求，第2階層に安全の欲求，第3階層に社会的欲求，第4階層に自我欲求，第5階層に自己実現欲求とあり，第1階層——生きていくための基本的・本能的欲求が満たされること——が必要という考え方もある。利用者のなかには生活基盤が不安定であるがゆえに，自己実現を目指す支援に満足感を覚える傍ら，安定した利用には至らないという方もいたことに気づいた。そこで，わたしたちは支援のあり方を見直し，まずは生活基盤づくりを進めるための支援に力を入れた。生活基盤の構築から生活が安定したうえで，日中の過ごし方についてマネジメントしていくという非常にシンプルな整理であった。このような整理をして支援を展開したことで，「ずっと通い続けたい」という利用者にとっても，終了後の具体的な日中の過ごし方や所属先のあり方が見え，利用者が次の場所，新しい社会資源につながるかたちをつくることができていった。生活基盤の構築から生活が安定し，事業所利用が安定し，見立てや手立てを十分に考えることができ，一人ひとりが夢・目標や生きがいを見つけるという自己実現のイメージを獲得することにつながっていった。

法人理念でもある「一人ひとりの自己実現」，生活訓練事業所のなかでそれを果たすために，自己実現のためのきっかけ，プロセスを探す，つまりは，一人ひとりの自己実現に向かっていく途中に「アクティビティサポートセンターゆい」を位置づけるというように考えを整理した。

この立て直しにより，区内を中心に周知が拡がり，登録者は最大95名まで増えた。

③ 2回目の失敗

さて，一見立て直されたかのような状況であったが，実は2回目の失敗への一歩であった。

新規利用者の多くは，たとえば引きこもりが長く続き，訪問による支援があってようやく外に出られる方や，集団に入ることに強い抵抗がある方など，個別性の高いニーズが多く，職員の負担は非常に大きくなっていった。事業所としては，サービスの質を向上させ，登録者を増やすことで収入も増やし，経営難を立て直そうという考えであったが，訪問でも通所においても個別対応に時間が割かれ，次第に職員の手が回らない状況になっていった。さらに，職員の手が回らないことで，利用者一人ひとりに対して支援の質を深めることができない状況に陥った。職員たちはそれでも頑張ろうと踏みとどまったが，疲弊していった。

また，個別対応は，集団への対応と比べると，収益性が低い。職員は，負担の大きさに比して収入が少ない状況，つまり，頑張っても経営的な苦しさから抜けられない状況に，ジレンマを抱えるようになった。

頑張れば頑張るほどに，負担が増え，収益性が下がり，支援の質が低下し，利用

者や関係機関などからの信頼も損なう——そうした悪循環に陥り，泥沼のなかで，どこに向かえばよいのか出口が見つからなくなり，事業所は存続自体が危うい状況になった。

　こうした状況のなか，諦める（閉所する）ことも視野に入れはじめた矢先，わたしたちは「“通過型”活用研修」に出会った。

④ 第2立て直し期

　「“通過型”活用研修」では，「通過型サービスではアセスメントが肝，深める支援が重要」ということを改めて確認することになった。当たり前のことかもしれないが，目から鱗であった。この考え方に基づき，わたしたちは2度目の立て直しへと舵を切った。

　以下，具体的なポイントを整理したい。

①目的のある利用：生活訓練事業は有期限であり，終了後のあり方を利用開始時からできる限り具体化し，「目的のある利用」を提供し続けることが重要である。そのためには，個別支援計画を活用することが有効である。利用目的とは職員にとっては支援方針であり，それを共有し，達成状況を相互に管理するためのツールというだけでなく，ニーズや状況の変化に気づき，応じるためにも必要な「可視化」である。

　　こうした観点に基づいて，個別支援計画を立案でき，かつ実行に移すことができる，精神保健福祉士有資格者などの専門性の高い職員配置を進めた。

②通所が定着する仕組みづくり：これまでプログラムの多くは，「こうしたニーズが多そうだ」という推測や主観に基づき，また，地域にプログラム提供に協力してくれる方が現れたときなどのプログラムのつくりやすさが優先されていた。わたしたちは，ニーズが見えにくい方が多い状況のなか，こうしたつくり方は，シーズ（これから芽を出す可能性のある要素）として捉えられ，実際にプログラムを通じて興味関心や自己肯定感を持つに至った方もいた。

　　しかし，わたしたちは，改めて利用者のニーズを丁寧に確認するという向き合い方をすることにした。ニーズのわかりにくさは，職員の力量や関係性の不足が影響していることもある。また，ニーズは常に変化する。

　　一定の共通ニーズを把握した時点でプログラム化を進め，ニーズの変化等に合わせて実施内容も変化させるなど，活きたプログラムづくりを心がけた。こうすることで目的のある利用が継続され，通所利用が定着するようになった。職員の支援の意図もより明確になった。

③一人ひとりの個別性を尊重した利用終了時のあり方：何度も述べている通り，生活訓練は有期限であり終了がある。そして自己実現のプロセスとして生活訓練を終了した時点でどのような日中活動や所属先を獲得しているかについ

ては，一人ひとり個別に考えなければならず，個別性の重視を怠ることはできない。

　わたしたちは，この点において，フォーマル／インフォーマルにかかわらず，いかに地域の社会資源とネットワークをつくり，活用できるようにするかということに力点を置いた。したがって，事業所の外で，利用者とのかかわり以外の動きも多くある状況となったが，一人ひとりの個別性を尊重した利用終了時のあり方がより確保されるようになり，暗中模索していた職員の負担も少しずつ軽減していった。

　以上の①から③の取り組みは，一貫して「終わり方」——つまりどのように「出す」かというベクトル——を強調していた。結果的に，登録者は95名から53名に減少したが，一人ひとりの利用率，通所日数は増加し，経営的にも収支はプラスに動いていった。

4 ——— 実践から見えた経営基盤

　利用者に対してより質の高い支援を提供し続けるためには，経営視点も重要であるが，わたしたちは，2度の失敗と立て直しを経た結果，利用登録者数よりも一人ひとりの定着率や通所日数を重視することが経営基盤につながるのだということに気が付いた。

　そして経営基盤をつくることは，経営層や管理職だけに必要なものではないということも意識するようになった。職員が，自らあるいは相互に研鑽し，支援の質を高めることと，収支や費用対効果を考えることは，決して離れたことではない。

5 ——— 実践から見えた運営基盤

　現在は，経営面，運営面ともに安定が続いている。わたしたちは，2度の失敗と立て直しから，有期限の支援，すなわち"通過型"の支援をどのようにパッケージとして整理できるかを考え，支援のプロセスについて以下のように整理した。これは，運営面の基盤ともなった（図1参照）。

① アセスメント期

　まずは利用者，職員が相互理解を進める必要がある。利用者の多くは自身のニーズがぼんやりとしか見えておらず，"こうありたい自分"にたどりつくことが難しい。アウトリーチや面接などの個別対応，複数のプログラム体験などを通し，必要

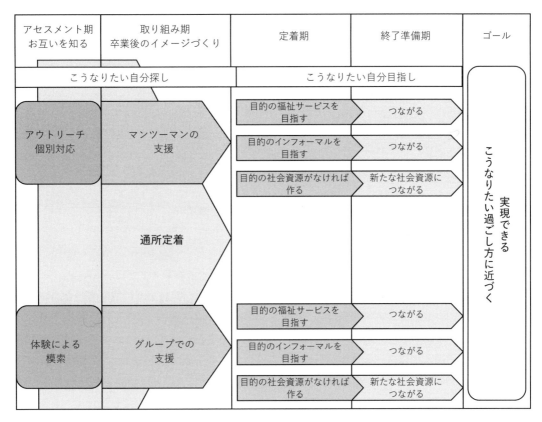

図1 支援のプロセス

なアセスメントをしながら，関係性を構築する期間である。

② 取り組み期

　アセスメント期に続き，"こうありたい自分探し"をしつつ，利用終了後のイメージづくりをする。一定程度安定した通所を目指し，個別対応だけでなくグループでの支援を組み合わせ，利用終了後のイメージを利用者とつくりあげていく。

　訪問支援が中心の利用者でも，利用終了後の具体的なあり方をイメージとしてつくりあげる。

③ 定着期

　定着期は，"こうありたい自分探し"から"こうありたい自分目指し"へと変化していく期間である。

　他の日中活動系障害福祉サービスや，地域のインフォーマルな社会資源などを見学・体験し，利用終了後のイメージをより具体化していく。

事業所側は，これまで構築した地域とのネットワークでは限界があれば，新たにつながりを広げる，もしくは新しく資源を創造するという取り組みも行う。

④ 終了準備期

定着期において具体化したイメージをもとに，利用終了後の過ごし方，所属先として円滑に形になるよう支援する期間である。

事業所側は関係性を他に引き継ぎ，フェイドアウトすることも重視する。

6 ─── 現在の実践とこれから

以上のような変遷をたどったわたしたち「アクティビティサポートセンターゆい」であるが，これまで述べたような難しさを持つ生活訓練事業に取り組むなかで，新たな地域のニーズを見出した。

利用者のなかには，利用終了後の所属先をなかなか見出せない方や，限られた利用期限ではニーズ自体が明確にならない方も多くいた。そのような利用者の属性を整理していくと，高齢の方，アクセス課題のある方（送迎等が必要な方），通所時に介護などが必要な方たちと大まかにカテゴライズされた。わたしたちは，こうした地域ニーズに応えるため，生活介護事業を立ち上げ，生活訓練と生活介護の多機能型事業所として新たに歩みはじめた。そして，この生活訓練と生活介護の組み合わせをより活かせるよう，つまりは，生活訓練の機能をより発揮できるよう，少ない利用者に集中的な期間でより専門的な支援を提供するという考え方に基づき，「20：10（人）」だった「生活訓練：生活介護」の利用者定員の比率を，徐々に変えながら最終的には「10：20（人）」とした。

ところで，生活訓練においては，わたしたちは2度の失敗と立て直しを経験したが，それでも未だ，生活訓練事業の経営・運営は難しいと感じている。利用者が利用しはじめてから安定した利用に至るまでには訪問や個別対応などの支援が多く，安定した利用までに時間を要する方も多い。利用が安定した利用者は徐々に次のステージへ進むための準備を始めるが，それは「卒業」を促す積極的な働きかけでもあり，利用者が減ることは事業所の収入が減ることに等しい。そして個別支援に力を入れれば負担に比して収入が少ない状態となるが，一方で十分な個別支援，特にアウトリーチをしなければ利用者は離れる。兎にも角にも，バランス感覚を持った経営・運営が必要である。そして，こうした難しさに向き合えるだけの人材の確保が必要である。

わたしたちは，現在，定期的に事例検討を実施し，かつグループスーパービジョンを行うようにした。あわせて定期的に運営に関するミーティングを実施し，柔軟な運営を担保するようにした。また，相談支援事業所やグループホームなどに対し

てヒアリングを行い，地域のニーズや人材など社会資源の開拓も行うようにした。もとより経営・運営が難しく試行錯誤の連続となることが自明である生活訓練であるならば，こうした機会を積極的に設け，確保し，事業所内チームで，さらには地域のネットワークも巻き込み，試行錯誤をするための場・機会を保障することが重要である。今後も試行錯誤を重ね，より効果的なアウトリーチや通過型のあり方を模索していきたい。

IV

アウトリーチ支援チームの
つくりかた
チームになればいろいろできる！

　アウトリーチ支援は非常に多彩で，また支援が個別的なことも
あり，事業をどのように展開していくのかチームで理念を共
有しながら行っていくことが重要である。
　本部ではチームをどのように運営していくのか，事業全体のかじ
取りの実例の紹介や，ピアワークを活用した実践例を紹介していく。

1 理念をもった組織運営の一例

●遠藤紫乃

1 ── 理念の実現

　一般企業と同様に，障害福祉サービス事業においても，企業理念の実現という命題のもとに，私たちは日々の仕事をしている。

　2015年4月に，千葉県船橋市で事業を始めたまだ新しい法人である「一般社団法人スターアドバンス」（以下，当法人）では，「誰もがその人なりに暮らせる地域をつくる」という法人の理念を掲げているが，それは利用者への支援に対してだけのことではない。そこで働く私たち自身に対してのことでもある。当法人では，「障害があっても働ける」を体現していくことを法人運営の大きな柱のひとつとしている。

　障害福祉サービス事業を通じて，障害のある人の就労を一般企業にお願いする立場にある私たちが，自ら障害者を雇用せず，なぜ障害者の雇用を促進することができるのだろうか？　それがかねてからの大きな疑問であったために，現在約20名位の当法人の職員の半数以上は，なんらかの障害をもっている人たちである。多くはハローワークを通じてのトライアル雇用であるが，ほかにも地域の他法人からの紹介や，千葉県事業である「千葉県精神障害者ピアサポート専門員養成研修事業」からの雇用，また後述する「たすき掛けプロジェクト」経由など，さまざまなルートから採用をしている。

　生活訓練という事業は，精神障害者の人たちにとって，働きやすく，仕事のやりがいをもちやすい事業だと思う。また退院促進などスポットでの仕事や雇用と違い，非常勤職員からのスタートではあるが，経験を積み常勤へとステップアップしていく道筋を作りやすい事業だろう。

　生活訓練で，利用者である障害者に対して支援をするだけでなく，障害があっても共に働くことのできる法人，ひいてはそのような地域を創ることが，自分たちの暮らすこの地域をより暮らしやすくすることに繋がっていくのだと思っている。

2 ━━━ マネジメント

現在，当法人の生活訓練事業では，常勤3名（2名は兼務），非常勤の障害者雇用の職員4名が働いている。常勤・非常勤ともに，通所にも訪問にも従事し，シフトによる勤務をしている。シフトは法人内の他の事業所もあわせて，法人全体の事業をマネジメントしている筆者が作成している。

法人の理念を特に体現する事業が生活訓練であり，そのなかでも訪問による支援がその核となると考えている。

生活訓練事業では，通所と訪問という2つの事業をあわせて行っているが，全職員が通所・訪問のどちらにも関わるようにしている。その人の暮らしの全体像をつかむためには，通所での外の顔も，自宅での中の顔も知る必要があり，その二面性（多面性）があるからこそ，人は人らしくあるし，だからこそ支援が難しいのだということを理解しないと，全人的な関わりはできないと考えているからである。

ただし，人の家に訪問する仕事は，たいへん侵襲性の高い仕事であり，本人にしてみれば，踏み込まれたくないプライベートな空間に，私たちが仕事上お邪魔させていただいているのである。そのことを十分に理解していなければならない。

3 ━━━ チームケアと事業経営

訪問による支援では，チームケアを重視しており，サービス管理責任者は，全ケースに関わり，他の職員と一緒にチームを作り訪問のかじ取りをする。サービス管理責任者と常勤職員2名は，アウトリーチサービスに10年以上従事しており，エキスパートといえるが，非常勤職員は，アウトリーチの仕事以前に，障害福祉サービス事業所での勤務自体が初めての人ばかりであった。アウトリーチでの仕事は難易度が高いと思われており，よくそのような話を聞くが（たしかに実際そうではないかと思っている），経験者が核になりチームを組み，支援の方向性を共有できれば，初心者であっても十分にチームの一員としてその役割を果たしていくことが可能だと考えている。

実際には週に1〜2回の訪問が多く，支援の時間は基本的に1時間に設定している（必要に応じて週3回訪問する人もいるし，一時的には週6日の訪問を行う場合もある）。現在の報酬単価では，1時間以上は何時間訪問しても同じ報酬単価であるため，経営のことを考え，基本的には1時間の訪問時間に設定している。ただし，その人にとって必要がある場合はもちろん時間数を増やすこともあるし，通院同行の場合などは，たいてい数時間かかる。

事業を継続するために，経営について考えることは障害福祉サービス事業といえども当然のことである。どう事業を組み立てていけば経営的に安定し，継続して実

践しつづけられるのかを常に考えていかなければ，有期限のサービスの場合は特に事業の継続が難しくなる。事業を始めてみたものの，事業の継続が難しく，生活訓練を途中でやめるようなことになったら，利用者や地域にとっては大きな損失となってしまう。

　当法人では，1人の職員が「訪問2件と通所」に入ることを基本に1日の業務を行うことによって，事業的にプラスになっている。そしてさらに訪問に関して初心者である職員も，多くの訪問の経験を積むことによって，支援者としての質を深めていけると考えている。もちろんそこにサービス管理責任者など経験者によるスーパーバイズが必要であることは言うまでもない。

　さらに同じチームに相談支援専門員がいることで，生活訓練終了後までを見通した支援が可能になる。事業所内だけでの関わりで，ともすると狭い視野での支援になりがちでもあり，密度や侵襲性の高い訪問や直接支援のサービスというマイナスを補うために，相談支援専門員は「俯瞰して見る」という大切な役割を果たしている。

4 ─── 障害者雇用について

　当法人の障害者雇用の職員は，障害当事者ならではの働き方を全面に押し出すというよりは，まずは，障害福祉サービス事業所に働く一人の職員であり，生活訓練事業における生活支援員，または訪問生活支援員として勤務をしている。支援員としての仕事がきちんとできることが大切で，その役割を果たしたうえで初めてピアワーカーとしての専門性が発揮できるのだと，当法人では考えている。

　そもそも支援者にとって大切なことは，「社会性」「市民性」であり，「専門性」はそれらがあって初めて発揮されるものである──このような話をある研修で聞いて以来，まさにそうだと思っている（図1）。ただし，今までの人生では積むことができなかった経験を，当法人で働くことにより獲得していけるという側面がある。障害者雇用のため，その点にも配慮するようにしている。

　自分がピアスタッフであるということを利用者へどう伝えるかは，本人に任せて

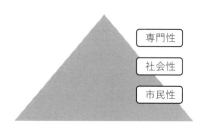

図1　支援者の条件

おり，積極的に伝える職員もいれば，伝えない職員もいる。また同じ職員でも，A
さんには伝えるが，Bさんには伝えないなど，利用者によって伝える場合と伝えな
い場合とがある。そこには本人が考えた理由が存在している。

　生活訓練の月1回の定例ミーティングでの話である。「なぜあまり積極的に自分が
ピアスタッフであると利用者に伝えないのか？」という話になったときに，「あの人
はピアスタッフだからね，専門職の職員のようにできなくても仕方ないよね，と利
用者に思われたくない。常勤の専門職の職員と同じように厳しい目で利用者に見て
もらいたいからです。甘えたくないんです」と言った職員がいた。その言葉を聞い
たときは，仕事に対して真摯に向き合っているからこその，覚悟の表れだと思った。

　実際の仕事上の配慮は，ピアスタッフといっても人それぞれである。朝が苦手な
職員は朝一番の訪問は入れないようにするとか，体力的に1日1件しか訪問には行
けない場合は配慮して2件は入れないとか，なるべくその人に応じた配慮をするよ
うにしている。

　また通常，訪問の同行は1回しか行わないことが多いのだが，必要であれば数回
行うこともある。そういう配慮は個別に行っている。

　個別の配慮とは逆に，全員に対して一律に行っている取り組みとしては，下記が
あげられる。

　　　①チューターシップ制度
　　　②毎日の振り返りシート
　　　③月1回の個別面談
　　　④半期に1回の評価シートを使った面談

　まず，①の「チューターシップ制度」は，1人のピアスタッフに1人の常勤職員が
担当としてつくようにしており，何かトラブルが起こったときの相談先を明確にす
ることを目的としている。ピアスタッフの側だけでなく，担当する常勤職員の側に
も，育成に対する責任感が生まれ，お互いに良い関係性での関わりをもてるように
なると感じている。

　そして，②の「毎日の振り返りシート」（表1）は，以下のようなシートを使い，
その日の業務を振り返るために使っている。おおむね1～3カ月位（本人の希望に
よって期間は違う）続けられる。

　③の「月1回の個別面談」では，チューター役の常勤職員と，生活訓練で月に1回
行っている会議後に，個別面談を行う。仕事上のことや，それ以外でも家族関係で
悩んでいること，資格習得のための勉強のことなど，相談の内容は仕事そのものに
留まらない。その点は，他の健常者のスタッフと大きく違っている（障害者雇用以
外の職員とは，月1回という頻度では面談は行っていない）。

　この面談はとても重要で，ピアスタッフから，日頃は皆忙しそうに働いているの
で，つい聞きたいことがあっても遠慮してしまうという話を何度か聞いた。それゆ

表1 毎日の振り返りシート

評価対象者	所　属	勤　続 年　　月		評価期間 H28年10月～H29年1月
評価者	一次考課者		二次考課者	

S（優秀・5点），A（良好・4点），B（普通・3点），C（要努力・2点），D（問題・1点）

業務評価		自己評価					上位者評価／一次考課者					上位者評価／二次考課者				
	評価内容	S	A	B	C	D	S	A	B	C	D	S	A	B	C	D
1)	欠勤															
2)	遅刻															
3)	連絡															
4)	挨拶															
5)	朝の確認															
6)	仕事の分担															
7)	仕事の内容															
	1　通所利用者の把握															
	2　来所時の対応															
	3　自由時間															
	4　昼食の見守り															
	5　レンジ利用の見守り															
	6　トイレ利用の見守り															
	7　掃除の対応															
	8　みんなでトーク															
	9　体操															
	10　認知行動療法															
	11　社会生活力															
	12　集中															
	13　アナログゲーム															
	14　マナー															
	15　助言															
	16　見守り															
	17　傾聴															
	18　帰りの支度															
	19　記録															
	20　引継ぎ															
	21　たすき掛け															
	22　公民館															
	23　訪問型利用者の把握															
	24　移動手段・道の選択															
8)	早退															
9)	会議・研修の参加															
10)	電話対応															
11)	留守電のチェック															
12)	言葉使い															
13)	事業所内環境整備															
14)	休憩の取り方（喫煙）															
15)	携帯の使用															
16)	報告メール															
17)	体調，気持ちの管理															
18)	コミュニケーション															
19)	仕事の価値の理解															
20)	仕事を自分で見つける															
21)	自己研鑽															

自己評価コメント	「この項目以外で，自分が秀でていると思うところ」 「ここを評価してほしいと思うところ」
考課者コメント	

えにピアスタッフにとっては，月に1度ゆっくりと，まとまって話すことのできるこの時間は，なくてはならない時間である。

最後の④「半期に1回の評価シートを使った面談」では，毎月の面談とは別に，業務の内容，業務の習熟度について，評価シートを使って面談を行い，本人と担当上司で振り返りを行う。

このような取り組みは，ピアスタッフだからということよりも，新人職員に対する教育の一環として行っている。ピアスタッフであっても一般の職員であっても，初めて障害福祉サービス事業に仕事として携わることになった人たちへの教育は，特に初期の頃が重要だと考えるからである。

2015年4月に新しく法人を立ち上げ，一緒に事業を始めた人たちは，短い人でも5年，長い人では10年以上，この業界勤務の経験があったうえに，前法人でも長年一緒に仕事をしてきたという背景があったため，マニュアルやルールをお互いに確認し合わなくとも仕事上差しさわりがなかった。しかし新しい法人で，未経験者の職員が増えていくなかで，今までお互い暗黙知を共有していた同士にはなかった，さまざまな問題が起こるようになっていった。そのため，暗黙知のままではなく，形式知として示していく必要に迫られたのである。

そこで新人職員数人で，生活訓練の業務マニュアル作成のたたき台作りの時間を設ける取り組みを行うことにした。これは，サービス管理責任者などの職階が上の人が作ったマニュアルを，新人があまり考えることなくそのまま仕事として実行していくよりも，自分たちの日々の仕事について，「なぜこのように仕事が執り行われているのか？」を考えながら，自分たちで作り上げていくほうが，よりこの仕事の意味や価値を実感できると思い，進めている取り組みである。

この取り組みは，今後新人が入るごとに，引き継がれていく予定である。「新人によるマニュアル作成」で毎年マニュアルを更新していく作業を通じて，少し先行く職員が見守りながら，なおかつ指導もしつつ一緒に考えるという工程は，新人，2〜3年目の職員双方にとって，有益な時間であると考えている。

5 ── 「たすき掛けプロジェクト」

「たすき掛けプロジェクト」は，2014年8月より開始した，生活訓練事業の利用者がピアスタッフを目指すためのプロジェクトである。

当法人と，東京都江戸川区の特定非営利活動法人「ヒーライトねっと」，東京都葛飾区の特定非営利活動法人「SIEN」の生活訓練事業所，「コン」「ゆい」「そう」3事業所による，3法人での取り組みである。

生活訓練における利用者は，他の障害福祉サービスの利用者より，障害が若干重いと思う。就労支援センターや地域活動支援センターなどの事業所に通所している人たちより多くの支援や，きめの細かい支援が必要な状態であると認識をしている。

引きこもりがちであったり，人との関わりが苦手であったり，セルフネグレクト状態の人もいる。しかしながら，その人たちも，「人の役に立ちたい」「自分もできることなら，ピアスタッフをしてみたい」との夢や希望をもっている（当初は自分にはそんな夢や希望をもつ力はないと諦めていることも多いのだが）。

しかし自分の法人内で一本釣りのような形で利用者を雇用すると，"利用者としての自分"と"ピアスタッフとしての自分"という2つの立場の間で葛藤に陥ることになる。

そしてピアスタッフとして活動しながら，生活面のサポートも引き続き必要とする場合（ヘルパーを利用していたり，相談支援専門員との関わりを密に必要とする場合が多い）には，「生活のサポートをする事業所」と「自分がピアスタッフとして活動する事業所」が同じだと，そこにもまた葛藤が生まれる。

そうならないためには，自法人の利用者を，他法人で雇用してもらえばいいのではないか。その代わり，他法人の利用者は当法人で雇用すればいいのではないか――そこから，このプロジェクトは始まった。

それには法人自体の理念が近く，目指す方向が同じで，距離的にも活動を一緒に行える法人でなければならなかった。そこで，「ゆい」と「そう」に声をかけ，一緒に取り組みをスタートさせた。

「たすき掛けプロジェクト」では月1回の定例会を，3法人持ち回りで行い，そのつどいろいろなことを話し合い，実際に取り組んできた。2019年12月現在，定例会は28回目を数え，開始からすでに約2年4カ月が経っている。この2年4カ月の期間は，大きく3期に分けられる。

> **第1ステージ――参加**：まずは，「毎月のたすき掛けプロジェクト」の定例会に参加をする。
> **第2ステージ――実習**：実際に，自分の所属する法人以外の2法人に実習に行く。いろいろと試行錯誤した結果，現在のところ，1回の実習につきおおむね3週間が実習期間となっている。
> **第3ステージ――ピアスタッフ**：ピアスタッフとして，またはボランティアや有償ボランティアとして，自分の所属法人以外に勤務する。現在3人の人がこのステージにいる。

今後考えている第4ステージは，実際の雇用の段階となる。東京都の場合，当事者を雇用するにあたり，東京都の助成金を受けられることから，その制度を利用して，雇用条件を整理したうえで，2018年4月より，特定非営利活動法人SIENで現在ボランティア中の人が雇用に進む予定でいる。

今までの2年4カ月の間，2015年，2016年，2017年と毎年，精神障害者リハビリテーション学会に，「たすき掛けプロジェクト」に参加している利用者とともに参加し，自主企画で発表をしている。

就労移行支援事業経由や，自ら進んでピアサポートの研修などに参加できる人は，生活訓練にはほとんどいないのだが，そのような状態像の利用者でも，夢や希望など本人の思いを叶えるために，「たすき掛けプロジェクト」を行っている。

この取り組みは，自法人以外に近隣に1法人があるならば，そして思いさえ共有できるならば，共同作業を行い，足並みを揃え，ピアスタッフの雇用に進むことができる。

「たすき掛けプロジェクト」では，今まで実習時に結ぶ「実習契約書」，実習時の振り返りに使用する「振り返りシート」，ほかにも「ボランティア契約書」「ボランティア保険」に関する取り決めなど，多くの契約者やフォーマット，ルールなどを3法人協同で作成してきた。そのすべてが，現在3法人の共有財産となっている。

以下に，実際ボランティアを受けている特定非営利活動法人SIENの鎌田氏の言葉を紹介する。

この事業では，訪問・通所ともに，ピアとしての支援が必要な対象者がいる。適材適所でその強みを活かすためにも，事業所において協働体制を確保する必要がある。ピア自身も，健常者と同じように，**事業所にとって「この人が必要」**と思われるよう，自己研鑽に努める必要がある。たすきがけ雇用することで，「スタッフ」としての立場が確立されること，同様の事業種・理念を持った事業所のため，自身の受けてきた支援を，新たな地域の利用者のリカバリーに活かすことができる。

6 ── ミッション

生活訓練でのミッションは，リカバリーである。そのために，アウトリーチを行い，本人と関係性を結び，表面的ではない深いアセスメントを行い，真のニーズである「ノーマティブニーズ」を引き出し，本人のゴール（夢や希望）に向かい並走する。

今まで諦めてきた，自分の人生を自分で生きることができるように，自助を支援する。

その過程の中で無いものは自分達で創っていく。そういうことを，一法人でなく，他の法人と一緒にできることで，より広い地域が耕されていくのだと思う。

そして，この先は，地域を耕していく人達は，障害当事者であると思っている。

2 ピアワークを活用する

●中田健士

　本稿で紹介する「ピアワーク」の活用は，2005年から千葉県流山市で少しずつ広まっていったピアサポーターたちの活躍と，彼らのリカバリーの力を信じ見守ってきた，宙麦会グループ（医療法人社団宙麦会ひだクリニック，および株式会社MARS／以下，「当グループ」）での取り組みである。

1 ── るえか式心理教育を受け，障害福祉事業の支援員としてのピアサポート

　「るえか式心理教育」は，いつでもどこでもだれでもできる，疾患，薬，自己対処などについての，絵や図，ユーモアなどを用いた理解しやすく実践しやすい心理教育のことである。流山市で開院してからの17年間で蓄積された組織文化と言える。この「るえか式心理教育」は，①仲間の力を信じる，②主体性の尊重，③これまでの常識を考えなおす，という理念に基づいている。ピアサポーターによるアウトリーチを考える際にも，訪問するピアサポーター自身が「自分の可能性を信じること」と「訪問する対象となるピアの可能性を信じること」の両方が大事ではないかと思われる。

　株式会社MARSには当事者社員が12名おり，多くの社員はこの心理教育を受け正社員として働いており，内訪問経験のあるスタッフは7名いる。当事者が支援者として働くことは，精神病を患ったスティグマとの葛藤を抱え，アイデンティティが揺らいでいる状態の方に対し，その経験者にしかわからない感情や体験を共有できるという強みを最大限に活かすことができる。もちろん人によってその受け止め方や捉え方の違いはあるものの，明らかに経験者にしかできないサポートがあることを，何度も目の当たりにしている。

2 ——— 弱みを強みへ転換した経験を活用する

　ピアサポーターが自身のストレングスに焦点を当て，精神病を患ったことに伴う困難な体験をマイナスな過去の経験として捉えるのではなく，その一部をプラスとして捉えて肯定的な意味づけをし，支援の実践に役立てることが重要であると考えている。そういった視点を獲得するにあたり，ストレングスモデルは欠かせない技術である。ストレングスモデルに関して，栄（2014）は「ストレングスモデルは人の弱さや苦境に置かれた体験を決して否定するものではない。これらの体験は，共感してもらえる人の存在，分かち合える関係性，その経験を生かせる機会によって，クライエントが肯定的な意味づけを行うことで『ストレングス』に変わる」と述べている。ピアサポーターとして活躍するにはこの記述にもあるように，自身のマイナスの経験をプラスに変換したという体験が重要であると考えられる。

　当グループのピアサポーターの高橋美久と櫻田なつみも，下記のように病気の経験の捉え方の変化を感じている。

- 自分の経験を話すことによって，得るものがたくさんできた。講演会では自分の病気の事や苦労のエピソードなどを話す機会が多いので話を聞きに来てくださった人たちが共感してくれたり，自分の家族と重ね合わせてこれからの希望になったといってくれることにより自己肯定感が上がったように感じる。自分が苦労をしてきた事が無駄ではなかった感じがし，苦労が楽しいものに変わった。楽しいものに変わると，自然と昔抱えていた苦労や，現在抱えている苦労が視点を変えて映るようになった。苦労から自分の武器になる，そんな感じがした。　　　　　　　　　　　　　　　　　　　　　　　　　　（高橋，2015）
- ピアサポーターは「強み」を生かした支援ができる。自分が経験してきたからこそ話せることもたくさんある。幻聴のことや被害妄想のこと，薬の副作用のことなど，経験していないと話せないことがたくさんある。実際に幻聴が聞こえている利用者メンバーには，幻聴が聞こえている，もしくは過去に聞こえていたピアサポーターが話を聞いたり自分の経験を話すことによって，「あ，自分だけじゃない」とメンバーには安心感が生まれる。これがピアサポーターの「強み」であり，それを活かして支援をしていく。ピアサポーターが持つ「強み」はそれぞれに違い，それぞれに「可能性」をもっていると思う。その「可能性」はピアサポーター自身ではよくわからないと思う。私自身も「可能性」はあると書きつつ，自分にどんな「可能性」があるのかはわからない。それに気がつくのはピアサポーターの周りにいる上司・同僚・支援者だと思う。　　　　　　　　　　　　　　　　　　　　　　　　（櫻田，2014）

平林 茂
・統合失調症
・入院経験：1回

・18歳で発症したが，未治療のまま35歳まで引きこもり。
・その後入院，退院後はデイケアに通い，クローズでアルバイトをする。
・ひだクリニックの疑似就労に通いながら就労活動をし，オープンで特定子会社に入社。
・その1年後，デザイナーとして株式会社MARSに入社。障害福祉サービス事業の支援者として訪問支援も兼務しながら7年働いている。

図1　ピアサポーター（平林茂）

3——ピアサポーターとしての訪問支援

株式会社MARSでのピアサポーターの訪問支援は，看護師や精神保健福祉士が対応をするのが困難な引きこもり事例と出会い，もしかしたら自分たちでは気持ちが動かなかった方が，経験者との関わりなら何か反応があるのではないかという発想から始まった。専門職の訪問では発想できなかった例としては，一人暮らしの引きこもり状態の方を訪問し，一緒にゲームを行っていたピアサポーターが，何度か訪問をするなかで，別の引きこもりの方を連れてきて3人でゲームをするというサポートを行った。約半年間，月2回程度行い，一人は遠方の実家に戻ってしまったが，もう一人はデイケアに通所ができるようになり，現在は就労支援を利用しながら障害者枠で働くことを目指している。

また，なかでも最も多くアウトリーチを行っているピアサポーター（図1）の事例を紹介したい。平林茂はこれまで10名以上の方の訪問支援を行っているが，ここでは平林がピアサポーターとして携わったアウトリーチとして特徴的な一例を紹介する。

4——事例——20代・男性・Nさん

①ピアサポーター支援前経過：中学校から不登校になり高校はフリースクールへ通うが，対人恐怖などから電車にも乗れなくなる。人の気配があるとトイレにも行くことができなくなり，自宅以外のトイレに行けないことから外出も困難になる。母親の相談からかろうじて受診につながり統合失調症と診断を受け，訪問看護ステーションの看護師が訪問に行くことになった。しかし看護師が何度訪問しても現状は変わらず，生活訓練の訪問支援員としてピアサポーターも関わることになった。

②ピアサポーター支援経過：初回は看護師，相談支援専門員，ピアサポーター，母親，本人が自宅にて話をしたが，本人は顔も上げない状態であった。その後，週1回ピアサポーターが訪問をすることにした。2回目は母親も同席で10分ほど話した。その後40分本人と会話をするように努めた。Nさんとピアサポーターには同じ漫画やアニメの趣味があり，そのことについて会話をしたがうなずく程度であった。3回目からは本人と2人で，1回の訪問で約45〜60分ほど，アニメや漫画などの会話を中心に行った。3カ月程度訪問をするなかで本人からも話題を出すようになってきた。そこで，ピアサポーター自身も15年引きこもりをするなかで，当時は日々の生活のなかで忘れることが多かったことから，もしかしたらNさんも同じようなことがあるかもしれないと感じたという。そこで，本人に確認すると，よく忘れるとの回答であった。そこで以下の内容をルーチンとして聞くこととした。

①昨日どのようなことをして何時に寝たのか
②昨日は何を食べたのか
③今週みた漫画，アニメ，クイズ番組などは何か

このやり方が良かったのか，Nさんの自発的な発言も増え，ピアサポーターの訪問を楽しみにするようになっていき1年が過ぎた。

③支援経過のなかでの変化：初回の訪問から1年半が経過し，朝起きて散歩へ行き，朝食をとり，テレビを見て過ごし，昼食をとり，午後からはテレビや漫画を見て過ごし，夕食を食べて寝るといった1日の生活ができてきた。Nさんは3週に1回の頻度で通院をしていたが，主治医が隣の駅のクリニックに移動となり，主治医を変えるか電車に乗って通院するのかという選択を迫られた。そこで本人と母親，ピアサポーター，精神保健福祉士を含めて話し合いを行った。結果として駅まで自転車で行き，そこから電車で一駅乗り通院をすることを選んだ。初回は母親も同行し，ピアサポーターが到着の駅で待つこととし，3年ぶりに電車に乗ることができた。しかし，新しいクリニックのトイレには行けず，トイレに行きたくなった場合は前クリニックの隣の薬局のトイレに行くことで対応した。さらにピアサポーターは通所先として生活訓練事業所に一緒に行こうと提案し，何度か事業所の前まで行けるようになり，一緒に中に入って昼食を食べようと約束し本人も承諾した。しかし，約束の日の前日，Nさんは朝の散歩から戻ってこなくなり，その日の夜に戻ってくるといったことがあった。ピアサポーターとしては「"これができたから次はこの目標に挑戦しよう"といった専門職と同じ支援をしてしまった。本人にとっては電車で出かけ，知らない場所に行くことだけでも大変なことであり，目標を定められることの辛さを忘れていた」と自分の支援を振り返っていた。

④訪問支援後の経過：生活訓練の訪問支援を3年に延長し，継続してピアサポーターの訪問を受けた。さまざまな人との会話もできるように訪問日を週1回にし，月1回は異性のピアサポーターの訪問も受け，多くの人と会話のキャッチボールがで

きるようになった。支援者チームは3年経過後の行先として，本人の希望を聞きとり，本人のペースに合わせて，相談支援専門員や精神保健福祉士とも連携をしながら計画を立て，就労継続支援B型につながった。現在は就労継続支援B型を継続しながら充実した日々を送っている。

5 ─── ピアサポーターの有効性を活かした専門職との連携

ピアサポート活動のサービス利用者に対する有効性の理論的基盤としては，①体験的で互恵的な学習プロセス（特別な情報や視点の提供），②有能な役割モデルの提供（社会的学習理論），③希望や動機付け（社会比較理論），④ヘルパーセラピー原則（他者を援助することが自身を助ける）がある（大島，2013）。この事例では，「当時は昨日のこともあまり覚えていなかった」という体験からルーチンの会話のやりとりまでが①に相当し，同じ引きこもり経験者が普通に生活をしていることが②や③となるであろう。また，ピアサポートをする側としてもやりがいを感じており，心から支援対象となる方の力になりたいと感じていることで，④の理論も当てはまるであろう。精神保健福祉システムのサービス利用面で考えると，ピアサポートのアウトリーチは，地域のニーズに合致した敷居の低いサービスの提供が可能になり，伝統的サービスに悪い経験をもち，サービス利用に拒否感をもつ利用者にとっての選択肢を広げる効果があると考えられる（大島，2013）。当グループにおけるアウトリーチの一例を図2としてまとめている。法人として，また専門職として，ピアサポーターとしての土台となる条件が必要不可欠であると考えている。

6 ─── 訪問支援におけるピアサポーターとの連携に関する
アンケート調査

当グループにおいて訪問支援の経験があるピアサポーターは7名いる。その7名と，ひだクリニックのデイケアおよび訪問看護ステーションに勤めている，看護師，作業療法士，精神保健福祉士など（以下，専門職）7名を対象に，訪問支援の際にどのような項目を重視しているのかアンケートを行った。結果は表1の通りである。

アンケート結果から，ピアサポーターで一番優先をしている項目が信頼関係の構築であり，社会生活技能の向上やストレングスの発見などの訪問支援を多く行っていることがわかった。一方，その他の専門職が一番優先している項目は生活上の問題解決（衣食住）であり，受診・受療援助や服薬確認・服薬管理などにおける訪問支援が多いことがわかった。

さらに，このアンケートにおけるピアサポーターに対する「訪問をするなかで他の専門職との連携が必要だと感じたことはあるか」の質問に対し，7人全員が"よ

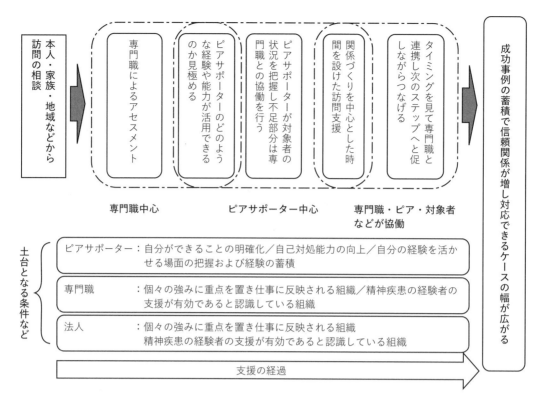

図2　宙麦会グループでのアウトリーチにおけるピアサポーターとの連携の一例

くある""しばしばある"と回答しており，そのなかで実際に連携したことがあるのは7人中5名であった。

　専門職に対する「訪問をするなかでピアサポーターとの連携が必要だと感じたことがあるか」の質問に対しては，7人中6名が"よくある""しばしばある"と答え，1名は"わからない"との回答しており，そのなかで実際に連携をしたことがある職員は5名であった。

　なお，それぞれが回答した具体的な連携の内容は，以下の内容となっている。

ピアサポーターが回答した具体的な連携内容

- 大量の残っている薬が見つかり，どうしてよいかわからないとき，看護師と連携し対応した。
- 明らかに体調不良の方を一緒に内科の病院に連れていった。
- 引きこもり状態の方を看護師と訪問し，本人の希望が叶うように居場所などを一緒に考えた。
- 信頼関係の構築にあたり，ベテランの精神保健福祉士に意見を聞いた。
- 制度・薬の副作用・他の病気のことなどはわからないので，一緒に訪問し対応をした。

表1　訪問支援におけるピアサポーターとその他専門職の比較（2017年9月）

訪問支援をするなかでどのような支援を行うことが多いのか（n = 14（ピアサポーター7／その他専門職7））／17項目のうち5つに絞り一番優先している項目を選択

訪問時の支援内容	ピアサポーター		その他専門職	
	選択した項目	一番優先している項目	選択した項目	一番優先している項目
入院回避	1		1	
虐待回避	0		1	
症状の観察	3		1	1
受診・受療援助（外来・入院）	1		4	
服薬確認・服薬管理	3		4	1
社会資源（フォーマル）の活用	1	1	3	
社会資源（インフォーマル）の活用	0		0	
生活上の問題解決（経済的問題）	0		0	
生活上の問題解決（衣食住）	3	1	5	3
家族関係改善・家族負担の軽減	2		1	
連携体制の構築	1		1	
疾病理解・対処能力の向上	2	1	2	
社会生活技能の向上	4		3	
信頼関係の構築	6	4	3	1
主体性の向上	3		3	1
ニーズの明確化	1		0	
ストレングスの発見	4		2	

（株）MARS調べ。（医）宙麦会ひだクリニック専門職および（株）MARSピアサポーターにアンケートを実施。

専門職が回答した具体的な連携内容

- 入浴介助を拒否する患者さんが，ピアサポーターが介助をすると話をすると了解した。
- 引きこもり状態の方に対し，看護師が何度訪問しても変化がなかったが，ピアサポーターとともに訪問することでデイケアにつながった。
- 初めて単身生活を行った方に対し，ピアサポーターと連携して訪問支援を行ったところ，生活の不安に寄り添い，自身の工夫した経験なども伝えていたことが有効であったと感じた。
- 症状理解が乏しい方に対し，どのように病気と付き合っているのかピアサポーターから話してもらった。
- 本来の生活者としての同じ立場であるため，支援にあたり自分の経験が大き

な力になるため，ひきこもり群や未治療の方たちに対し連携して支援をしている。

　また，ピアサポーターにおいてどのような経緯でピアサポーターが訪問支援を行うかという質問には，7名全員が専門職からの提案で訪問したと回答し，1名のみ自ら提案をしたケースもあるとの回答であった。
　次にアンケート調査における，ピアサポーターから訪問を受けた本人の声を記載したい。

　　　Aさん　「困っていることを親身になって聞いてくれるのでうれしい。過去の経験を話してくれるときに病気の経験の話もあり参考になる。ただ，話が合わないこともあって話にくさを感じることもある」
　　　Bさん　「最初はどんな人が来るのか怖くてたまらなかったです。でもピアスタッフさんの訪問を受けてから1年経ち，担当の方とも打ち解けあってきて，今では気軽に病気の症状や日常のことを話せて気が楽です。同じ病気だからこそ話せることや感じたことなどピアスタッフさんでなければ難しかったと思います。気持ちを共感し合える相手ができたことも自分のなかでは大きな出来事でした」

　このようにアンケート調査の結果から，当グループにおいてピアサポーターと専門職の訪問支援での連携は，それぞれの対応困難な部分を補う関係にあり，相互補完的であることがわかった。ただし，ピアサポーターにしても個性や一人ひとりの得意とする部分に違いがあり，専門職に関しては職種ごとに見方は違っている。重要なことは，チーム支援としての訪問により，現在困っている方がリカバリーに向かうことである。そのため現在は地域生活支援部会議がある。これは，クリニック，訪問看護ステーション，デイケア，相談支援事業所，関係福祉事業所（ピアサポーターを含む）などの関係者が一堂に会しての会議を，2週間に1回，定期的に行っている。職種や立場が異なる他職種によるケアマネジメントに主眼を置きながら，有効な連携を図る取り組みを行っている（肥田ほか，2016）。

7 ── アウトリーチにおけるピアサポーターの役割と課題

　そもそもアウトリーチとはどのようなことなのか。三品（2011）は「アウトリーチはサービスや援助が必要であるにもかかわらず，自発的にサービスを求めようとしない人々を発見し，その人々にサービスの必要性を伝え，サービス提供を行うことであった」と述べている。また安保（2015）は，アウトリーチチームにおけるピアサポーターを含む協働の意義を，次のように述べている。「在宅精神医療，とくに

医療の未受診者や受療行動の中断者への訪問が起こりうるアウトリーチ活動では，精神医療に対する信頼感や期待感が著しく低いことを想定して関わる必要があった。そのため，医療の必要性を説得するというような権威的な介入ではかえって逆効果であり，本人が重視する価値観や信念を理解してその考えを実現可能な行動とすることが本人の動機づけにつながった。アウトリーチチームに配属されたピアサポーターやスーパーバイザーの存在は，医療の権威性よりも人のもつ物語性を重視することをチームスタッフが忘れずに行動し続けることにつながったと考えている」。先に述べたが，ピアサポーターがアウトリーチを行うことで，サービスを受けることに対する敷居が低くなることがひとつのポイントであると考えられる。このようにアウトリーチにおけるピアサポーターの支援は「体験からの知恵や価値，スキル，情報がいかされること」（坂本，2008）などを取り入れたサポートにつながり，有用であると考えられる。

　しかし課題が多いのも事実である。まず，当事者が「支援者」としての役割をもつことには，「役割葛藤」「サービス利用者としてのスティグマ」「関係のバウンダリー」の問題があり（坂本，2008），混乱やストレスを引き起こす可能性がある。そして，行實（2016）は「ピアサポートは，精神障害者にとって自分自身を取り戻す魔法のことばのように取り扱われ全国でピアサポート養成が実施されたが，そのため友達感覚でいるピアサポートからピアスタッフとして就労するといったいろいろなピアサポートの『感覚』や『質』そして『立場』が混在してしまった」と述べている。当グループでも個々の「ピアサポート」の捉え方の違いはあり，自然派生的なピアサポートと支援者としてのピアサポートの区別がわかりづらくなっている現状がある。このことを整理するひとつの考え方として，江間（2017）は，ピアスタッフをオルタナティブタイプ（当事者の権利を重視し既存の精神保健福祉に対抗するピアサポート），自助グループタイプ（同じ経験をした仲間の関係を重視し互いに助け合う存在としてのピアサポート），ピアスペシャリストタイプ（ピアサポートに関する研修を受講するなど一定の条件があり認定制度に基づいたピアサポート）の3つのタイプに分類している。そのなかでもピアスペシャリストタイプは，既存の精神保健福祉システムの一部として導入しやすいとする反面，依然として医療の力が大きく地域移行も十分に進んでいない日本の場合，専門職の意識の変革がなければ，その活動は既存の精神保健福祉医療の枠内に押し込められてしまう可能性もあると考えられる。当グループで雇用しているピアサポーターは，このピアスペシャリストタイプとしての役割を担っている。

8 ── おわりに

　最後に，当グループの高橋，櫻田，平林3名のピアサポーターの言葉を紹介したい。

高橋　「"できる"が増えると"したい"が多くなる」

櫻田　「ピアの特性を生かすも殺すも専門職次第である」

平林　「ピアサポーターはスーパーマンではない」

　この3名の言葉はどれも，精神保健福祉医療の枠で支援者として働くことの現状を端的に表していると感じている。高橋は，リカバリー志向やストレングスモデルの重要性を誰もがわかりやすい言葉で表現している。また櫻田は，一緒に働く専門職の理解やリカバリー志向の環境がないと，ピアサポート自体が支援対象となる人のリカバリーの促進要因とはなりにくいことを示している。さらに平林の発言は，働く準備が不十分な状態で雇用されるピアサポーターに対する過度な期待の危険性を伝えている。

　今後，ピアサポートが日常的なピアサポートを超えて，精神障害者の地域生活システムのひとつの役割を担うことによって，精神障害者をもつことに対する価値の転換がなされていくだろう（坂本，2008）。そのためにも，ピアサポートの正しい理解の促進や全国的な当事者活動の進展や拡大，そして自身の病気を含めた人生経験を活かした対人援助の仕事に，誰もが当たり前に挑戦でき活躍できる社会の実現が必須であると考えている。

◉文献

安保寛明（2015）在宅精神保健活動としてのアウトリーチの実践と保険医療社会学の視座．保健医療社会学論集26-1 ; 25-30.

江間由紀夫（2017）精神保健福祉領域におけるピアスタッフの役割について．東京成徳大学研究紀要（人文学部・応用心理学部）24 ; 33-43.

肥田裕久・中田健士（2019）ピアを雇用しただけでよいのでしょうか？．精神科治療学38-8 ; 919.

肥田裕久・大谷 淳・宮崎りつ子（2016）精神科クリニックにおける安全管理．精神科治療学31-11 ; 1415-1420.

岩崎 香＝編著（2019）障害ピアサポート――多様な障害領域の歴史と今後の展望．中央法規出版，p.114.

三品桂子（2011）アウトリーチ支援の国際基準と新しい動向．精神科臨床サービス11-1 ; 11-15.

大島 巌（2013）ピアサポートいうチャレンジ――その有効性と課題．精神科臨床サービス13 ; 6-10.

栄セツコ（2014）病の経験に意味を見出すストレングスモデル．精神科25-6 ; 614-617.

坂本智代枝（2008）精神障害者のピアサポートにおける実践課題――日本と欧米の文献検討を通して．高知女子大学紀要 社会福祉学部編57 ; 67-79.

櫻田なつみ（2014）当事者スタッフの人材育成――自分を通してみるピアサポーターの現状と可能性．精神障害とリハビリテーション18-1 ; 53-57.

高橋美久（2015）地域生活におけるピアサポート――ピアサポートの出発……支援の専門家としてのピアサポートへ．デイケア実践研究19-1 ; 105-109.

行實志都子（2016）精神障害者ピアサポートを使った地域づくりの一考察．神奈川県立保健福祉大学誌13-1 ; 45-52.

V

医療との連携

福祉的なアウトリーチ支援のなかでは直接医療支援は行えないものの，障害の程度が重かったり病状が不安定なクライエントも多く，医療との連携が必要になってくる場合が多い。本部では医療との連携において課題となることや，連携のポイントなどを解説する。

1 医療との連携

●岩崎 香

1 ―――― 医療におけるアウトリーチ

　日本では医師の往診が江戸時代から行われ，戦前から活躍していた医療職は医師と看護師であり，訪問看護の歴史もまた，1990年代にさかのぼるとされている。当時は，医師，看護師ともに，患者家族との契約で派遣されるという仕組みで実施されていた。戦後，医療制度が整備され，医学の進歩に伴って専門性が分化し，多くの専門職が誕生した。現在では，周知のことであるが，医師，看護師以外の職種もアウトリーチによる治療に関わっており，医療機関内での多職種連携も進められている。

　現在盛んに実施されている医療機関における訪問看護は，1983年の老人保健法施行により，高齢の退院患者への訪問看護が老人診療報酬のなかに位置づけられた。その後，老人保健法の一部改正（1992年施行）により，65歳以上の高齢者を対象とした老人訪問看護制度が創設され，老人訪問看護ステーション（指定老人訪問看護制度）が誕生した。さらに，1994年の健康保険法改正により，高齢者だけでなく，在宅で医療・療養を受けるすべての人を対象とすることとなり，在宅生活を支えることを目的に病院だけでなく，ステーションからの訪問が可能となったことから件数も増加している。その背景には，抑制気味の医療費のなかで，訪問看護に関してはその充実が目指され，報酬が確保されている点が挙げられる。

　精神科に関しては，1986年に訪問看護・指導料が点数化され，看護師やソーシャルワーカーによる訪問が長年実施されてきた。最近ではACT（Assertive Community Treatment）の創設が全国的に行われており，訪問看護で報酬請求をしている例も多い。ACTは重い精神障害をもった人であっても，地域社会のなかで自分らしい生活を実現・維持できるよう多職種（看護師，作業療法士，精神保健福祉士など）による包括的な訪問支援を提供している。ACTというスタイルではなくても，精神科診療所や訪問看護ステーションからの訪問看護が近年，積極的に行われている。

2 ── 精神保健医療領域におけるアウトリーチの目的

　福祉サービス事業所が実施しているアウトリーチ支援の目的が主として生活の維持向上にあるのに対して，医療のアウトリーチは，生活の安定以外に病状の悪化を防ぐこと，悪化の兆候を早めに見つけること，悪化した時に診療（時には入院）につなげるといった目的をもつ。ただし，通常の民間医療機関では，未治療の患者やその機関を受診したことがない患者までを対象とすることはほとんどない。そこで，地域の機関として長年果たしてきたのは保健所である。保健所では，保健師・精神保健福祉士などの専門職が訪問する「訪問指導」を実施している。依頼があり，了解のもとで行うことが原則であるが，危機介入的な訪問も行う。さらに，措置通報の受理，措置診察・措置入院の調整や34条移送の審査・実務も担っている。

　2014年から「精神科重症患者早期集中支援管理料」により，長期入院患者や入退院を繰り返す患者に対するチームによる在宅診療が，報酬として認められるようになったが，2018年4月の診療報酬改定で廃止され，精神科在宅患者支援管理料が新設されている。精神科重症患者支援管理連携加算は，重度の精神疾患患者等が在宅で安定して過ごせるよう，訪問看護ステーションの看護師，准看護師，保健師，作業療法士が精神科在宅患者支援管理料を算定する保険医療機関と連携して行う訪問看護を評価する加算である。また，都道府県が実施する精神障害者地域生活支援広域調整等事業のメニューのなかに地域におけるアウトリーチ支援等推進事業が含まれており，この事業は精神保健福祉センターや保健所など公的機関が中心的な役割を果たすことになっている。また，被保護者就労準備支援事業及び就労準備支援事業の一事業として，生活困窮者等に対して，ひきこもりや中高年齢者等のうち，直ちに一般就労を目指すことが難しく，家族や友人，地域住民等との関係が希薄な者を支援するために，訪問支援（アウトリーチ）による早期からの継続的な個別支援を重点的に実施するとともに，地域において対象者が馴染みやすい就労体験先を開拓・マッチングする取り組みを実施する「地域におけるアウトリーチ支援等推進事業」が実施されている。インクルーシブな社会の構築，精神障害者が地域の一員として安心して生活できるよう関係機関が連携することによる「精神障害にも対応した地域包括ケアシステムの構築」が促進されることが盛り込まれてもいる（図1参照）。

　2006年に国連で採択された障害者の権利に関する条約が，障害者の制度改革を経て，2014年に日本でも批准された。そこに謳われているのは，障害があることが個人に帰せられるのではなく，社会がさまざまな障壁（バリア）を除去していくことによって，障害のある人とない人の平等が実現されるということ，つまり，多様な人がいる社会が当たり前の社会であり，人の多様性を認め，尊重することの重要性である。そうした考えが障害者基本法の改正，障害者虐待防止法，障害者差別解消法の創設，精神保健福祉法改正などにも影響を与えた。

　精神保健医療領域におけるアウトリーチ支援では，病状の悪化を防いだり，入院

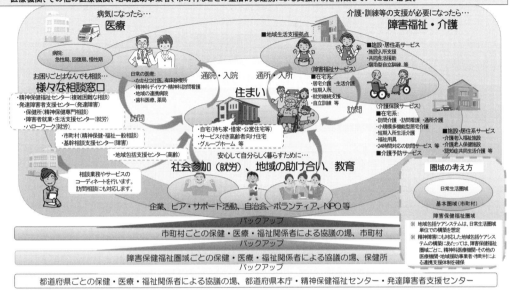

図1 精神障害にも対応した地域包括ケアシステム

（厚生労働省：精神障害にも対応した地域包括ケアシステムの構築について／これからの精神保健医療福祉のあり方に関する検討会（第5回）H28.12.22（資料3-2）(https://www.mhlw.go.jp/stf/seisakunitsuite/bunya/chiikihoukatsu.html)）

に結びつける訪問も実施しているが，近年では特に，狭義の治療という意味合いだけでなく，その人らしく地域で生活することを支援するためのアウトリーチ支援が拡大されてきているのである。

3 ── 保健医療と福祉サービスにおける連携

　現在，地域でも機関同士の連携が求められているが，当然，医療機関と地域の福祉サービス事業所との間にも，連携が求められている。精神科病院における長期入院者の地域移行や，重大な他害行為を行った人などは特に医療との連携が重要である。

　多職種・多機関の連携を考えるうえで，以前は，どちらかというと，本人不在のところで方針が立てられ，本人への支援をそれぞれの職種・機関が実施するというような動きが多かった。しかし，昨今では，本人の意思を尊重し，その意向を目標として，それぞれの職種や機関が関わるというように変化してきた。マネジメントする人が明確でないなかで，本人に向かう支援がそれぞれの職種・機関がそれぞれの思惑で行っていた時代から，今は，福祉サービスに関しては相談支援専門員（ケ

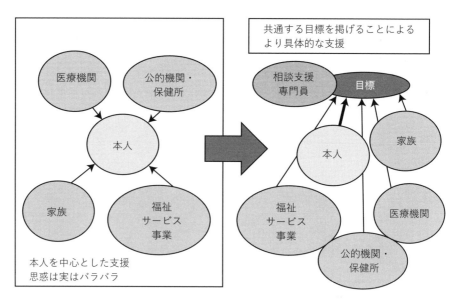

図2　共通の目標に向かう支援

アマネージャー）がつくようになり，本人の意向に基づいた共通する目標に向かっ
てそれぞれが役割を果たすというように変化してきている（図2）。

4 ─── 医療機関などとの連携における困難

　医療機関や保健所も地域の福祉サービス事業所などとの連携を重視するようになっ
たとはいうものの，実際に連携するなかでの難しさもある。

1 医師との連絡がうまく取れない

　地域の福祉サービス事業所でアウトリーチ支援を行っている人の多くが医療機関
で働いた経験がなく，病院の組織や仕組みが十分に理解できていない場合がある。
医師に直接電話などで連絡しても，なかなか捕まらずに困ったり，捕まえても十分
に話しきれないうちに電話を切られたりして，相談して今後のことを決定していき
たくても，それがうまくいかないという状況に陥るのである。

　その際には，ソーシャルワーカーがいれば仲介を依頼することができる。利用者
の状態や希望，職員としてのアセスメントなどを伝えてもらい，対応を確認しても
らうのである。その際に医師に返答をもらいたいなら，いくつかの選択肢をこちら
から提案することで得やすくなる。また，ソーシャルワーカーを巻き込み，支援に
関わってもらうことも有効である。

　もうひとつ留意することは，連絡しようとしている内容が，本当に医学的な判断

を必要とするのかどうかということである。訪問していると情報がたくさん得られるため，本人のちょっとした変化にも気づきやすい。それはとても必要なことだが，例えばそれが悪化の兆候なのではないかと心配して医師に相談したいと思ったとき，もう一度，本人の現状を冷静にアセスメントしてみることや，同僚や上司に相談してみることも大切である。明らかに病状が悪化しているときはもちろん必要だが，支援者の不安を取り除くために問い合わせをすることは，医療機関や医師との関係を損ねかねない。

② 事業所やサービスの説明をしても理解してもらえない

　カンファレンスなどに呼ばれて何回か話をしても，患者さんが利用しているサービスについて理解してくれていないということもある。忙しいなか，時間を作っていっているのに，また，何回も同じ説明をすることになり，納得できない気持ちになるという場合には，パンフレットなどを用意し，印象に残り，かつ時間がかからない工夫をすることも一案である。

　近年，障害福祉サービスの変化は目覚ましく，また，市区町村でも書式や給付に関するルールが異なることがあるために，ソーシャルワーカーでも十分に理解できているとは言い難いのが現状である。規模の大きい医療機関にはさまざまな行政区から患者が来ており，多くの患者を担当しているために，各地域の福祉サービスの全貌を把握するのは困難であろう。それは地域で働く支援者が，医療の法制度やそれぞれの医療機関の現状を具体的にイメージできないのと同じであるが，忙しさのなかで連携がうまくいかないと，被害的になりやすくなる。

　では，お互いにそれでいいのかというと決してそうではない。とても支援が大変だった人が退院に向けて動き出したり，利用者への理解が深まるようなときには，関わっている人たちの相互理解も深まるチャンスである。その機会を活用して，距離を短めることを試みてもよいのではないだろうか。

③ 病院の保護的な対応に納得できない……医療スタッフから無理難題を言われることも……

　長期入院していた人の退院に関して，保護的で管理的な発言が多く，もっと本人を信用してもいいのではないかと感じることもある。入院という状況は管理しやすい仕組みになっており，地域で生活するようになったときも同じような感覚で話をする病院スタッフもいる。現状では，グループホームでもアパートでもそこは本人の居場所であり，支援者が介入できる部分とできない部分，また本人に任せるしかない部分もある。

　医療機関からの訪問看護で，家の冷蔵庫を開けられ，利用者がもう来てもらいたくないと言った例があったが，訪問看護師に悪気はなく，多くの患者さんが使って

いる冷蔵庫を開けて，中を整理するという病棟での仕事と同じ感覚で開けたのだと推測できる。どんなものを食べているのか，健康のことを考えているのかどうかなど，心配して開けてしまったのであろう。しかし，退院して自分の城であるアパートの冷蔵庫を勝手に開けられたということは，本人にとっては許しがたいことだったのである。

血糖値が高い患者が病院からアパートに外泊訓練をして帰院したときに，血糖値が上がっていたと看護師から苦情を言われたという例もあるが，地域の支援者は24時間一緒にいるわけではない。もちろん金銭や食事に関して相談に乗ったり，大きな問題が発生しないように見守るが，生活者として自立していく人の生活すべてに干渉することはできない。このような行き違いが地域に生活の場を移していくときには起こりがちだが，地域では患者さんではなく，ひとりの生活者として暮らし，自分のことは自分で責任をもつのだということを，本人はもちろん，医療スタッフに理解してもらうことこそが重要である。冷蔵庫のことなどは，安易に代弁せず，本人が「こうしたい」と思うことを主張できる場を作ったり，話す練習に付き合ったりといった間接的な支援が有効である。

④ 利用者が本当に困っていることを医師に言えない

医療に依存する人がいる反面，本当は少し具合が悪いのに，そのことを正直に話せないという人もいる。理由は，自分のためにこんなに良くしてくれているのに申し訳ないとか，具合が悪いことはかっこ悪いことで，かっこ悪いところを見せたくない，あるいは，入院させられるのではないかという不安などである。病気になったことを十分に受け入れられていない人にとっては，せっかく回復してきたと思っていたときにまた，調子を崩してしまうことは，大きなショックとなる。かといって，本人が自分で言えないことを勝手に連絡することは信頼を失くす結果になるので，伝える際には，本人の了解を得なければならない（緊急時は除く）。また，医師によっては，代わりに福祉サービス事業所の職員が連絡してくることで，本人がどうして直接言ってこないのかと不満を漏らす人もいる。本人も調子が悪くて辛い気持ちがあるのだから，辛い状況を長引かせないことが大切であること，また頑張りすぎたことによる不調であることなどを伝え，今後のためにも自分から医師に伝えるよう促すことが重要である。

5 —— 利用者のための医療との連携

平成24（2012）年から障害者ケアマネジメントも実施されており，社会資源を活用し，多様なニーズを満たすことによって，障害者の自己実現や主体的な生き方を支援することが目指されている。地域で生活している人たちにとって，医療もひと

つのサービスだといえるが，病気や障害の種別によっては，在宅で生活していても精神障害や難病などのように医療の占める比重が大きい人たちもいる。在宅医療が充実するにつれ，医療におけるアウトリーチ支援も多様になってきており，医療サービスと福祉サービスの両方を利用する人もいるのである。本稿では，福祉サービスの側からの医療サービスへのアクセスに係る課題を中心に述べたが，医療の側から見れば，同様に福祉サービスを提供する専門職や機関との連携に課題を感じていることであろう。

　そこで，最も重要なのは，私たち専門職が連携することではなく，利用者がより良く生きることであり，そこに貢献するための連携が求められている点である。医療，保健，福祉という各分野で多くの専門職が働いているが，日本の専門職教育は，他領域の他職種について学ぶ機会が少ない。一人ひとりの利用者への関わりを通して，お互いを理解し合うことも課題といえよう。

VI

アウトリーチ支援と倫理

アウトリーチの支援は，クライエントの生活に入り込む支援である。それがゆえに有効であることもあるが，同時にご本人の生活を侵害したり，権利を脅かしたりする危険もありうる。アウトリーチの支援がご本人の生活の寄り添うためにはどのような支援の態度が必要なのか，本部ではアウトリーチ支援に求められる倫理について解説する。

1 アウトリーチ支援と倫理
侵入性・密室性・権利擁護

●岩崎 香　吉田光爾

1 ── サービス契約と意思決定支援

　福祉領域における具体的な支援（サービス）提供の方法には，入所，通所（来所），同行，訪問，電話（メール）などがある。そのバリエーションに従前から大きな変化はないが，1990年代に始まった社会福祉基礎構造改革により，サービス利用に際して提供者と利用者の「契約」が前提となった。2006年に国連で「障害者の権利に関する条約」が採択され，日本での批准という流れのなかで，制度改革が実施されたことも記憶に新しい。平成26（2014）年に日本でも「障害者の権利に関する条約」が批准されたわけであるが，その一連の改革により障害領域にもケアマネジメントが導入され，契約を取り交わすうえで，障害当事者の意思決定が改めて脚光を浴びたのである。

　平成23（2011）年の「障害者基本法」の改正により「国及び地方公共団体は，障害者の意思決定の支援に配慮しつつ，障害者及びその家族その他の関係者に対する相談業務，成年後見制度その他の障害者の権利利益の保護等のための施策又は制度が，適切に行われ又は広く利用されるようにしなければならない（第23条）」と規定され，「障害者総合支援法」にも，指定事業者等及び指定相談支援事業者が利用者の意思決定の支援に配慮することが記された（第42・51条）。同法附則第3条「検討規定」には「障害者の意思決定支援のあり方」が含まれ，厚生労働省障害者総合福祉推進事業として「意思決定支援の在り方及び成年後見制度の利用促進の在り方に関する調査研究」が平成27（2015）年度までの3年間，継続して実施された。その成果として，平成29（2017）年3月には，「障害者意思決定支援ガイドライン」が厚生労働省から公表されている。ガイドラインは，事業者がサービスを提供する際に行う障害者の意思決定支援枠組みを提示しており，判断能力が不十分な障害者の意思決定支援を適切に進めるために意思決定支援責任者を配置すること，意思決定支援会議を開催し，本人の最善の利益について検討することなどが示されている。

2 ━━━ 訪問支援における意思尊重

　前述したように，障害者を対象とするサービスが契約に基づいて実施されることになっていることから，訪問支援においてもサービス提供を行う際には事業者との契約が前提となる。しかし，本書で述べてきたように，多様なサービスのなかで訪問支援は，サービスを受ける本人よりも，家族や関係機関等本人以外の要請から始まることが多い。本人はひきこもっており，通所サービスの利用意思がなかったり，拒絶している例もある。社会との接点を広げてほしいという周囲の期待から，アセスメントを目的として訪問を依頼されることも稀ではない。他のサービスでは，本人の利用したいという意思に基づいてサービス提供が行われるが，訪問支援では，消極的な同意で訪問を開始し，継続するなかで信頼関係を構築していくことも少なくないのである。

　その際に重要なのは，その人の意思を尊重する関わりを行うことである。ひとことで言えば簡単に聞こえるが，訪問は自宅を中心として，その人の自宅などに支援者が赴く支援であり，そこに入れてもらえるかどうかは，その空間に入る際にどれだけ配慮ができるかにかかっているともいえる。

　例えば，ひきこもりがちの人に対して，部屋の片づけを一緒にするということで，訪問の了解を得て支援を開始した場合，支援者が部屋が片付くという判断で「こうしたほうがいい」と決めつけて物を動かしたり，捨ててしまったりしたことで，関係がぎくしゃくしたり，訪問を拒否されてしまうことがある。また，「これをどうしますか」と聞いたときに，判断するのに時間がかかり，支援する側が待ちきれなくて先回りして判断してしまうといったことが起こりがちである。決定することが困難だから，支援する側の判断で「こうしてしまおう」とするのか，時間はかかるが判断できると考えて「ちょっと休憩してから考えましょう」と待つ姿勢を示すのかどうかでは，些細なことであっても相手にとっては，自分を尊重してくれているのかどうかを評価する材料になる。

3 ━━━ 訪問支援と侵入性・密室性

　上記のように訪問支援では，家族や関係機関など本人以外の要請から始まり，本人はひきこもっており，通所サービスの利用意思がないなどの場合があると述べた。このことは訪問支援において本人の意思や人権を侵害する可能性につながることを意識しておきたい。

　利用者にとって，しばしば支援者は拒否しにくかったり，断りたくても断りにくかったりする存在である。支援者は「利用者とは対等な関係である」と思っていても，利用者は支援者を「逆らえない」という風に見ているかもしれない。そのよう

な強権的な関係性でなくても，利用者が支援者の意向を忖度して，遠慮しているだけかもしれない。

　こうした関係性のなかで，訪問支援が行われると，利用者にとって最後の自由・プライバシーの空間のなかに，支援者が無理やり入り込む，という形になりかねない。利用者にとっては自宅・自室は自分の陣地であり，土足で入り込んでほしい空間では本来ない。支援者は「よかれ」と思っていても，強引な訪問は「招かれざる客」となり，その後の支援関係を崩しかねないばかりか，法に抵触する問題ともなる。訪問支援はこうした「侵入性」をもっていることを意識しなければならない。とくに福祉の支援者が，「よかれ」と思って行うときこそ，こうした侵入性に無自覚になりやすく，力みやすいので注意しておきたいところである。

　この侵入性とともに留意しなければならないのは，訪問支援の「密室性」である。訪問支援は，他者の目の届きにくい「自宅」で行われる。すなわち，その時間を使ってどのような支援が行われているのかが，不明になりやすいということである。ありていに言ってしまえば，訪問をして濃密かつ重要な支援をするために使う1時間と，まったく何もせずにいる1時間は，支援の質に明らかな優劣の差があったとしても，外部の者からは峻別できない。支援の内容に異議を唱えるとすれば利用者やその家族の側であるが，先に述べた支援者への配慮や「ものが言えない」という状況から，不満などが明確には上がってこない可能性がある。こうした「外から見えない」「文句を言われない」という訪問支援の「密室性」は，支援の質を容易に劣化させてしまう。

　こうした訪問支援の「侵入性」「密室性」による支援の劣化は，どのような結果を生むだろうか。

　ひとつは利用者の搾取や不正請求である。本人や家族，または状況的にみても不必要であるのに，過剰にサービスを提供するなどして，不当に事業者の利益をあげるなどにつながりかねない。また実際にはサービスを行っていないのに，サービス費を請求するといった不正請求が起きてくる可能性がある。よしんば，本人や家族も訪問支援を望んでおり，その支援の内容に満足していたとしても，本人や家族の満足感とは別に，その支援の量や内容は反省的に吟味されなければならない。なぜならば，障害者総合支援法におけるサービス費であっても医療保険であっても，サービスは国民によって投入された公費に支えられているのであり，事業所の利益をあげるために無用に濫費されていいものではないからである。

　もうひとつは，本人の意志に反する強引な支援である。病状や状況によって，本人の意志に反するような支援につなげなければならない状況，すなわち例えば措置入院や医療保護入院などの入院が，やむを得ず選択されなければならない場合はあるだろう。しかし，それは利用者の権利に関する十分な配慮と吟味の上に行われるべきものである。密室性と侵入性のもとでは，こうした処遇が，本人の意向を置き去りにしたまま安易に行われかねない。

　いずれにしても，リカバリーを支援するはずの訪問支援が，「侵入性」「密室性」

という性格のもとに，当事者の権利擁護をするのではなく，人権を侵害する恐れがあることについて，訪問支援の実践者は，十分意識的であらねばならないであろう。

しかし，このことは「本人が望んでいない場合は支援をしてはいけない」ことと同値ではないところが難しい点である。訪問支援で出会うのは，「本人が拒否をしているので支援ができない」と結論を下せばよいケースばかりではないからである。長期間ひきこもっていたり，セルフネグレクトのような状況になっていたりする場合には，本人が当初は拒否をしていても関わりの糸口を見出さなければならない。

その際に大切な点は，支援者が本人にとってどのように映るか，また，どう自分を説明できるか，である。我々は，利用者の生活を管理・監視しにいくのでもなければ，無理やり施設や病院に連れていく存在でもない。本書の序章でも三品（2009）を引用して述べたように，「治療・服薬・入院」の3つはほとんど禁句である。このワードが禁句なのは，この言葉が本人にとって「管理」ということを想起させ，その関係性の中に飛び込むことを忌避させるからである。そうではなく（事態の緊急性・重大性にもよるが），支援者は，生活者としての本人を応援する人，そのためになにがしかの手助けが期待できる人，という形で本人の目に映ることが望ましい。

もちろんこのことは容易ではない。それには粘り強い働きかけが必要である。例えば，本人と明確なサービス契約を結ぶ前に，家族の同意を得て，家族を訪問することを繰り返すなどの「土壌づくり」が必要になってくる場合もある。しかし，こうしたことを繰り返すうちに，家族と支援者が会話している場面に，本人がふいに立ち現れるということは珍しくなく，それをきっかけに本人との関係が切り開かれるということは多い。また本人が拒否をしている時期には，手紙などを置いていくということもよくなされる。また，当初より本人が支援者と会ってくれたとしても，必ずしも最初から，核心を突くような話題が展開できるとも限らない。それはあまりに本人にとって難しく，整理のつかない話題であって，いきなり患部に触れるような話かもしれないからである。むしろ，趣味や最近の様子など軽い話題から入っていったほうが，関係性を深めるときには有効かもしれない。

また，伊藤（2012）は訪問支援を始めるうえで，自分を利用者にどのように紹介するかが重要なスキルであると述べている。

すなわち――

　　「私たちは，○○という訪問チームのスタッフです。私たちはＡさんの生活を管理しようと思って来たのではありません。Ａさんのできること，長所を伸ばして，Ａさんが希望する生活の応援ができれば，そのために少しはお手伝いができればと思って伺いました」

このような形で自己紹介をすること，そしてそのように自己紹介をすることで定義することが，関係性を構築するうえで重要であると指摘している。このような自己定義に含まれるエッセンスは，いかに相手と丁寧に関係を結び，相手を尊重し，

応援する存在となるか，というものであろう。訪問という手段は侵入的であるからこそ，それが致死的な劇薬にならぬように，迂遠と思われようとも，丁寧な関係作りと高い支援の質を志向せねばならないのである。

4 ─── 本人のニーズと支援者のアセスメントのズレの存在

　平成27年度厚生労働省科学研究費補助金による「訪問による自立訓練（生活訓練）を活用した地域移行及び地域生活支援の在り方に関する研究」では，知的障害，精神障害，発達障害，高次脳機能障害を対象として訪問（アウトリーチ）によるサービスなどを実施してきた実績のある事業所を対象に，2013年1～12月に何らかの訪問（アウトリーチ）サービスを実施していた利用者約104名に対して，記録などからサービス終了時あるいはサービスが継続している場合は現在のアウトカムを測定し，利用者の変化の分析を行った。その結果から，支援者は生活上の「支援課題として設定している／もしくは可能ならば支援課題として把握している」のに対し，本人は必ずしも課題と把握していないという不一致が存在していることが明らかになった。しかし，サービスの利用前後で支援者が「支援課題として設定している／もしくは可能ならば支援課題として把握している」項目に対する支援の必要度が低下し，社会生活能力の評価も向上していたのである。

　本人が言語化したり認識したりしている生活上のニーズと，周囲がアセスメントした課題にズレがあるということは，訪問以外の支援場面でもよくある。訪問支援では，生活が行われている場で生活課題に直接アプローチできる点で，効果も大きいと考えられる。しかし，その際に支援者側が本人の意思を否定したり，支援者が把握している生活課題を押し付けるわけにはいかない。本人の意思を尊重し，信頼関係を構築しつつ，生活しづらさを解消していけるように歩みを進めていく必要がある。では，実際に本人の希望と支援者側が把握している生活課題のすり合わせが，訪問における支援ではどのように行われているのだろうか。

5 ─── 本人の意思を尊重した支援者の関わり

　前述したように，入所や通所の支援においても，本人のニーズと支援者のアセスメントにズレがある状況は多く存在する。しかし，入所や通所の支援では，日常的に複数の支援者や他のサービス利用者がおり，媒介となる活動や周囲の人たちの言動などにより，ズレが修正されていくプロセスや生活能力が改善されていくプロセスに多くの人が関わり，影響を与える。訪問支援は生活に直接アプローチできる利点もあるが，その場に行けば，原則一対一となるという点で担当する支援者の力量が問われる。密室のなかで支援が行われることが多い訪問支援において，どのよう

に関わればいいのか，例をあげてみることとする。

　最も重要なのは，本人のフィールドにおける支援であるがゆえに，本人が尊重されていると感じ，支援者との相互の信頼関係を築けるかどうかという点である。本人が望むことに関して「あれっ？」と思うことがあっても，どうしてそのことにこだわるのか，その気持ちを受け入れながら支援していると，支援者側が「あれっ？」と思っていたことを，自分から「やはりおかしいですよね」と修正することができたり，ニーズが変わっていくということがある。この人は自分を受け入れてくれる，尊重してくれるという信頼が得られて初めて，支援者のアセスメントや提案に耳を傾けてくれることがある。

　また，本人の掲げている目標が大きすぎて，具体的な支援場面で何を課題にすればいいのかわからないという場合もある。漠然と働きたいと言っていた人が，支援者の投げかけによって，「働くためには履歴書を書かなければならない」「履歴書を書くにはゴミ屋敷化しそうな部屋のテーブルの上を片付けなければならない」というような形で，支援者が課題だと感じていた部屋の整理整頓という現実的な課題に向き合えた例もある。本人に達成できるであろう課題を提案し，スモールステップを踏むことで自信をつけ，生活能力の向上につながる場合もある。

　支援者が本人に何か提案する際も，複数の選択肢を提示し，それぞれのメリット，デメリットを説明するなど，本人の意思を尊重した関わりが重要である。また，同じことを提案するのにも，「なぜ，外出しないんですか？」「外出してみませんか？」という問いかけに対しては反応しなかった人が，「一緒に出掛けてみませんか？」という問いかけに，「一人じゃないんだったらやってみたい」という気持ちになった例もある。ひとりでは不安だからやらないと考えている人に，こういうふうな方法があるから一緒にやってみてはどうかと伝えると，受け入れてくれることもあるのである。

　反面，スモールステップを踏んでもなかなか掲げた目標に達することが難しい場合もある。子育てをしている方で，「家事を完璧にこなせるようになりたい」ということを目標として掲げていたが，障害の状態を考えるとそう思い詰めることが逆にストレスになり，悪循環を生んでいると感じられる人がいた。支援者としては，本人のニーズに添うために，当初はいろいろな手段とか方法を考えて支援をしてみたが，結果的に望むようにはできず，本人が支援場面で泣き出してしまった。希望する通りに家事を行う能力が今の自分にはないという現実に直面したわけであるが，そこで，やっと「そこまで頑張らなくても大丈夫ではないか」と声をかけ，今の自分にできることを大事にする提案ができた例もあった。

6 ── オーダーメイドの支援に求められる柔軟性

　訪問は支援対象となる人へのオーダーメイドの支援を組み立てられることが強みである。他の利用者との関係性に影響されることなく，その人のためだけに支援することができる点で，どの支援よりもその人の意思に寄り添うことができるのである。しかし，そのためには，本人のニーズと環境を正確にアセスメントし，より柔軟に関わることが求められる。そこにやりがいやおもしろさを感じられる人にとっては，何にも代えがたい支援手法といえるだろう。

◉文献
伊藤順一郎（2012）精神科医療機関に必要なアウトリーチサービスのスキルと研修．精神神経学雑誌 114-1 ; 26-34.
三品桂子（2009）多職種による重度精神疾患者への治療介入と生活支援に関する調査研究報告書（平成21年度厚生労働省障碍者保健福祉推進事業）.

コラム
アウトリーチのヒント集

【コラム1】
自立生活アシスタントから自立生活援助へ

●望月明広

改正障害者総合支援法の施行により，2018（平成30）年4月から新たなサービス「自立生活援助」が始まった。このサービスは，障害のある方一人ひとりが地域のなかで，それぞれの仕方で安心して暮らせるよう，その方の暮らしを支える仕組みの構築を目指すものである。「新たな地域生活の展開」（厚生労働省，2015）を目指してアウトリーチサービスが新設されたわけだが，その際のモデルとなったのが横浜市の「障害者自立生活アシスタント事業」（以下，アシスタント事業）である（公益財団法人横浜市総合保健医療財団，2016）。

1 アシスタント事業の特徴

アシスタント事業ではオーダーメイドの援助を基本としている。地域で暮らすうえでのテーマ（工夫が必要なポイントや援助内容）を個別に設定し，その方のペースに合わせて，訪問や同行のタイミングや頻度を変えながら取り組めることが強みである。定期的な訪問や随時の対応を通して，生活場面のなかで，個別の状況に応じて一緒に創意工夫を重ねていくことが援助のキーと言えよう。

また，コミュニケーション支援として，地域での暮らしに必要な関係性を築いていくことへの援助を行っている。例えば，大家さんや近隣住民などとの，その方の生活にとって基盤となるような関係の構築のサポートを，「街のなかでのつながり」を意識しながら行う。また，医療との十分なつながりが必要ということであれば，診察場面に立ち合うなどして医療従事者とのやりとりが双方向的なものになるように援助し，適切な受療行為のサポートもしている。

2 生活の基盤となる地域での関係構築

他のサービスと比較すると，アシスタント事業は「つなぎの援助」と言えるだろうか。恒常的に定型のサービスを提供するというよりも，インフォーマルなものも含む街の資源とのつながりを築くための「のりしろ」とでも言える要素がある。例えば，居宅介護を利用する場合のイメージ作りのサポート，または，実際に利用してからの生活への馴染み具合の確認や，使い勝手がよくなるような連絡調整などを行って，「のりしろ」としての役割をしている。

そのためには，当然のことながら担当者自身が本人との関係性を築くことが基本であり，生活場面での協働を通して更新するアセスメントがポイントとなる。暮らしに伴走させてもらいながら，その方にとって必要な相手との橋渡しを具体的にしていくこと，このようなことが自立生活援助でも期待されていると考える。

❸ 脱施設化へ向けて

自立生活援助は，本人の希望を中心にして，また，地域の実情に応じながら，それぞれの生活の必要に基づいて重ねてきたこれまでの実践の延長線上にあるものと考える。例えば，本人のそこでの暮らしに欠かせない取り組みがあれば，計画相談支援，地域定着支援，生活訓練，あるいは訪問看護などを通して，たとえそれが従来のサービスの範囲ではない場合でも，時には「持ち出し」をしながら行われてきた経過も，それぞれの地域では多くあるだろう。そういった実践の蓄積が広く社会的に「必要なこと」として共有された結果，それらが部分的に制度化されて自立生活援助が生まれたと言えなくはないだろうか。地域移行を進め，一人ひとりの地域での具体的な生活と直に対峙し，思考錯誤するなかで編み出された工夫の数々が自立生活援助の誕生を支える背景にある。

そのように考えると，自立生活援助の始まりは，脱施設化をさらに一歩踏み込んで進めていくといった文脈のなかで改めて捉えられるだろう。地域での市民としての当たり前の生活，そのために自立生活援助などを活用した機智に富む多彩な実践が求められている。

アウトリーチ支援とは，サービスを必要とする方と出会い，必要なサービスを届けることである。そして，その本質は，暮らしたい場所で暮らしたいように暮らせるように，本人中心の生活支援の軸を築いていくことと考える。我が街の支援は暮らしや生き方の多様な選択を支えられる仕組みになっているだろうか。新たなサービスの始まりを，我が地域の状況やサービスのあり様を眺め直し，新たな展開を図る機会としたい。

◉文献
岩上洋一・全国地域で暮らそうネットワーク（2018）地域で暮らそう！精神障害者の地域移行支援・地域定着支援・自立生活援助導入ガイド．金剛出版．
公益財団法人横浜市総合保健医療財団（2016）障害者の一人暮らしを支えるための支援の実態調査に関する調査研究報告書．平成28年度厚生労働省障害者総合福祉推進事業（https://yccc.jp/yccc-wp/wp-content/uploads/2018/12/hukyuukeihatu6.pdf［2024年1月10日閲覧］）
厚生労働省（2015）障害者総合支援法施行3年後の見直しについて．社会保障審議会障害者部会報告書．厚生労働省（http://www.mhlw.go.jp/file/05-Shingikai-12601000-Seisakutoukatsukan-Sanjikanshitsu_Shakaihoshoutantou/0000107988.pdf［2020年6月30日閲覧］）．
望月明広（2016）新たなサービスで一人暮らしを希望する障害者の地域生活を支援する──横浜市障害者自立生活アシスタント事業の実践から．精神障害とリハビリテーション 20-2；122-127．
望月明広（2019）自立生活援助への期待──横浜市障害者自立生活アシスタント事業の実践から．In：日本発達障害者連盟＝編：発達障害白書2020年版．明石書店．

【コラム2】
就労定着支援

●山口創生

　精神障害の有無にかかわらず，就労は人の人生やアイデンティティの確立に大きな意味をもちます。過去10年において，精神障害者の雇用を取り巻く状況は大きく好転しており，就労する精神障害者の数は劇的に増加しています。この背景には，障害者雇用制度の整備や精神障害者に対する効果的な就労支援技法の発展があります。

　特に，生活・医療支援と就労支援を同時に提供し，利用者の希望や長所に基づく個別支援や企業や自宅などへの事業所外支援（アウトリーチ型サービス）を中心とする個別型援助付き雇用や individual placement and support（IPS）は，精神障害者に多くの就労の機会や長い就労期間（定着期間）をもたらすとされています（Hayashi et al., 2020）。精神障害者の就労とその定着には，個人の要因（症状や機能，モチベーション）だけでなく，就職先の企業の要因（担当する業務内容や事業規模，独自の社内規定など）などが関連しています。そして，この2つの要因は，個々の精神障害者や企業によって大きく異なります。この事実は，事業所内や課外実習などで，精神障害者に一律の訓練を課す支援モデルと比較し，精神障害者を持つ求職者と2人3脚で事業所内外の就職活動や職場との調整，生活支援を展開する個別型援助付き雇用やIPSがより良い就労成果を生み出していることと関連していると考えられます（Hayashi et al., 2020）。

　就労する精神障害者が増える一方で，精神障害者に対する就労支援における課題や関心は就労定着に移行しつつあります。実際，2018年4月からは障害者総合支援法においても，「就労定着支援」が新設されました。「就労定着支援」では従来の就労移行支援や就労継続支援，生活訓練などの利用を経て一般企業などでの就労へ移行した（精神）障害者のうち，就労に伴う環境変化により生活面の課題（遅刻や欠勤の増加，身だしなみの乱れなど）が生じている者を対象としています。また，その支援内容は，（精神）障害者との相談を通じて生活面の課題を把握し，企業などとの連絡調整や課題解決に向けた支援を提供することです。具体的なサービス内容としては，利用期間3年を上限として，就労中の（精神）障害者の自宅や企業等を訪問することにより，月1回以上は障害者と対面支援を行い，かつ月1回以上は企業訪問を行うことが期待されています。報酬単価については，月毎の利用者数によって応じて請求する形になり，就労定着率（過去3年間の就労定着支援の総利用者数のうち，就労定着者数の割合）の実績によって変化します。就労移行支援事業所などでは，これまで定着支援は事業所の持ち出しとなることが多く，事業所外のアウ

トリーチ型サービスを基本とした定着支援に関する制度ができることは，精神障害者に対する就労とその定着にとって，大きな前進となるかもしれません。

　他方，新設された定着支援には，すでにいくつかの懸念が指摘されています。第1の懸念は，就労定着支援の新設にあたり，就労移行支援の報酬単価の加算が下がったことです。就労移行支援事業所がこれまで同様の収益を得るには，個々の精神障害者における就労定着支援の必要性とは無関係に就労定着支援を実施しなくてはいけないかもしれません。他方，就労後の支援量の単純な多寡と就労期間の長さとの関連は必ずしも示されておらず（山口ほか，2017；Yamaguchi et al., 2020），適応や支援の質，適切なタイミングなどについての明確化は今後の課題となっています。第2の懸念は，就労定着支援の報酬単価が定着率の実績で決まる反面，就労移行支援や定着支援などにおける利用開始時点での障害の程度や支援の質は考慮されない点です。例えば，就労移行支援事業所に週3〜5回来ることができる人や長期の就労訓練で耐えきれる人が就労する傾向にある事業所では，就労定着支援における定着率が高くなるかもしれません。逆に，重い認知機能障害をもっている人や障害者雇用の準備が整っていない企業への就職を希望する人，障害者雇用以外での就労を希望する人は，早期の離職や支援に多くの支援時間を要すると予測されるため，就労移行支援事業などを利用しづらくなるかもしれません。すなわち，本来，就労移行支援や就労定着支援を必要とする重い精神障害をもつ人が，その対象から外れてしまう倫理的な懸念があります。第3の懸念は，就労定着と精神障害者のキャリア向上が同一視されてしまうことです。就労定着が支援の課題となるなかで，「日本の文化では，多くの精神障害者は長く働くことを希望している」という趣旨の論説や発言を頻繁に見聞きします。その内容は決して否定するものではありません。他方，非正規雇用や最低賃金で雇用されることが多い精神障害者の就労状況に鑑みると，そのような職場で長く働くことが彼らの真の希望であるかについては疑問があります。特に，障害者求人には非正規雇用や低賃金の求人が多く，同一企業での長期間の雇用が，その後の正規雇用登用や賃金の大きな向上につながらないことはめずらしくありません。このような状況では，障害の有無にかかわらず，転職はキャリアの向上にとって肯定的に捉えることができるかもしれません。

　以上のように，就労定着支援は，精神障害者の就労にとっての飛躍の可能性と懸念の双方を秘めています。他方，精神障害者の就労支援は，21世紀に入って急激に発展した分野です。今後のさらなる発展も期待でき，上記の懸念は緩やかに解消されるかもしれません。最後に，ある精神障害当事者の言葉を借ります。彼女は「私たちは，挑戦する権利と失敗する権利も持っている」と言います。倫理的かつ効果的な就労定着支援を考えるときは，どのような障害をもった人でも希望する就労にチャレンジできる支援を基本として，その評価は個人の状態や企業の環境，支援の質，アウトリーチ支援の多寡，実績など多面的に評価することで，より良い定着支援の実現が図れると考えています。

◉文献

Hayashi T, Yamaguchi S & Sato S（2020）Implementing the individual placement and support model of supported employment in Japan : Barriers and strategies. Psychiatric Rehabilitation Journal 43 : 53-59. doi:10.1037/prj0000394.

Yamaguchi S, Mizuno M, Sato S et al.（2020）Contents and intensity of services in low- and high-fidelity programs for supported employment : Results of a longitudinal survey. Psychiatric Services 71-5 ; 472-479. doi:10.1176/appi.ps.201900255.

山口創生・佐藤さやか・種田綾乃ほか（2017）援助付き雇用におけるサービス提供量と就労アウトカムとの関連──認知機能リハビリテーションと援助付き雇用の対象者におけるプロセス評価. 精神障害とリハビリテーション 21-2 ; 178-187.

【コラム3】
「たすき掛けプロジェクト」
生活訓練事業を実践してきたなかでの経験

●遠藤紫乃

　皆さんは「たすき掛け」という言葉を知っていますか？　着物を着るときに，長い袖が邪魔にならないように紐をクロスして動きやすく和服の袖をまとめる方法のことです。クロスして，動きやすくする！──まさにそんなイメージをもって始めた取り組みが「たすき掛けプロジェクト」です。

　生活訓練事業を実践してきたなかで，「ピアサポートやピアスタッフに興味があり，ピアサポーターやピアスタッフになりたい」という希望をもつ多くの利用者と出会ってきました。

　そうした利用者とともにピアサポートやピアスタッフの勉強をしてみると，「じゃあ，実際の活動はどうするの？」「ボランティアなの？」「雇用はしてもらえないの？」「何年勉強したら実際に働けるの？」「ピアスタッフになったら，もう福祉サービスは使えないの？」など，さまざまな疑問や課題に直面することになりました。また実際にピアスタッフとして働くとなると，もともと自分が福祉サービスを利用していた法人や事業所では，“利用者としての自分”と“ピアスタッフとしての自分”という2つの立場の間で葛藤に陥ることがありました。ピアスタッフとして活動しながらも，生活面のサポートを引き続き必要とする場合などは，自分は「支援者なの？」「利用者なの？」と，葛藤が生まれたのです。

　さらに俗にいう「一本釣り」という形態は，本人にも負担がかかるうえに，事業所内の他の利用者も混乱をすることがよくわかりました。そうした課題に直面した時に，1つの法人だけではこれらの課題を解決することが困難であるため，“目指す方向が同じ”で，“お互いの法人の理念に共感”でき，さらに現実的に“距離的に近く活動を一緒に行える”近隣の3法人が集まりました。地域でのピア活動の新しいシステム作りを「たすき掛けプロジェクト」として平成27（2015）年度よりスタートさせたのです。

　千葉県船橋市の「一般社団法人スターアドバンス」，東京都江戸川区の「ヒーライトねっと」，東京都葛飾区の「特定非営利活動法人SIEN」の3法人の生活訓練事業所，「コン」「ゆい」「そう」の3事業所でこのプロジェクトを運営しており，各事業所の通所のプログラムとして位置づけられています。

　このプログラムのステージは現在のところ，4段階に分かれています。第1ステージはまず「参加」すること。月に1度の定例会を3法人の事業所の持ちまわりで行っており，特に参加の条件などは設けていません。誰でも気軽に参加できます。第2

ステージは実習です。第1ステージの定例会に何度か参加してみて，ピアスタッフに興味をもった利用者は，自分の所属している法人以外の2法人に「実習」という形で，週に3回・3週間，ピアスタッフとしての"仕事"を体験しに行きます。1回目の実習で終了する人もいれば，2回目，3回目と希望する人もいます。その後，第3ステージで，無償ボランティアや有償ボランティアという形で関わり，最終的には第4ステージである雇用に至るというのが大まかな流れです。

　生活訓練という事業の特性として，就労系のサービスを利用するにはまだ時間がかかりそうですが，「自分も何か人の役に立ちたい」「自分にできることがあるなら，誰かのために何かやってみたい」「自分が人に助けてもらったので，そのお返しがしたい」というような思いからピアスタッフを目指す人が多いです。特に実習を通して得るものが非常に多く，「実習に行って本当に良かった」「いろんなことを知ることができた」と言っています。また，人を支援することの難しさを体感して，「私はピアスタッフ以外の働く道に進みます」と言う人も何人かいました。いずれにしろ，この「たすき掛けプロジェクト」というプログラムを通して，みながリカバリーの道を進んでいると実感しています。

編著者略歴

吉田光爾 よしだ・こうじ

東洋大学福祉社会デザイン学部社会福祉学科・大学院ライフデザイン学研究科教授，国立精神・神経医療研究センター 精神保健研究所 客員研究員。博士（保健学［東京大学大学院医学系研究科］）。国立精神・神経医療研究センター 精神保健研究所 社会復帰研究部 援助技術研究室長，日本社会事業大学社会福祉学部福祉援助学科准教授，昭和女子大学人間社会学部福祉社会学科准教授を経て現職。

第1回 野中賞（就労における精神障害者の障害の開示状況の実態：（社）大阪精神科診療所協会地域精神保健委員会『就労調査アンケート』の結果から／日本精神障害者リハビリテーション学会／2014年）受賞。

主著 『保健・医療・福祉の研究・教育・実践』（共編・東信堂・2007年），『訪問による生活訓練事業の進め方──暮らしの中に届ける福祉』（共著・認定NPO法人地域精神保健福祉機構・2012年），『ACTの立ち上げと成長2』（分担執筆・特定非営利活動法人 地域精神保健福祉機構・2014年）ほか。

遠藤紫乃 えんどう・しの

一般社団法人スターアドバンス代表理事。和光大学経済学部卒業，聖徳大学人文学部児童学科社会福祉コース卒業，日本社会事業大学専門職大学院ビジネスマネジメントコース修了。精神保健福祉士・社会福祉士・介護福祉士。

主著 『訪問による生活訓練事業の進め方──暮らしの中に届ける福祉』（分担執筆・認定NPO法人地域精神保健福祉機構・2012年），『精神障害リハビリテーション論［新・精神保健福祉士シリーズ 5]』（分担執筆・弘文堂・2023年）ほか。

岩崎 香 いわさき・かおり

早稲田大学人間科学学術院人間科学部教授。博士（人間学［大正大学］）。順天堂大学スポーツ健康科学部准教授を経て現職。

主著 『精神障がい者の生活サポートハンドブック』（分担執筆・へるす出版・2007年），『これからの精神保健福祉［第4版]』（分担執筆・中央法規出版・2012年），『教員と実習指導者のための精神保健福祉実習・演習』（分担執筆・中央法規・2012年），『実践と研究への新たな挑戦』（分担執筆・新泉社・2015年），『権利擁護・虐待防止白書2015』（分担執筆・全国社会福祉協議会・2015年）ほか。

執筆者一覧［執筆順］

伊藤未知代	公益財団法人横浜市総合保健医療財団 横浜市総合保健医療センター［II-1＝編］
斉藤直美	社会福祉法人ひかり 戸塚区基幹相談支援センター
村上和子	社会福祉法人シンフォニー
乾 智人	ランスタッド株式会社
志井田美幸	社会福祉法人町にくらす会
池田真砂子	一般社団法人ルンアルン
辻井正次	中京大学現代社会学部［II-3＝編］
浮貝明典	特定非営利活動法人PDDサポートセンター グリーンフォーレスト
松田裕次郎	滋賀県発達障害者支援センター
田中尚樹	青森県立保健大学健康科学部社会福祉学科
阿部順子	岐阜医療科学大学［故人］
揚戸 薫	千葉県千葉リハビリテーションセンター
野々垣睦美	特定非営利活動法人高次脳機能障害友の会ナナ クラブハウスすてっぷなな
松尾明子	特定非営利活動法人ほっとハート
福岡 薫	社会福祉法人みつわ会
牧野 笑	特定非営利活動法人つなぐ会 HALO相談支援センター
倉知延章	九州産業大学人間科学部臨床心理学科
田中洋平	社会福祉法人豊芯会 地域生活支援センターこかげ
久保田彩子	社会福祉法人ひらいルミナル
中田健士	株式会社MARS
望月明広	公益財団法人横浜市総合保健医療財団 横浜市総合保健医療センター
山口創生	国立研究開発法人 国立精神・神経医療研究センター 精神保健研究所 地域精神保健・法制度研究部

福祉職のための精神・知的・発達障害者アウトリーチ実践ガイド
生活訓練・自立生活アシスタントの現場から

2024年2月1日　印刷
2024年2月10日　発行

編著者── 吉田光爾　遠藤紫乃　岩崎香

発行者── 立石正信
発行所── 株式会社 金剛出版
　　　　　〒112-0005 東京都文京区水道1-5-16　電話03-3815-6661　振替00120-6-34848

装丁◉戸塚泰雄(nu)　　装画◉くにともゆかり　　本文組版◉石倉康次　　印刷・製本◉シナノ印刷

ISBN978-4-7724-2015-0 C3036　　©2024 Printed in Japan

好評既刊

Ψ金剛出版　〒112-0005　東京都文京区水道1-5-16　Tel. 03-3815-6661　Fax. 03-3818-6848
e-mail eigyo@kongoshuppan.co.jp　URL https://www.kongoshuppan.co.jp/

病棟に頼らない地域精神医療論
精神障害者の生きる力をサポートする
［監修］伊藤順一郎　［編］小林 茂　佐藤さやか

浦河赤十字病院から浦河ひがし町診療所に舞台を移した川村敏明と，メンタルヘルス診療所しっぽふぁーれにおいて訪問医療を志向する伊藤順一郎による2つの対話。生活・仲間・就労のサポート，障害とともにある家族のケア，多様化するサービス。浦河をはじめとする地域の現状のレポート，そしてスタッフや市民との関係構築──「住む＝生きる」のケア，「家族＝環境」のサポート，「ケア＝サービス」の充実，「地域」の創生，そして「人材」の育成という5つの領域にフォーカスし，人々によるグラスルーツの実践と経験から，地域精神医療が目指すべきルートを探る。　　定価3,960円

地域で暮らそう!
精神障害者の地域移行支援・地域定着支援・自立生活援助導入ガイド
［著］岩上洋一　一般社団法人 全国地域で暮らそうネットワーク

保健・医療・福祉の総合的な取り組みが求められる厚生労働省「精神障害にも対応した地域包括ケアシステム」構築を見据え，地域生活への移行を進めて，精神障害者が地域で暮らし続けるための各機関の協議・情報共有の仕組みを解説。「地域移行支援」「地域定着支援」に加え，地域での自立生活を支援するストレングス志向の新サービス「自立生活援助」にも対応して，各サービスの概要と支援の具体的なプロセスを理解する。　　定価2,420円

IPS援助付き雇用
精神障害者の「仕事がある人生」のサポート
［著］サラ・J・スワンソンほか　［監訳］林 輝男　［訳］中原さとみ

精神障害がある人のためのエビデンスに基づく就労サービスであるIPS援助付き雇用は，今や全世界に拡大して精神障害者の「仕事がある人生」を切り拓き続けている。本書は，IPS援助付き雇用を実装するために必要な哲学・組織・チームワーク・実践者のスキルについて詳細に紹介し，さらにIPSの就労スペシャリストに何より求められる前向きな姿勢を詳しく解説している。独創性のヒントとなるサービス利用者と第一線の実践者たちの言葉に溢れている。　　定価5,060円

価格は10%税込です。